"十一五"上海重点图书
现代人力资源开发与管理系列教程

丛书主编⊙张培德 胡志民
本书主编⊙汪玉弟

Enterprise Strategy and Human Resource Planning

企业战略与HR规划

●在经济全球化的今天，人力资源已成为企业乃至整个国家的第一资源。增强我国企业的核心竞争力、提升我国人力资源管理的专业化水准已经箭在弦上。

●本书从战略管理理论出发，对人力资本增值理论、人力资源战略及其企业竞争力、组织建设、人力资源信息管理、人力资源供求与预测、人力资源规划部署等方面进行了充分务实的论述，阐明了人力资源战略与规划是企业人力资源管理的方向性规划。本书采用精悍的案例分析、思考题、小结等结构方式，充分演绎了人力资源管理的特色。

●作为一部问题解决明确、案例分析清晰、内容新颖务实的教材，本书适用于人力资源管理和相关专业的本科生、人力资源自学考试学生，以及管理人员、企业培训人员等相关读者。

華東理工大學出版社
EAST CHINA UNIVERSITY OF SCIENCE AND TECHNOLOGY PRESS

图书在版编目(CIP)数据

企业战略与 HR 规划/汪玉弟主编. —上海：华东理工大学出版社，2008.2

(现代人力资源开发与管理系列教程/张培德，胡志民主编)

ISBN 978-7-5628-2248-6

Ⅰ. 企… Ⅱ. 汪… Ⅲ. 企业管理-劳动力资源-资源管理-高等学校-教材 Ⅳ. F272.92

中国版本图书馆 CIP 数据核字(2008)第 001660 号

"十一五"上海重点图书

现代人力资源开发与管理系列教程

企业战略与 HR 规划

丛书主编/张培德　胡志民

本书主编/汪玉弟

出版发行/华东理工大学出版社

地址：上海市梅陇路 130 号，200237

电话：(021)64250306(营销部)

传真：(021)64252707

网址：www.hdlgpress.com.cn

印　　刷/上海展强印刷有限公司

开　　本/787 mm×960 mm　1/16

印　　张/18.5

字　　数/345 千字

版　　次/2008 年 2 月第 1 版

印　　次/2008 年 2 月第 1 次

印　　数/1-5 050 册

书　　号/ISBN 978-7-5628-2248-6/F·182

定　　价/29.00 元

内容提要

在经济全球化的今天，人力资源已成为企业乃至整个国家的第一资源。增强我国企业的核心竞争力，提升我国人力资源管理的专业化水准已经箭在弦上。

本书从战略管理理论出发，对人力资本增值理论、人力资源战略及其企业竞争力、组织建设、人力资源信息管理、人力资源供求与预测、人力资源规划部署等方面进行了充分务实地论述，阐明了人力资源战略与规划是企业人力资源管理的方向性规划。本书采用精悍的案例分析、思考题、小结等结构方式，充分演绎了人力资源管理的特色。

作为一部问题解决明确、案例分析清晰、内容新颖务实的教材，本书适用于人力资源管理和相关专业的本科生、人力资源自学考试学生，以及管理人员、企业培训人员等相关读者。

序

在当今社会，谁都知道“人力资源是第一资源”，谁都了解人力资源代表着核心竞争力。可是有多少人能真正知晓和领悟人力资源的丰富内涵？又有多少人能回答哪些人才是真正的人才？没有管理学、经济学、心理学和法学的知识基础，很难真正学好、学透本学科。从这个意义上而言，人力资源又应该是一个多学科交叉的专业。

人才是立国之本，社会发展需要大量人才，但人才不可能自然造就，需要不断的培养。那种认为“人人都是人才”、“有用的就是人才”、“合适的就是人才”、“内有素质，外有贡献的就是人才”等说法是不全面的，甚至是错误的，会造成思想上的混乱和人才培养的缺失。在各种有关“人力资源”的书籍中，对于“人力资源”的定义不下百种，而美国密歇根大学的人力资源管理专家戴维·优立奇(Davy Urich)只用了八个字就概括了人力资源的含义，即：HR＝投入程度×能力水平，具有画龙点睛和一锤定音之效。

曾有一位中学校友与我谈起他的一段工作经历，颇耐人寻味。他在大学时攻读的是化学专业，毕业后被分配到一家化工企业的生产部门工作。后来由于年轻人多了，他被“挤出”了生产部门。于是他想到销售部门工作，一方面销售部门绩效工资比较高，另一方面他认为凭着他对专业的熟悉程度和外向型的性格完全能胜任此项工作，可是销售部门嫌他年龄太大了；有人建议他去厂办公室试试，说那里会比较适合他，但结果被告知办公室已满员；他到处寻找着适合他的空缺，最后因与领导的关系不错，他被关照到了“最不需要技术和专业”的人力资源部门。

听了他的这段经历，我们不禁要问：难道人力资源管理真的是什么人都可以从事的职业吗？人力资源真的是“说起来重要，做起来次要，忙起来可以不要”的吗？果真人人都是人才，因此大可不必花力气去寻找人才，人力资源部门犹如“姜太公钓鱼——愿者上钩”就可以了吗？企业对人才的招聘、甄选、培训、考核、薪酬设计等就是老板一句话的事吗？

本丛书的出版就是要使广大读者对人力资源有一个正确的认识，特别是对传统的人事管理和现代人力资源管理的区别有一个根本的了解。为了对以往“人事管理”和“人力资源管理”概念混淆的情况加以澄清，也为了突出现代人力资源管理与传统人事管理的区别，我们特把本套丛书命名为“现代人力资源开发与管理系列教程”。

为了适合中国普通高等学校人力资源管理专业学生、企事业单位的管理人员以及人力资源管理的业内人士使用，我们本着“前沿、热点、创新”的宗旨，结合中国国情，采用理论与实务相结合的写作手法，力争将本丛书编写成普及性、大众化的人力资源管理书籍。

为便于阅读和使用，本丛书的编写基本上采用了国际上最新的写作模式，即先引导案例，并针对案例或本书要涉及的内容提出多道思考题进行互动讨论，然后概述本书的要点和引言进行详细剖析，再展开理论分析和实务操作及实践研究。

本系列教程由张培德、胡志民、孙长庚、于志华、范玲玲、姚小康、李微、朱国定、李旭旦、马国辉、汪玉弟、相正求、许丽娟、吴文艳等组成编委会，由张培德、胡志民担任丛书主编。

本系列教程首批出版的六种图书包括：《绩效考核与管理》、《员工招聘与甄选》、《员工培训与发展》、《工作分析与应用》、《薪酬设计与实施》、《企业战略与 HR 规划》，分别由张培德、李旭旦、许丽娟、马国辉、相正求和汪玉弟担任各书主编。

由于水平有限，本教程中不当之处在所难免，恳请各位读者给予批评指正！同时也衷心希望本系列教程的出版能对读者有所裨益和启迪！

张培德　胡志民

2008 年 1 月

前言

企业战略与人力资源规划相结合是当前人力资源管理领域的前沿，它既体现了人力资源的重要性，又显现了企业战略管理发展的新趋势。对于中国经济的发展而言，要想真正融入国际化的竞争行列，在激烈的市场竞争中立于不败之地，企业的管理者们就应从宏观的视角，全方位地提升企业的管理水平，将以粗放、低附加值的运作方式向集约、高附加值转变。“白天当老板，晚上睡地板，平时看黑板”的创业时代终将过去，崭新的 21 世纪将呈现企业战略与人力资源规划管理时代的新开端。

自 1954 年当代管理学家彼得·德鲁克在《管理的实践》中首次提出“人力资源”一词以来，面对着不断变化的全球化经济环境，人力资源管理越来越具有不可替代的战略意义。本书紧紧围绕企业核心竞争力的建设，从企业战略与人力资源紧密结合的角度出发，在人力资本投资、确定人力资源战略、提升企业竞争优势、制定人力资源规划等方面论述了现代企业的人力资源活动和面临的问题，并提供了一系列的方法与决策过程。本书通过解读大量的案例及理论分析，阐述了现代人力资源战略与规划的重大意义。本书适用于企业管理人员、人力资源从业人员、人力资源管理专业学生(特别是自考生)，以及相关领域的人员。

本书共分十章。第一章由马国辉编写；第二、第三、第四、第五章由张清编写；第六、第七、第八、第九、第十章由汪玉弟编写。全书最终由汪玉弟修改定稿。

在本书的编撰过程中，我们阅读参考了大量的国内外文献著作，从这些资料中，我们获得了许多有益的启示，并充实了本书的内容。在此，谨向原作者表示最诚挚的谢意。

由于水平所限，本书的编撰难免有不当之处，敬请广大读者雅正。

汪玉弟于梅园

2008 年 2 月

目录

第一章 人力资本

引导案例

丰田公司"以人为本"的管理模式

"车到山前必有路，有路必有丰田车。"丰田汽车公司在短短的几十年时间里，由一个默默无闻的汽车小厂，一跃成为日本汽车业的龙头老大、世界排名第二的著名企业。之所以有如此骄人的成就，当然因素很多，但其中，公司创始人之一、总裁丰田喜一郎的用人之道无疑是保障公司走向成功的重要基石。

众所周知，丰田公司得以腾飞，首先应该归功于销售专家神谷正太郎的加盟。神谷正太郎原本供职于美国通用汽车公司。丰田喜一郎了解到神谷的销售特长，以诚相待，一再邀请神谷到丰田公司供职。神谷最终被喜一郎的信任和真诚所感动，辞去通用公司的职务，回到日本，进入丰田，担当起汽车销售的重任。当时神谷的工资不及通用公司的1/5。但他在公司得到了充分的信任，使他的营销工作如鱼得水。神谷在市场营销中提出了不少创见性意见，建立了一套"神谷销售哲学"，成为丰田公司成功的法宝。如"顾客第一，销售第二，公司第三"、"需求是创造出来的，需要就能创新"等等。另外，神谷所创立的"按月付款"金融制度和汽车保险制度等大大打开了丰田车的销售渠道。

其次，针对推销员独立作战的特点，丰田公司把推销员的自我管理工作作为推销员培训的一项重要内容。公司提倡独立解决问题，学会妥善安排时间，克服工作上萎靡不振的情绪，全神贯注地学习和工作。为尽快提高推销员的推销水平，公司还制定了"推销员三原则"，即"施展自己的本领、宣传商品价值、讲明推销条件"。采取以老带新、手把手教的方法，每周举行一至二次学习会，以便帮助提高推销水平，增进团结和交流感情。

再次，丰田公司招收新员工，并不是从特定的学校招收大量的应届毕业生，而是侧重人品，网罗天下能人。为使新员工成为地道的"丰田"人，他们一般都要接受为期六个月的基本训练。公司培训推销员时，首先要对他们进行一般销售业务的培训，然后进行为期两周的工厂生产实习，再进行一周的汽车维修学习。让新员工了解第一线的甘苦,树立与企业共荣共衰的思想。其后从新人到骨干、副科长、科长,每升一级都要进行与岗位相应的进修和培训,其组织之严密和参与者热情之高,是其他企业所少见的。

此外,公司为鼓励员工提建议,规定建议一经采纳即付奖金。因此,在职职工的建议特别多。公司对职工的建议不论大小,凡是有利公司发展的,即使是微不足道的建议也都积极采纳,并给予奖励。"职工建议制度"帮助公司渡过了震撼世界的20世纪70年代的石油危机,使公司抓住机遇,制造出销量不断增长的节油型汽车,"建议制度"还使"丰田人"努力消除自己工作岗位上的浪费,发挥团结一致和主观能动性,成为丰田公司发展壮大的主要动力之一。

由于丰田总部设在乡村,远离大都市,4万多位职工中就有2万多位单身汉,而且大多数住在集体宿舍里。为了加强人际交往,使职工在运动和爱好的世界中寻求自己的另一种欢乐,公司建造了足够召开全国性运动会的场馆和设施,成立了各色各样的娱乐社团和组织,平均每月进行一次大型活动,届时,公司经理、董事等都踊跃参加,与职工共同联欢,从而形成了一种独特的"丰田式"关系。亲密的"丰田式"关系,推动了丰田公司的发展,塑造了"丰田人"引以为荣的丰田形象。

总之,丰田公司十分清楚地认识到"丰田事业在于人",非常重视人才的选用、培养和管理。也就是说,它之所以能取得今天如此惊人的成就,是因为它有着与众不同的用人哲学、理念、方法和措施。

案例讨论题:

1. 丰田汽车公司的用人之道对你有哪些启发?
2. 人力资本的特殊性表现在哪些方面?
3. 如何挖掘和提升人力资本的内涵和价值?
4. 丰田公司成功的法宝是什么?

第一节 人力资本概述

一、人力资本含义

什么是人力资本?人力资本的概念如何确定?迄今为止还没有一个确切的定论。综合中外学者的观点和看法,我们以为:所谓人力资本,就是通过对人投资而形成的存在于人体中并能带来未来收益的，以知识、技能及健康因素等体现的价值。这个定义我们可以从以下四个方面来理解：

其一，人力资本是生产知识、技能和良好的身心素质存量，保留人力资本的自然属性，即它的物质性、生产力性。

其二，人力资本是价值存量，突出人力资本的社会属性、生产关系属性。

其三，人力资本的价值存量不是一般的价值存量，不是机器、设备、厂房、土地等的价值存量，也不是货币的价值存量，而是人的知识、技能和素质等的价值存量，更是进入生产领域的与物质资本相结合的人的知识、技能、素质等的价值存量。

其四，突出人力资本的来源和派生性，即人力资本不是与生俱来的，它主要通过后天的人力资本投资而获得。对人进行投资，进行人力资源开发是获得人力资本的基本途径。

二、人力资本本质

人力资本的本质，也就是人力资本的根本属性，至少包括以下五个方面的内容：

第一，人力资本具有表示人与物的关系的自然属性和表示人与人之间经济关系的社会属性的二重性。

第二，人力资本具有实物形态和价值形态。人力资本的实物形态表现为与人力资本本质相对的人力资本实体，它属于生产力范畴，具有经济价值的生产能力，体现为人的知识、技能和良好的身心素质，进一步体现在具有生产能力的劳动个体上。人力资本的价值形态反映了人力资本的本质，它属于生产关系范畴，体现为经济活动中人与人的关系，即人力资本的产权关系、人力资本与非人力资本的支配关系等等。

第三，人力资本的根本特征是能够带来价值增值。美国学者舒尔茨认为：人力资本是一种严格的经济学概念，它之所以是一种资本，是因为它是未来收入与满足的来源。

第四，人力资本还具有的特殊性本质表现在：人力资本不是指人本身，而是指人具有知识、技能和良好的身心素质等质量因素。当然，人力资本与人体又是密不可分的，有生命的肉体是人力资本唯一的载体，人力资本是通过对人的资本投资获得的。

第五，人力资本是派生资本。人力资本是用包括有形的物质和无形的资本对人进行投资（包括消费）所形成的无形资本。而在非人力资本类型中有些无形资产是因为市场交换中的资本转化而形成的,如品牌形象、企业商誉等等。

三、人力资本特征

所谓人力资本特征就是指人力资本本质规定下产生或具有的与物质资本及其他非人力资本不同的特点。人力资本虽然具有资本共性,但是与物质资本及其他形式的非人力资本相比,它仍然具有自己鲜明的特点。概括起来有以下几个方面:

1. 人力资本具有生物性和生命性

这是人力资本与其他任何形式资本的最重要的区别。人力资本的许多特点均是由此派生而来的。人力资本存在于有生命的生物有机体的人体之中,人生命的存在方式,就是人力资本的基本存在方式。人力资本与其生物载体——肉体不可分离。它不能独立与人体之外,而其他资本,如物质资本则完全可以独立于任何人。人力资本的载体只有一种形态即生命有机体的个人,而物质资本载体形态不仅多样而且可以转化。

2. 人力资本具有生命周期性和可再生性

人力资本的载体是有生命周期的人,所以人力资本形成与使用就具有严格的时间性。虽然物质资本的投资使用也有时间性,但是人力资本的时间性要求更为严格。因为人的年龄及其生命状态的变化都会对人力资本产生根本性的影响。这种影响主要表现在三个方面:一、人力资本投资周期相对较长。二、个体投资的时间集中,时间的边际成本和边际收益较大。如人力资本教育投资主要在青少年,有道是"少壮不努力,老大徒伤悲"。三、个人所能拥有的人力资本相当有限,这种有限性主要来自于一个人的体力、精力和生命长短等自然条件的约束。四、在生命周期内,个体的人力资本存量可以再生来补偿其折旧,从而保持或提高它的资本功能,而实物资本只能通过更新替换来保持或提高。

3. 人力资本具有主体性和意志性

既然人力资本的载体、存在方式是有生命的人,那么人的主观意志对人力资本形成和使用就具有能动性作用。人力资本的形成与效能的发挥受其承载者个人偏好的影响,受其所有者控制。人力资本的形成一般是在消费领域和生产领域,家庭和各类教育机构是人力资本的重要生产单位,在进行这种投资决策时,会遇到重要的私人与公共选择问题。因为人力资本的个人与社会的投资收益的形式和回报率有时会产生相当大的偏差。就物质资本所有者而言,其目标既明确又单一,即追求最大化的利润。但是人力资本的所有者却不同,他所追求的可能是物质利益的最大化,也有可能是其他方面效用的最大化,甚至是纯粹精神层面的东西,与物质没有多大的关系。也就是说,当一个个体向市场提供人力资本时,一方面会考虑收入水平和经济收益,另一方面我们也不能排除他会考虑职业的社会声望、理想寄托、价值实现等等因素。

4. 人力资本的无形性

人力资本不具有物质资本几何的物理特性,是不可见的,能够观察到的只是其载体与效果。这种效果包括内部的和外部的,因此人力资本难以直接比较和测度。但是,人力资本的无形性又不同于一般的无形资产,它是有意识投资的结果,有严格的时间性,可以与企业等组织相分离,可以从成本和收益来反映它的存在和“有形性”。

5. 人力资本的社会性

人力资本的物质载体是有生命的个体,而每个个体都生存于特定的社会环境中,因而人力资本的变化,除受各种自然条件和人生理条件的明显约束外,主要还受到特定的生产关系、社会制度、文化习俗、宗教信仰等因素的制约,从而使人力资本具有了鲜明的社会属性。

6. 人力资本具有非经济价值性

人力资本是生产过程中必不可少的生产要素,是一种重要的经济资源。特别在现代经济中,人力资本相对于物质资本的重要性更加显著。但是,与物质资本及其他形式的资本有所不同的是,人力资本不仅是一种经济资源,而且还是一种含义更为丰富的社会资源。除了可以带来经济收益外,它还可以直接或间接地带来许多社会方面的收益。人力资本收益的两重性或多重性对了解人力资本的资源配置机制十分重要。

7. 人力资本使用效果的特殊性

人力资本使用上有两个特殊效果,一是人力资本使用收益通常不会递减,同时又是报酬递增的源泉;二是构成人力资本重要内容的知识和技术等在使用中很容易扩散传播,而且复制的边际成本很低,因此其价值变量相当大。

第二节　人力资本外延与类型

一、人力资本外延

人力资本外延有多种形态,它们与人力资本有着千丝万缕的联系。比较突出与典型的有:人力资源、人力资产、知识资本、社会资本等,下面我们就针对人力资本与这四组之关系分别作一些简略的分析。

（一）人力资本与人力资源

什么叫人力资源？要给出一个确切的定义恐怕一时还有较大的难度，但这并不妨碍我们对人力资源与人力资本作一个大概的比较。通过比较，我们会看到两者之间的区别还是十分明显的，归纳起来大致有以下几个方面：

1. 人力资源是个大概念，它基本包含了人力资本。一般认为人力资源有量和质两个方面，而人力资本只关注知识、技能、素质等影响人的生产能力的属性之类的质量部分，且主要是个体后天习得的。人力资源从实体角度与物力、产品和成果等相对应；而人力资本则是从价值角度与物质资本相对应。

2. 人力资源素质与质量成分中包括先天因素，特别是生理素质。但是人力资源质量差别的主要原因是后天人力资本投资相异所致。所以人力资源的开发与投资主要应该是人力资本的开发与投资。

3. 人力资本主要考察作为经济活动要素的人的价值关系，研究人力资本投资和收益等经济问题，是一个纯粹的经济学概念，主要解释和说明劳动力或人力资源理论所难以解释和说明的经济现象；人力资源则主要属于管理学的范畴，考察的是经济活动中人与物的关系和作用。

（二）人力资本与人力资产

在会计学中，资金是社会再生产和企业经营中的以货币价值，即以现金形式表现出来的资源。资本是能够带来价值的价值。在会计学中是指资本金，即投资者以营利为目的在工商行政管理部门注册的资金，也是所有者权益资金。而资产是指对其拥有者具有经济价值的任何有形的或无形的客体资源。在传统会计学中，具有未来经济效益的各种不同形态的资源总称为资产。一般把资产分为：包括土地、建筑物、厂房、设备、装置等在内的实物资产；证券、投资、现金、债务等金融资产；商誉、专利、版权、品牌形象等无形资产。

所以，从会计学角度定义，人力资产就是人力资源，就是对人力资源获得的成本费用和使用收益加以货币化计量处理得到的价值。人力资本包含于人力资源中，当然也包括在人力资产中。因而人力资产对于人力资本的定量化分析十分有用。

（三）人力资本与知识资本

从以上分析可以看到，人力资本理论包含了知识、智力等概念，人力资本与知识资本的关系自然不言自明。但仔细考察，两者的区别主要表现在以下几个方面：

1. 并不是所有的知识都能成为资本，只有为人们所掌握并且进入生产领域的知识才有可能成为资本。笼统地提知识资本容易混淆这一重要区别。因为，知识经济中的知识，不是一般的知识，它一是社会化知识，能为他人通过学习掌握的知识；二是专门化知识。是分工积累而来的理论化和系统化的经验和技术，主要是指技术性知识，即 Know－How 型的知识；三是指有载体形式的具有产权的知识，不是免费的公共知识，具有生产力和财富性质。总之，只有蕴含经济价值、具有生产力职能的知识，才能成为知识资本。

2. 知识是人力资本生产的重要投入要素，而在人力资本生产和使用中会产生新的知识。作为人力资本生产投入要素的知识包括一般知识和专门知识。人力资本生产和使用中产生的知识，首先是个人知识、专门知识，其后才转化为一般知识、社会知识。在这种知识的"生产"与"产生"双向过程中，人力资本起着能动的作用。

3. 智力是人的感官和大脑认识事物和进行判断推理的能力，是获得知识的前提。智力与先天因素有关，但是后天的开发教育同样重要。智力高低是能力性人力资本的组成部分。

（四）人力资本与社会资本

最早使用并定义社会资本的是美国社会学家布迪厄和科尔曼。他们认为，所谓社会资本，就是真实或虚拟资源的总和，是一种通过对"系统化关系网络"的占有而获得的现实的或潜在的资源的总和。主要存在于人际关系和结构之中，并为结构内部的行为者提供确定的行动，像其他资本形式一样，社会资本具有生产性，能够实现确定的目标，因而是不可缺少的。他们还认为社会资本主要有三种形式：一、义务与信任结构；二、信息通道；三、规范与有效的制裁约束。此后又有许多专家学者对社会资本提出了自己的观点和看法，迄今为止还很难找到一个具有共性的定义。但我们还是可以从社会资本中找出一些基本特征，如：一、社会资本是存在于社会中的人际关系网络、组织结构和信息通道；二、社会资本是互动行为所需的共同的信念、知识、信息、道德等的规范；包括信任、理解、承诺、信誉、义务等；三、社会资本是通过人际关系网络获取、支配物质资本和人力资本的能力；四、社会资本的产权不具有严格的排他性，它不是私人财产，不属于任何个人。

就社会资本和人力资本的关系而言，主要包括以下几个方面的不同：

1. 载体不同，表现形式不同。社会资本是以社会关系、网络、环境、情景表现出来，而人力资本是以个体为载体，个体不存在它就消失。社会资本的本质是互相作用关系，可以超越具体个体存在。

2. 人力资本是有意识投资的产物，内含的知识、技能等是私人性的。而社会资本不完全是有意识投资的产物，不一定需要物质上的付出，大多是共同活动过程中的副产品,在时间推移中形成,内含社会公共知识、信念、责任等,具有很强的社会性。

3. 社会资本使用往往具有正反馈强化机制、正第三方效应和资本增值性,使用越多,增值越快。人力资本虽然也有外部性,但同时有产权上的排他性,在使用过程中有很大的折旧可能性。

4. 人力资本可以通过传帮带等形式从一个人转移到另外一个人,而社会资本则不行,它往往通过长期的承继和积累而得以留存。

5. 教育等投资不仅提升了人力资本的价值,而且也促进了社会资本的优化。社会资本因素对人力资本的形成(如学习动机与目的等)产生作用,对人力资本的作用机制产生影响,如知识传播的途径与社会资本形式有关,等等。

二、人力资本类型

按理说,人力资本的价值形态是抽象、同一的,因而是不能进行分类的。但是根据人力资本的实体表征,即它的物质性,以及根据其应用范围和收益特征等,还是可以作适度划分和区别的。当然这种划分和区别是相对的、有条件的,不同类型的人力资本仍然存在着密切的关系,彼此之间有时可以互动、互补,甚至替代。不同的划分有时更多地是为了深化认识和研究的需要。

(一)人力资本与人体有着密不可分的关系

人的体能、精力、健康状况与生命周期等都可以直接影响到一个人的人力资本投资效率和收益率,以及人力资本生产效率的发挥。无论是从提供的工作总量来看,还是从单位时间内的工作数量和质量来看,都是如此。所以,人的健康也是一种重要的人力资本。

健康资本的取得,主要是通过医疗、保健、营养、体能锻炼以及闲暇与休息等途径获得。健康资本的意义在于它是其他形式人力资本存在与效能正常发挥的先决条件。在精力充沛、身体健康的条件下,一个人所具有的人力资本的效能才能得到最大程度的发挥。同时人的寿命延长可以降低人力资本的折旧率、延长收益期,进而提高人力资本的收益率,降低人力资本投资的风险,刺激投资。但是,健康人力资本存量的变化,最终还是要受到人的年龄变化的影响。一个人在壮年之后,随着年龄的增长,其健康人力资本的存量将逐渐消减,健康人力资本的边际收益率也会下降。一般而言,一个人的健康人力资本存量与年龄的关系呈现一个倒“U”形。健康人力资本的这种年龄效应比其他形式人力资本的年龄效应更为显著。也正因为如此,许多人一般在成年或壮年以后其他人力资本投资开始下降,但健康人力资本投资反而会上升以维持必要的健康人力资本存量。

（二）教育人力资本

教育人力资本一般是指通过正规教育，即学校教育而获得的人力资本。这种资本是人力资本最基本的形式之一，也是人力资本的综合形式。因为教育人力资本不仅能够作为生产要素直接投入产品生产和服务的过程，而且它还是许多其他形式人力资本生产的要素和基础。因为教育的功能不仅在于传播知识，而且更在于开发受教育者的能力，塑造其品质。由于教育存在国民基础教育、高等教育及职业教育等区别，所以相应的人力资本职能性质也有较大的差异。一般而言，通过职业教育和大学教育所获得的人力资本更具有直接的生产性或经济价值。

（三）知识人力资本

知识人力资本，同样是人力资本的重要内容和表现形式。它是指一个人所具有的可以直接用于生产商品与服务的知识，具有市场交换价值和较高的收益率。广义的知识人力资本的“知识”还包括技术。现代科学诞生以前，技术更多的是人类经验的总结、物化，而科学革命以来，技术更多的是科学革命的物化。技术表达的是程序化、规范化的可以传授、演示的操作知识。技术和知识可以物化在机器设备的“硬件”中，也可以物化在“软件”中，当然，这种状态的技术和知识还不是真正意义上的人力资本，而只是可以商品化的资源和要素。只有当技术和知识活化在人体中，并且能够提供相应的服务或生产出新的技术与知识商品时，才有可能成为人力资本。

知识人力资本，主要通过专业学习（大学教育）、在职培训、实际操作等途径获得，这类资本还可以按技术与知识等差别划分得更为具体。

（四）能力人力资本

人的能力可分为一般能力和特殊能力两种。个体的能力差异对行为活动过程及结果有十分重要的影响。心理学的主要研究对象是人的一般能力，即表征人的感觉、知觉、技艺、想象和思维等的认识过程、喜怒哀乐的情感过程及有意识的能动的改变客观对象的意志过程的能力。它是人在认知、情感和意志活动过程中表现出来的能力，如观察力、记忆力、注意力、想象力、思维力和学习力等，这些可简单概括为智力或认知能力。人的特殊能力，即从事某种专业活动的技能，以及发现新问题、创造新事物的创造能力和创新能力。人力资本理论假定人的能力是客观的、多维的、可变的、能动的、多层次的及具有经济价值的。

基于上述分析，我们可以把能力人力资本细分为如下几类：

1. 一般能力型人力资本。指参与市场经济活动的个体所必须具备的观察力、记忆力、注意力、想象力、思考力、计算力以及学习能力等，它以智力人力资本为代表。

2. 技能型人力资本。指具有某项特殊技能，能够完成特定意义工作的人力资本。其社会角色是具有专业技能的熟练的从业人员。他们拥有的不只是技术，而且是在此基础上形成的技能。因此，它区别于“知识人力资本”或“技术人力资本”，这种人力资本提供特殊的服务和更高的经济价值。技能型人力资本一般是在工作实践中逐步积累形成的。

3. 管理能力型人力资本。管理是利用组织赋予的资源和行政权威来完成特定的工作职能的社会活动，经营是面向市场所进行的决策以实现组织战略目标的经济活动，因而管理能力区别于经营能力，管理能力可以被看作是求解“生产函数”的能力，是对在给定资源条件的约束下，为实现组织目的而进行计划、组织、控制、协调、指挥的能力。管理能力型人力资本对应的社会分工角色是各级各类管理人员、企业的一般经理人员等。

4. 应对失衡能力型人力资本。这种能力首先是由美国经济学家舒尔茨提出的。他认为，经济发展是经济体系内部力量的作用，这种力量来自于一种创新行为，它是以破坏惯性轨道来表现的。因此，存在着一种具有恢复均衡能力的行为，即发现市场非均衡，使市场恢复均衡的能力。所以处理不均衡状态的能力是现代经济中一种不可或缺的能力，这种能力便是一种在市场不确定、信息不完全和不对称的条件下，能够构建“新的生产函数”的特殊能力。

第三节　人力资本投资与收益

人力资本虽有天赋的因素，但主要还是靠后天获得，其获得的手段和途径便是人力资本的投资。而对投资的重视，实际上就是对未来收益的期待，所以人力资本的投资和收益是一个硬币的正反两面，两者互为因果，不能偏废。而作为资本，也只有在投资收益中才能真正体现出自身的价值，所以人力资本的投资和收益理论便构成了人力资本理论的核心内容。

一、人力资本投资

（一）人力资本投资含义

所谓人力资本投资，就是用货币、实物资本、商品和时间等资源通过消费、教育学习和医疗保健等形式向人进行投入的，能够提高人的素质并增加人的生产效率和收入能力的一切活动。这个定义的特点在于：

1. 明确人力资本投资要素投入的多样性，特别突出“时间”要素；

2. 指出了人力资本投资的诸多形式；

3. 强调了人力资本投资的客观效果不是形成机械、设备、厂房等固定资产生产力，而是人的生产力，以及获得收入的能力；

4. 定义落脚在“一切活动上”，表明人力资本投资是开放性的行为，就是说，除了已知的人力资本投资外，凡是能够带来“人的素质提高并增加人的生产效率和收入能力的活动”，都是人力资本投资。这也是与物质资本投资的根本区别之一。

（二）人力资本投资特征

人力资本投资作为经济活动当然具有投资行为的一般经济特征，人力资本具有与物质资本投资相同的性质，如投资支出都需要放弃眼前的利益，而更多地关注未来利益，等等。但是与物质资本投资相比较，人力资本投资的特殊性决定它与物质资本投资具有不同的特点。与物质资本等投资相比较，人力资本投资有如下特征：

1. 人力资本投资对象或客体不是物而是人，是对人的投资。这是人力资本投资与物质资本投资最显著的区别。原因在于人力资本的唯一载体是人。人力资本的实体存在于人体之中，所以人力资本投资也就必然表现为对人的投资。这个特点是人力资本投资的最本质、核心的特征，人力资本的其他特征都是在此基础上生发出来的。正是由于这一特征，人力资本投资包括自己对自己的投资、他人对自己的投资、组织对个人的投资等等。因此，作为主体的有意志的人的各种因素都会影响人力资本投资。这些因素不仅包括经济，还包括个人先天素质、偏好、性格等，以及家庭、社会、文化等诸多方面。

2. 人力资本投资具有多个主题。人力资本投资主体多元化的原因在于：一、人力资本投资对象是人，人在生命发展的不同阶段自我意志能力是不同的，同时也是有限的；二、人力资本投资收益的多元性和外延性。人力资本投资收益不像物质资本等那样单一明确，它往往呈现出十分复杂的状况，对个人、家庭、社会都是如此；三、人力资本投资形式的多样性和个体人力资本投资资源的有限性；四、人力资本实体所有权的一元性特点，带来人力资本产权分割的复杂性。

3. 家庭和个人人力资本投资具有正反馈机制。一般而言，家庭和个人的人力资本投资就是对家庭成员和个人自己的投资，投资者既是人力资本投资主体，同时也是人力资本投资客体，人力资本投资主体和客体是同一的。实际上，在任何人力资本投资过程中，投资客体本人都是投资者。因为每个个体至少必须投入自己的时间、精力和劳动。由于这种特点，在外部条件给定时，人力资本投资的约束条件的意义就显得更加重要，因为人力资本投资具有十分明显的自我融资性。如富有的家庭和个人具有丰裕的投入资源，家庭和个人就往往在人力资本生产效率和总量规模上占有优势。同时投资所带来的较高收益，又转过来再次以较大比例投入到人力资本积累中。而对于投入要素不足的贫困家庭和个人来讲，由于人力资本产权和人力资本市场的局限性，不能把人力资本用于担保抵押来获取必要的更多的人力资本投资，从而造成人力资本占有和收益获取上的不利地位。这样在贫富家庭和个人之间就会发生正反馈机制的"马太效应"。这种现象在不发达国家的富人和穷人之间表现得更为明显。

4. 人力资本的重要方式是消费。这是人力资本投资与物质资本投资最重要的区别之一。这个特点决定了人力资本投资，尤其是家庭和个人人力资本投资活动有相当多的内容是在工作之外的消费领域和家庭中进行的。人力资本投资的这一特点给人力资本投资的计量带来了困难。

5. 人力资本投资的重要要素是时间。人力资本生产既消耗投资者的时间，又消耗被投资者的时间，它是一种时间密集性的产品生产，所以时间也就成了人力资本最重要的投入。除了少数形式的人力资本投资(如迁移与流动)的时间成本很小外，大多数形式的人力资本投资都要花费较长的时间，少则几年，多则十几年甚至几十年。而个体生命是有限的，个体所能支配的时间也是有限的，所以时间成了最为稀缺、最为重要的投入要素，时间成本构成了人力资本投资的主要成本。可以说，时间因素在人力资本投资中具有首要的意义。

6. 人力资本投资具有时间上的相继性和个体的年龄限制。人力资本具有生命周期性，因而人力资本的形成与使用就具有比物质资本更严格的时间性。人的年龄及其生命状态的变化都会对人力资本投资产生相当大的影响。这些时间性制约表现在：一、不同形式人力资本投资之间具有互补性和连带性；而同一形式人力资本投资则具有时间上的相对性，即后期投资必须以先前的投资为基础或前提条件。二、个体人力资本投资的时间集中，时间的边际成本和边际收益很大。

7. 人力资本投资风险大。人力资本投资既然是为了未来的利益而放弃或牺牲眼前的利益或效用，并且人力资本形成又是一个相对长期的过程，所以人力资本投资同物质资本投资一样，具有风险性。但是由于人力资本投资对象的不确定性、时间的长期性、投资主体的多元性、人力资本投资收益的间接性等原因，使得人力资本投资的风险相对更大。人力资本投资的风险性不仅来自于市场因素，而且还来自于个人因素和组织因素。人力资本投资的风险主要有：对象选择风险、人职匹配风险、激励政策风险、人事变动风险、市场价值风险、失业风险、知识过时和精神磨损风险等。

（三）人力资本投资主体

人力资本投资主体具有多元性，主要包括：家庭、个人、企业、政府以及各类社会团体，其中最主要的是家庭和个人、企业和政府。

1. 家庭和个人

家庭的分工、收入以及未来预期是人力资本投资水平和形式的重要决定因素，家庭牵涉生育、成员素质、健康、教育等大量的人力资本投资，同时，带来的收益也非常广泛，除了经济收益之外，非经济收益的取得，如精神和心理的满足、社会地位的确立、生存环境的改善、市场竞争的优势等同样难以估计。

个人，尤其是有自我意志行为能力者，不仅是人力资本最主要的投资者，而且是受益者。这是因为：一、人力资本所有权与人力资本载体——个人不可分离，使人力资本的直接受益者自然成为被投资者个人；二、个人的主观意志和选择，决定了人力资本的投资形式、规模、时间和效果。

个人人力资本投资和家庭人力资本投资包括了所有形式的人力资本投资。个人人力资本投资和家庭人力资本投资是互相作用的。个人进行人力资本投资的最终目的是提高自己及家人的生活质量，也就是说，个人进行人力资本投资并不是以收入增加为最终目的。家庭人力资本投资不仅是为了获得收入、职业保障、职位升迁和就业机会、消费效用等经济效益，而且是为了获得家庭生活质量提高等非经济效益。家庭和个人的人力资本投资的需求受到两方面条件的约束：一是受投资资源条件的约束，例如已有的人力资本水平、收入水平和时间等；二是受市场的供求条件的约束，例如教育、职业训练、就业需求和未来收益预期等。

2. 企业

人力资本的重要性在于提高受用者的经济价值，而企业是社会财富的主要生产部门，人力资本的巨大需求来自企业和知识生产部门(我们把知识技术生产部门也看作企业组织)。一般来说，企业所需要的人力资本，可以通过两个途径获得：一是直接从人力资本市场上购买或租用；二是自己直接进行人力资本投资，或者说自己投资生产所需的人力资本。企业为什么要自己进行人力资本投资？原因在于，其一，企业的专业化生产和物质资产的专用性需要与之匹配的专业化人力资本，这种专业化人力资本收益主要为企业所得，所以要由企业进行主要投资；其二，人力资本存在的折旧现象，企业需要通过人力资本投资加以维护和再生产；其三，企业将人力资本投资作为企业文化建设和企业人力资源开发的重要手段。

企业进行人力资本投资最终是以赢利为目的，以利润最大化为原则。企业作为人力资本投资主体主要是出于两个基本经济动因：一是通过对员工的技术培训可以提高员工的劳动生产率，从而可以带来更多的利润；二是由于物质资本与人力资本的互补,企业人力资本的增加可以提高物质资本的边际产出,进而带来企业规模报酬递增和利润的增长。

与家庭和个人人力资本投资者相比,企业对人力资本投资的范围小、形式更少,但是,由于企业不仅是人力资本的投资者,而且还是人力资本的直接需求者,企业通过这种投资所获得的人力资本更直接符合企业的特殊需要,即需要什么就培训什么。当然,企业人力资本投资离不开个人的意愿,在企业对员工的人力资本投资中,企业和员工是合作关系,在这种情况下,人力资本的生产过程与产品和服务的生产过程是结合在一起。

3. **政府**

政府作为人力资本投资主体的理论依据来自两个方面:一是有关国家和政府的社会福利理论;二是关于政府在现代经济增长中的作用。传统经济学理论认为,政府提供国民卫生与健康等公共产品是政府应有职能,即提供社会福利。现在经济学理论认为,国民基础教育和公共卫生等公共产品具有较大的经济外部性,政府应当承担平衡经济外部性的社会职能。教育,尤其国民基础教育和健康人力资本投资所具有的较大经济外部性,是个人或企业所不及的,因此要求政府对其进行投资。事实上,许多国家尤其是发达国家在国民教育、科学研究、医疗卫生等方面始终进行着大量的投入,毫无疑问,政府是人力资本最主要的投资者之一。政府对人力资本进行投资的领域是相当广泛的,涉及教育、卫生保健、培训、社会保障和公共卫生等,形式也多种多样。政府的人力资本投资不仅是为了经济增长目标,而且还有利于保障社会收入分配公正、国民整体素质提高、国家整体实力增强等等。

二、人力资本投资收益

人力资本是主动的投资结果。影响人力资本投资主体决策的因素很多,但在既定外部条件下根本的影响因素是投资的回报。因此,人力资本投资收益或回报率是人力资本投资理性决策的决定变量。从理论上讲,任何投资都是为了获得未来收益的代价或成本,是对现在和未来效用的权衡,所以,物质资本的投资——收益分析同样也适用于人力资本。在完全竞争市场中,人力资本投资的收益就是人力资本提供的市场服务的价值或收入,它等于人力资本要素服务价格乘以人力资本要素的服务量。与物质资本投资收益不同的是,人力资本投资收益除货币收益外,还有非货币、非物质性的收益;除给个人带来收益外,还带来社会收益。换言之,人力资本投资具有外部性,这两方面的外部收益使得人力资本投资收益计量困难加大。人力资本投资的成本就是用于生产形成人力资本的投入要素费用,包括直接的货币投入及时间等机会成本。由于人力资本投资的形式和途径有别于物质资本投资，其成本计算也就比较复杂和困难，比如，如何区分非人力资本投资消费与人力资本投资消费就关系到人力资本投资成本大小问题。人力资本投资总收益(TRh)与人力资本投资总成本(TCh)之间的差额就是人力资本投资的净收益。和物质资本投资一样，人力资本投资收益具有投资费用补偿性质，这种补偿和回报是在人力资本所有者从事市场活动的连续的生命周期内实现的，即按照人力资本投资收益率加以贴现回报的。不过，由于人力资本市场的不完全性、风险的不确定性对人力资本投资及其收益有很大的影响。

人力资本投资收益率就是人力资本服务的价格。静态地看，它是人力资本投资的净收益除以可以用总的投资成本代表的人力资本投资的市场价格或市场价值。动态地看，它是人力资本投资未来收益现值的贴现率，这个贴现率要能保证人力资本投资价值的补偿，否则就没有或很少有人会对人力资本进行投资。因此有学者认为，决定人力资本投资量的最重要因素可能是投资的有理性或收益率。

第四节　人力资本产权和人力资本市场

作为一种重要的生产要素资源的人力资本，与其他资本一样，存在着需求和供给相互作用的问题。人力资本供求关系及其变化对人力资本形成和人力资本效能的发挥具有重要作用。人力资本作为现代企业经营的核心要素，必然同其他资本要素一样，要求通过一定的中介——市场予以配置。人力资本市场既是人力资本所有者与货币资本所有者进行交换和资源配置的场所，又是人力资本产权关系的集中表现。本节首先界定人力资本产权的含义，分析其特征，然后在分析影响人力资本供求因素和人力资本市场作用机制的基础上重点分析人力资本市场。

一、人力资本产权

（一）人力资本产权含义

人力资本产权，同其他许多概念一样，严格说来，还没有一个确切的定义。但这并不妨碍我们对这一问题的探讨和研究。一般认为，人力资本产权就是人力资本的所有权，即存在于人体之内、具有经济价值的知识、技能乃至健康水平等的所有权。根据现代经济理念，人力资本应该通过对人力资本的投资(或某种形式的交换)来获得。也就是说,人力资本产权归人力资本投资者所有,因此,人力资本产权实质上也是一种现实的经济关系,即人力资本产权关系。具体言之,人力资本产权包括人力资本投资、人力资本使用、人力资本收益等过程中的一系列经济关系。人力资本产权作为一种经济权利,与物质资本产权同样参与社会的生产、分配及消费过程。人力资本产权最大的特点在于,这种权利依附于人身,权能的实现依赖于主体的人身,所以这种权利是不完全的,受限制的。

(二)人力资本产权的特征

根据以上理解,人力资本产权具有如下特征:

1. 人力资本产权是派生性权利。因为人体是人力资本产权的唯一物质载体,没有活的生命的人体,就没有人力资本产权;人力资本产权以人的人身自由权为前提,没有人身自由权就没有自主的人力资本产权。

2. 人力资本产权是自主产权。也就是说,人力资本所有权与它的载体不可分割,而非人力资本与所有者均可分割。人力资本所有者让渡的不是所有权而是使用权,是在一定合约规定下的使用权,人力资本产权的行使受到载体——人的自主意志的限制。

3. 人力资本产权是排他性强的产权。人力资本产权由于载体的唯一性,所有权归属于人自身,无形的存在于个体中的人力资本存量,别人是无法占有的。而且,人力资本使用权的实现,在时间和空间上是同一的,同一个个体不可能在同一时间和同一空间里为两家雇主服务。

4. 人力资本产权是受限制的、不完全的产权。一是受人身权利的限制,当人身权利受到限制时,人力资本产权就不能由所有者自主行使;二是受非人力资本产权的限制,不能和实物资本结合的人力资本就没有产权可言,只有物化的、价值化的人力资本才有产权;三是人力资本供给者和需求者的合约之标的都不是产权的全部权能。供给者不让渡所有权,需求者也不要所有权,因为8小时工作之外人力资本雇佣者没有直接的控制手段。

5. 人力资本产权流动性低。因为人力资本市场、产权是不完全、信息是不对称的,所以人力资本就不能如实物资本那样具有担保、抵押的功能。实物资本可以转让、出租和承继等,人力资本则不能。

6. 人力资本产权是介于物权与人身权之间的特殊的权利范畴,具有多种权利的属性。从具有经济价值和未来收益的性质来看,人力资本产权具有财产权的特征;从作为生命载体的周期性来看,其与资本所有者不可分割,具有人身权特征;从物体性和基于脑力劳动成果性质来看,人力资本产权又具有知识产权的特征。

（三）人力资本的供给与需求

1. 人力资本供给

人力资本供给是指人力资本所有者，按照某一市场价格愿意向市场提供的人力资本的存量，这些人力资本存量之和也就构成了在该市场价格水平上的人力资本的社会总供给。

(1) 人力资本供给的特点

一是，人力资本是一种稀缺性很大的生产要素资源。原因在于：人力资本投资周期较长，表现在学校的接受教育、特殊技能的训练、专业化人力资本的获得等，都需要一定的时间及工作经验的积累；人力资本市场信息不对称导致搜寻上的难度加大。人力资本的稀缺性在发展中国家反映得尤为明显。

二是，人力资本供给既是生产要素供给，也是最终品供给。人力资本需求是由物质资本要素的需求派生出来的需求，但同时人力资本需求又是最终品消费需求，因为人力资本其中的重要一部分，是向个人提供服务。人力资本需求是生产需求和消费需求的同一。经济现代化水平越高，人力资本作为最终品供给就越多。

三是，人力资本供给主体单一而形式多样。人力资本存在于活的生命个体之中，它的供给只能是个人，而其他生产要素的供给除了个人之外，还有企业以及政府等组织。由于人力资本形式多样，一个人可以具有多种才能，因此他可以提供多种人力资本服务。在高度信息化条件下，人力资本的供给服务方式十分丰富、灵活，包括家庭办公和自由兼职等等。

四是，人力资本供给包含自我需求。因为人力资本需求包含人力资本供给主体的自我消费需求。人力资本作为特殊的资产可以满足所有者的心理需求和身心发展，当然，这种功能是在人力资本被使用的过程中实现的。

(2) 人力资本供给的影响因素。人力资本供给是指人力资本所有者，按照某一市场价格愿意向市场提供的人力资本存量。因此，在完全市场假定下，人力资本主体的供给行为受到以下要素的影响：

一是，人力资本的价格。人力资本的价格是指人力资本的服务价格，可以用单位时间的使用报酬，如工资率等指数来代表。在完全竞争市场中，人力资本的供给与人力资本价格呈同方向变动关系。

二是，人力资本的形成成本。人力资本的生产需要投入大量的时间、金钱与精力，这些投入都可以用物化成本来表示。这种成本与人力资本的供给成反比关系。人力资本生产的直接成本和机会成本的结构不同、比例不同，对人力资本的供给影响也不同。

三是，人力资本的形成周期。周期长短影响人力资本供给的难易程度。如特殊专业技能的培养需要较长的时间，所以它的供给，相对而言，要比其他专业技能困难得多。因此人力资本形成周期涉及到人力资本生产函数的性质，涉及到人力资本获得的生命周期特征。

四是，人力资本市场发育程度和进入壁垒高低。人力资本市场对人力资本供给影响很大。人力资本市场发育完善，人力资本载体地域流动方便，搜寻成本低，人力资本供给就比较容易。人力资本市场的公平竞争，会带来高的人力资本投资效率和人才培养效率。

2. 人力资本需求

人力资本是要素资源，对人力资本的需求来自厂商向市场提供合格的最终商品(物品和服务)的需求。所以人力资本的需求主体主要是厂商。假如人力资本所有者与物质资本所有者是分离的，那么，厂商对人力资本的需求是通过人力资本市场的交换实现的。在物质资本所有者、占有者支配人力资本所有者的社会条件下，物质资本对人力资本的需求具有决定意义。因此，所谓人力资本需求，就是指厂商按照一定的市场价格愿意而且能够购买的一定量的人力资本存量，即对人力资本所具有的生产和生活服务的需求。与一般的商品需求一样，人力资本需求是需求者的购买行为，并且对应于一定的价格和一定的数量。

(1) 人力资本需求的特点

一是，人力资本需求是派生需求和最终需求的同一。首先，人力资本需求是人力资本作为生产要素由最终品(商品)的需求决定的。其次，人力资本需求是由派生需求的物质资本要素的需求派生的。同时，人力资本需求还是最终消费品需求，因为人力资本的重要部分是向个人提供服务。生产需求与消费需求的同一，这是人力资本需求与实物等资本需求的显著区别之一。

二是，人力资本需求是对人力资本使用权的“租用”需求。人力资本需求不是对人力资本所有权的“让渡”需求，因为人力资本所有者与其载体在时间上和空间上不可分离。这种租用需求是对人力资本提供的服务即使用价值和交换价值的需求。

三是，人力资本需求包含人力资本供给主体的自我消费需求。因为人力资本作为特殊的资产可以满足所有者的心理需求和身心发展，但是这种功能是在被使用过程中实现的。

四是，人力资本需求主体主要是工商企业，其次是政府机关、社会团体、家庭及个人。而其他类型的资本主要作为生产要素为相对单一和特殊的生产者需要。

(2) 影响人力资本需求的因素

人力资本需求是对人力资本所具有的生产和生活服务的需求，即是对它功能和效用的需求，不是对它的载体——人本身的需求，这种需求是通过市场交换来实现的，因此，在完全市场假定下，人力资本需求的影响因素主要有：

一是，人力资本的价格和租金。人力资本价格是指人力资本的服务价格，可以用单位时间的使用报酬，如工资率等指数来代表。在完全竞争市场中，人力资本价格与人力资本需求成反向变动关系。

二是，人力资本的边际收益率。人力资本的边际收益率等于人力资本边际产出率与人力资本服务的单位价格的乘积。人力资本的边际成本是指增加一个单位人力资本投入所支出的价格。在既定生产技术和其他要素不变的条件下，人力资本的边际收益仍然会呈递减趋势。以利润最大化为目标的厂商对人力资本的需求条件是边际收益率大于边际成本，因此一般情况下，人力资本需求与人力资本边际收益率同样成反向变动关系。

三是，人力资本的替代弹性。人力资本的替代弹性是指人力资本的边际技术替代率，是指维持等量产出条件下，增加一单位的实物资本等要素投入时所减少的人力资本投入数量。一般性的通用人力资本的替代弹性大，而专业化的特殊的人力资本替代弹性小。

四是，生产技术水平、产业结构和产品的科技含量与人力资本的需求呈同向变动关系。生产技术水平高，产品技术含量高意味着知识和技术的密集使用，对人力资本的需求就大，因为人力资本与技术之间具有更大的互补性。产业结构变化的规律，是技术高化、第三产业比例增大和第三产业中的服务业比例上升，高质量的个性化的服务需求是人力资本服务的持续长久的发展趋向。

二、人力资本市场

（一）人力资本市场的特征和分类

人力资本市场概念。市场的本质是交换关系。因此，可以简单地把人力资本市场定义为人力资本供求关系的总和。由于这种关系的存在是以劳动合约表现的，因此，人力资本市场又可定义为人力资本配置当事人之间在人力资本使用权转让与购买上达成一系列合约的总和。

人力资本市场不同于一般的劳动力市场。劳动力市场亦称人力市场、劳动市场，主要指一般劳动的交易市场；人力资本市场可以看作是具有一定知识、技术的高级劳动力市场。国外劳动力市场的场所和中介机构是职业介绍所和猎头公司。猎头公司从事的业务是提供企业家和职业经理人等供求服务。人力资本市场有点类似于我国的“人才市场”。但我国社会上已经用惯了的“人才市场”的概念似乎经不起学术推敲。因为汉语中的“人才”含义有：一、德才兼备的人；二、由某种技能和特长的人，如军事人才、外交人才等；三、指人的相貌端庄美丽。可见，人才指的是“人”，是指有才能的人。但是，人才市场中的人才指的是“才能”，道理很简单，人才市场买卖的不是人，而是人的才能。何谓才能？难以认定，于是在管理中往往把“具有中专以上学历的人”称为人才，这个定义有可操作性，但有失偏颇而且造成语义混用。中共中央、国务院在《关于进一步加强人才工作的决定》中提出，把品德、知识、能力和业绩作为衡量人才的标准，不唯学历、不唯职称、不唯资历、不唯身份。这是对人才本质特征的认识。从人才资本理论角度看，人才是指有高人力资本存量的人，即具有高知识和高技能的人，意指具有专业知识、技术和特殊能力的人，这与国际通用的人才概念是意指“有高智能的人”是一致的，如“人才流失”(The Brain Drain)。国内往往把“人才”译为“天才”(Talent)，有时译为“专业人员”(Professional)。

考虑到人才市场概念在目前的使用中是知识型劳动力市场，指具有专门知识和创造能力的人通过交换关系实现合理流动的总称，因此，我们暂且把它看作“人力资本市场”。这一市场的特征和分类如下。

1. **人力资本市场的特征**

(1) 人力资本市场不同于产品市场和实物资本市场，它不能将人力资本存量标准化。在产品市场上，通常可以将产品标准化，但人力资本存量被假设为非同质的。例如，同是一个专业的本科毕业生，但实际能力可能相差甚远，人力资本无法标准化。

(2) 人力资本市场的信息复杂程度要比其他市场高得多。产品市场上固然有交易双方的信息不对称(一般卖方具有比买方更多的信息优势)，但是人力资本市场上的信息不对称更加严重，人力资本所有者会千方百计地隐瞒对自己不利的信息，甚至捏造虚假的信息来提高自身被企业雇用的概率。即使信息是完全对称的，但是进入企业中的人力资本其实际生产力也无法予以准确的判断，因为人力资本的使用要与相应的物质资本匹配，而且其发挥作用会受到所有者心理、情感等因素的影响。

(3) 人力资本市场的交易过程是谈判签约过程，往往交易达成后并不立即支付价格，而是等到人力资本实际发挥效用后按合约支付。这就是在现代社会中人们常见的试用期，而一般产品市场则没有。此外，在人力资本使用谈判过程中不能把买卖双方的权利义务全部规定清楚，常常要留下一部分内容待以后商讨，而其他产品市场交易则大都是一次性完成的。

(4) 人力资本市场是不完全竞争市场。原因在于：第一，人力资本供求之间存在比较多的信息不完全和信息不对称；第二，人力资本是非同质性的，且载体间存在显著差异，这对交易显然产生很大的影响；第三，人力资本市场存在政策(如户籍）、性别、年龄、种族及宗教信仰等方面的观点等差异，从而带来对同质人力资本取舍标准的不统一；第四，人力资本流动性低——不能抵押和担保以及变现难；第五，人力资本供求主体的非利润目标和非极大化选择影响交易。

2. 人力资本市场的类型

人力资本市场是一个大范畴。现实中，由于企业对人力资本需求的差异以及不同层次的人力资本对企业发展的作用不一，形成了不同种类的人力资本市场，以满足人力资本需求者多层次的需要。人力资本市场从不同的角度可以分为不同的类型。

（1）从市场辐射范围来看，人力资本市场可以分为地区性市场、全国性市场、跨国性市场。地区性人力资本市场主要是为区域经济的发展提供人力资本服务；而全国与跨国性人力资本市场则立足于从整个国家与世界来配置人力资本。

（2）从交易对象内容来看，人力资本市场可划分为综合性人力资本市场与专业性人力资本市场。综合性人力资本市场提供各种类型、各种层次的人力资本，比如各省、市举办的人才市场；而专业性的人力资本市场主要为某种层次或某一行业提供人力资本，例如企业家人力资本市场、高校毕业生人力资本市场、教师人力资本市场等。

（3）从存在方式和途径来看，可分为有形人力资本市场与无形人力资本市场，前者如占有一定时间与空间的实地人力资本市场；后者如利用 Internet 网络建立起来的网上人力资本市场。

（4）从人力资本市场建设的主体来看，又可划分为政府主办的人力资本市场与民间主办的人力资本市场。前者指由政府有关部门创建、运营与管理的人力资本市场，政府的市场监督和被监督身份合而为一；后者指民间筹资建立并经营、政府部门监督管理的人力资本市场。

（二）人力资本市场运行的前提条件

人力资本市场的有效运行需要一定的前提条件，这些条件主要有：

1. 人力资本所有者拥有完整的所有权。这个前提的基本要求是人力资本载体必须是法律上的自由人，是独立的、平等的民事主体。人力资本所有者只有具有完整的人力资本所有权，才能够对自身拥有的人力资本作出有价格的合理的使用，才可以实现人力资本的自由流动。

2. 必须有发达的市场中介组织。市场中介组织的重要作用，就是搜集、分析、整理各种信息，以沟通人力资本供求双方，为双方提供服务。中介组织越发达，人力资本市场的运行效率就越高，交易成本就越低。

3. 必须有完善的市场运行规则和有效的监管体系。人力资本市场和其他市场一样，都会由于信息不对称等原因导致交易一方遭受不应有的损失。而且，经济行为人往往会在收入和利润最大化目标的驱使下，利用信息的不对称作出有损于对方的决策。市场交易过程是一个依据不同的信息进行博弈的过程，这个过程中的损人者会不断进入市场并提高其损人的技巧，最后可能导致整个人力资本市场交易的紊乱，甚至瘫痪。因此，人力资本市场的有效运行必须有一套完整的运行规则，以保证交易市场的正常有效运转。

4. 必须有健全的社会保障体系。人力资本以市场方式进行配置，无疑有以行政方式进行配置所无法达到的效率，但也把诸如失业等潜在威胁留给了人力资本所有者。其次，人力资本流动是与其载体——人的流动相一致的，从而住房、医疗、养老等社会保障问题也就成了公共关注的热点。因此，只有健全的社会保障体系才有可能减少和降低因人才流动等带来的问题和风险。缓解用人单位和人力资本所有者双方的压力，从而促进人力资本的正常流动及人力资本市场的良性运行。

第五节 人力资本与人力资源开发

随着知识经济时代的来临，通过人力资源开发提高人力资本存量，改善人力资本结构以促进经济增长和社会发展，显得越来越迫切和重要，本节就是针对人力资本与人力资源两者之间的关系，基于人力资本理论上的人力资源开发等相关问题进行分析和讨论。

一、基于人力资本理论的人力资源开发

（一）人力资源开发的含义和特征

1. 人力资源开发的含义。资源开发的基本含义主要是针对自然资源的，尤其是指对未曾被人类涉及的矿藏、荒原、河流、原始森林等进行的各类劳动、加工、利用等活动，后来又指生产技术、工艺和产品等的创新和设计。所谓人力资源开发就是对员工进行人力资本投资以提高工作所需的人力资本水平及改进工作绩效的有计划的系列活动。

2. 人力资源开发的特征。(1) 人力资源开发具有人力资本投资的基本性质，需要以当前的效用“牺牲”换取“未来”的收益。这个“未来”是个相对概念，是指与

当期、眼前相对的将来的时间。因而,任何人力资源开发活动都要有成本支出,即投资性支出。(2) 人力资源开发投入是多样的,显著的特征不在于物质资本的投入,而在于人力资本的投入。人力资源开发的大部分活动是具有高人力资本存量的培训开发师对员工的有意识的开发,即使自我人力资源开发也需要有高知识和高技术的投入。所以,高人力资本的开发师对人力资源开发具有绝对的意义和作用,这决定了人力资源开发的效果和效率。(3) 人力资源开发包含时间的投入,时间的机会成本在人力资源开发中具有重要地位。它包括任何企业组织的生产时间的"牺牲",开发者(主体)的时间和精力投入,被开发者的精力投入,这在正规学校教育和离岗培训中尤为明显。(4) 人力资源开发具有时效性。这表现在人力资源开发必须及时,必须符合被开发者身心发展的时序规律,必须满足被开发者的需求层级和时间意愿。必须是一个持续性和阶段性相结合的过程,它从员工进入企业组织开始持续存在于其整个职业生涯历程。(5) 人力资源开发的结果使员工和组织的人力资本水平提高,尤其是员工的专业知识、技能的提高以及工作态度的转变,从而带来工作绩效的改进。

(二) 人力资源开发的功能

人力资源开发的最初形式可能是起源于手工业时代的学徒制培训,专业的培训促进了人力资源开发的发展。培训是人力资源开发的重要形式,但人力资源开发不仅仅是培训,培训不能完全体现人力资源开发的全部职能。人力资源开发可能是人力资源管理部门最基本的职能,它的功能结构和范围是有组织发展面临的形势决定的。美国培训和开发学会的研究表明,有四大趋势影响了现代人力资源开发:其一是劳动力间的更大差异性;其二是更多的人涉入了知识工作,它需要员工自己的判断、灵活性和个人的义务承担,而不是对程序的顺从;其三是对有意义工作和雇员的更大期望;其四是雇员与组织之间契约性质的变化。

正是在这种变化趋势作用下,人力资源开发已从传统的培训与发展主体转向包括生涯开发和组织开发问题在内的职能。因而,从人力资本理论角度来看,人力资源开发的根本职能在于提升员工及组织的人力资本水平。具体来讲有以下几个方面:

1. 人力资源开发形成员工的工作知识和技能,增强员工对工作的胜任能力。这是人力资源开发的基础,也是员工绩效改进的保证。

2. 人力资源开发能够有效提升企业的组织资本。所谓组织资本是指组织对具有不同人力资本水平的员工能力与关系的整合而形成的组织凝聚力、协作力和信任力,它集中表现为企业文化力量。人力资源开发能使企业组织具有稳定性、应变性和适应性。

3. 人力资源开发能够扩大企业人力资本的规模。这包括两个方面，一是对员工的生涯开发，面向未来发展积累人力资本，为企业的战略发展储备知识与技能；二是吸纳更多的具有战略意义的人力资源，开发储备企业发展的战略性人员，形成企业人才高地优势，构成人力资源核心竞争力。

4. 人力资源开发能够适应工作变革和组织变革，与企业的长期计划和发展战略相整合，不仅在于保证资源利用的效益和效率，而且在于保证企业的持续发展。因此，它要求人力资源开发经理和专职人员起到更多的战略角色功能：一是要直接参与组织战略管理过程；二是对直线经理的战略观念和方法的教育培训；三是对全体员工的组织战略与目标的教育培训。

（三）人力资源开发的基本规律

人力资源开发作为人的有意识的社会活动应当存在规律性的要求，因为规律是事物运动的本质的必然的普遍性关系，从形式逻辑的角度看，人们认识的规律应体现为一个普遍性的判断。从人力资本投资和人力资本形成的角度来看人力资源开发，一般存在如下规律：

1. 人力资源开发中的主体客体相互作用规律。人力资源开发活动的主体有个人、家庭、企业组织、社会机构、政府等，而人力资源开发活动的客体，就是具体的生命个体，即每个人。而个人是有意识有意志的，只有主客体的意志一致，目标一致，才能达到人力资源开发的预期效果。如果开发主体违背被开发者的意志，不仅不会产生积极的效果，而且开发活动也无法维系。因此，人力资源开发是主客体自觉的有意识的互动过程，是相互促进的过程。

2. 人力资源开发的一因多果和一果多因规律。人力资本有多种存在形式，如知识、技能、健康等，人力资本投资同样存在多种形式，如教育、培训、实际操作、健康保健、信息搜寻等。当人们需要获取某类人力资本时，他需要有其他人力资本投资的支持，以产生具有互补作用的人力资本，如健康卫生人力资本投资是其他任何人力资本投资都不可缺少的基础，如开发“专用的”人力资源，不能没有“通用的”人力资源开发前提；另一方面，某种知识，或技能的获得可以有多种替代性开发活动实现，如知识，可以自学，也可以工作中学，也可以接受正规教育，等等。

3. 人力资源开发的时间不可逆规律。所谓人力资源开发的不可逆性是指由于人的生命不可逆性而导致的人力资本投资的时序性。就个体而言，首先进行的人力资源开发活动是生理、健康方面人力资本的投资，试想一个先天不足后天营养不良，体弱多病的幼儿如没有充分的营养、健康投资，又如何成长为栋梁之材呢？一个适龄儿童如果丧失了基础教育成为文盲后，其成人教育的效果可想而知；就人力资源开发的收益和效率而言，同样由于生命周期的限定而要求人力资源开发必须及时进行。常言所说的“少壮不努力,老大徒伤悲”正是这个规律的注解。尽管存在“大器晚成”的可能性,但从人力资源开发投资收益来看,由于能够获利的时间缩短,也不符合理性决策的要求。

4. 人力资源开发存在边际报酬递减规律。因为人力资源开发的基本形式是各类人力资本投资。人力资本投资投入与产出之间,在生产技术既定前提下,同样符合递减规律。从长期的人力资源开发的实际结果来看,人力资源开发投入,绝对不是简单的多多益善,在给定资源和相应的技术约束条件下,无疑有一个人力资源开发优化,即资源合理配置问题。

5. 人力资源开发存在正外部效应。所谓正外部效应,就是指人力资源开发存在对外部的积极影响。从经济学角度看,人力资源开发的收益往往不能完全为开发主体所拥有,人力资源开发的私人投资主体的边际成本大于社会的边际成本。原因在于像国民基础教育、卫生保健等开发成果具有公共产品性质。公共知识水平、社会平均人力资本水平等对人力资本生产,进而对人力资源开发均有着直接的作用。这也是人力资源开发需要社会和政府的干预的主要原因。

二、人力资源开发的主要内容

从人力资本投资与人力资本形成的角度来看,就个体层面来看,人力资源开发内容一般包括知识、技能和能力三个方面;就组织层面而言,人力资本不仅体现在员工的能力、知识和技术方面,还体现在人岗匹配、人力关系和谐、知识共享、团结协作等方面的组织资本和社会资本层面。当然无论是个体还是组织,员工的品德素养、态度、价值观、性格爱好、天赋能力等,仍然起着关键性的作用,所以我们这里主要还是围绕着针对员工的知识、技术、能力的开发来加以阐述。

(一)人力资源的知识开发

所谓知识开发,就是知识的教育和学习。人力资本理论早就认识到知识的要素价值和资本价值。随着知识经济时代的到来,知识工人、知识型企业(组织)、知识产品、知识产业、知识经济等名称和术语被广泛使用和广为流行,于是知识这一传统而又古老的概念,自然从原来的哲学范畴渗入到经济等领域,知识的边际更为扩大,对知识的研究和分析同样更为全面和深入。然而,从人力资本来看,主要是指生产性知识,即作为生产要素投入的知识,一般分为公共知识和私人知识,专用知识和通用知识。

根据以上分析,我们认为与人力资源开发相关的知识主要包括四个层面:

1. 公共知识。它与所在的国家和民族有很大的关联,也就是我们经常所说的国民性基础教育,主要对象为适龄儿童。知识开发的主体者为个人、家庭和各类初级学校。这类知识是获取其他知识、个人提升、社会进步和发展的基础和起点,所以这些知识的扎实有效与否,对个人、组织乃至整个社会,都有着至关重要的价值和意义。

2. 科学技术基础理论知识与学科前沿知识。主要由高等院校、专门科研机构及国际性合作组织等来进行。现在随着知识经济的重要性日益突出,许多高新企业的研发机构也正在逐渐地显示出它们的能力和实力。这些单位和机构,其开发的成果主要体现为新的理论学说、高精尖技术以及各类高中级专门人才。

3. 专业、专门知识。这类知识作为生产要素投入,是与资本、劳动、机器设备、生产工艺等一起开发,是企业专用的人力资本。主要的开发主体是企业及利益相关者,开发对象主要是企业员工。

4. 企业知识产品。表现为产品设计、生产工艺及方法、机器设备更新等。这是一种具有产权的、排他性的、有物质载体的知识的开发和利用。

就企业而言,人力资源开发中的知识开发,主要着重于后两个方面。但是由于知识更新和淘汰的速度不断加快,企业有时也需要对员工进行一定的基础知识、通用知识等的开发和培训。在知识型企业及知识经济条件下,知识开发还应包括"知识管理"。知识管理是指对知识的流、流速、流变、节点及载体等加以管理,使知识成为能够给企业带来价值和增值的人力资本和组织资本。

(二)人力资源的技术开发

在科学知识理论向技术的转化中,现代工业生产和市场经济起了重要促进作用。工业革命不仅标志着从依靠手工技艺生产到依靠知识技术生产的根本转变,而且标志着科学与技术、技术与生产,尤其是技术与工业化大生产的紧密结合。科学技术的进步体现在生产工艺、工具、设备及产品上。知识成为掌握技术的基础和关键,由此导致了科学技术教育的产生,也使人力资源开发的系统性活动,由早期的工厂教育,发展到社会性的工程技术教育和职业技能教育,知识从而有可能由个人物品转化为公共物品。因此,人力资源开发中的技术开发就是指技术知识的教育和技能的培养。

技术知识的教育和技能的培养,从人力资源的角度来看,可分为通用的、一般的技术开发和专门的、特殊的技术开发。前者主要指一般的劳动技能开发,通常在国民基础教育和普通职业教育中完成。后者则主要通过各类高等教育、职后教育和岗位培训等加以实施和贯彻。由于专门技术知识和技能的排他性,保证了企业有意识进行研发投入的可能性和对员工尤其是对从事开发员工进行激励的积极性。

（三）人力资源的能力开发

人的能力是由多种因素作用的结果，能力开发自然也是多层次、多形式、多方法的，是持续性的累积过程。人力资源理论主要以人的经济行为能力为主要研究对象，并且假定这种能力主要来自后天人力资本的投入和开发。人力资源的能力开发和能力建设就是通过知识学习和技术训练等途径和手段来实现的。知识、技术、能力三者相互作用，密不可分。科学知识是基础，技术是知识到能力的中介，能力则是知识和技术的自然延伸和理想指归。对于企业而言，主要的是进行实用的工作基本技能的培训与开发，通常有实际工作能力、安全保护能力、语言表达能力、人际沟通能力、质量控制能力、计算机运用能力等等。而对于管理者而言，还需要有一定的管理能力。

当然，人力资源的开发内容远不止这些，但以上三个方面的开发，是所有人力资源开发都必须面对的，因而具有普遍性，所以着重就这三个方面加以阐述和展开。

本章小结：

本章首先对人力资本的基本概念以及它的性质、特征等进行了介绍和阐述，然后围绕着人力资本的外延与类型、人力资本的投资与收益、人力资本产权和人力资本市场、人力资本与人力资源开发等关系和知识点加以讨论和辨析，从而帮助学生认识和掌握人力资本的特殊含义、人力资本与其他资本的相同和不同点、人力资本的价值和意义，以及合理开发和利用人力资本的必要性和重要性。

案例分析：

丰田汽车公司的用人之道，给我们的深刻启示是，人力资本蕴藏着相当巨大的能量，如何合理开发利用，需要有高深的管理艺术和科学手段。因为人力资本与其他资本最大的不同点在于，人力资本的载体是活生生的、有思想、有情感的人，具有相当大的可塑性和可变性。人力资本是所有资本中最本质、最重要、最有价值的资本，是否能科学、合理地加以管理和利用，对企业的生存和发展有着至关重要的作用和影响。

本章思考题：

1. 人力资本的基本含义是什么？

2. 人力资本的本质是什么？
3. 人力资本有哪些特征？
4. 人力资本的外延和类型有哪些基本形式？
5. 人力资本投资有哪些特征？
6. 人力资本产权的含义和特征是什么？
7. 人力资本市场的特征和运行的前提条件有哪些？
8. 怎样理解人力资源开发的功能和基本规律？

第二章 人力资源战略

引导案例

NFC 公司面临的问题[①]

NFC 公司是一家金融机构，1985 年通过兼并两家公司——一家保险公司和另一家物业公司组建而成。该公司以北方一中心城市为基地，业务分布全国各地，聘用员工 1 500 人。

秦丹是 NFC 公司人力资源部的总经理，一年前，他被 NFC 公司从其竞争对手那里挖来。

秦丹来到 NFC 公司时，公司正在为进入证券经营业务领域作准备，招聘工作就是其中一个重要的方面。然而，当招聘工作开始 6 个月后，这项进入证券经营业务领域的决策又被放弃了，原因是公司总体经营状况在滑坡，主要的经营指标与公司原先所作的预测大相径庭。

NFC 公司最近刚刚完成在全国主要高等院校的招聘工作。公司已经挑选了 70 名优秀的毕业生，但是，由于放弃了进入证券经营业务领域的决策，NFC 公司不得不作出其他令人不愉快的选择。

从某种角度看，NFC 公司的困境是过去几年政府采取适度从紧的经济政策和金融领域中公司重组的结果。但从宏观上来看，采取从紧政策和公司重组的结果是令人满意的，它既有助于企业结构合理化，又有助于企业提高与外国公司竞争的能力，而且规范了交易行为，股东也感到满意。当然，对 NFC 公司的秦丹来讲，将要应付许多棘手的问题。

秦丹感到公司现在面临的状况是：如果终止原先的招聘计划，势必损害公司的形象，不利于公司未来招聘工作的开展；而另一方面，招进这些有才能的被聘人员而长期不使用，又会导致他们的不满。虽然，终止这项招聘计划在短期内会平衡公司的财务状况，但秦丹认为这种突然变化会影响公司员工的忠诚度，因为其他公司

① 李令德、郭伟民主编《企业战略管理》，华东理工大学出版社1998年版，第 204 页。

削减了10%的人员后已出现了这种迹象。因此，在秦丹看来，公司要解决的主要问题是怎样才能尽可能地保留这些设定好的工作等待公司经营业务的回升。

三天后，公司执行委员会要召开高级管理人员会议。会议的主要内容是讨论公司人员过剩问题和寻求解决方案。秦丹接到通知要他参加会议并准备做一个发言。为了准备这个发言，秦丹回顾了在原有公司的工作经历并力图从中总结出一些经验和想法。他发现NFC公司和其原先服务过的公司之间有许多不同，尽管这两个公司各有自己的特点。

其中一个差异是NFC公司从不招聘非正式的或临时的公司员工；另一个差异是两个公司在员工培训程度上的不同。在秦丹原先服务的公司，每个员工每年至少有40个小时用于业务培训；而在NFC公司，每个员工培训的时间，每年只有10个小时，而且主要是入门培训。

秦丹一直在想：在当前公司紧缩人员状况下，是否还有更多的既能消除公司人员过剩，同时又能尽量多地保留工作职位的其他选择余地，例如：工资打折休长假、停薪留职或者鼓励提前退休等。这样，就可为有才华的年轻人腾出职位，减缓公司矛盾。而且NFC公司在全国各地还有14个分部，那里也需要增加一些员工，公司亦可在这方面作些安排和调整。

当秦丹在思考这些选择的时候，有一件事情是清楚的：他需要为参加公司执委会的会议而准备发言稿，因而必须理清这些想法的思路。

案例讨论题：

1. 该案例主要是为了说明什么？
2. 如果您是秦丹的话，会怎样应付NFC公司所发生的变化？
3. 兼并重组对企业发展有何影响？
4. 人力资源经理应具备什么样的素质？

第一节 人力资源

一、人力资源的概念

任何企业至少应该拥有物力、财力和人力三种资源。对于企业而言，物力资源和财力资源是企业的有形资源，它们是衡量企业的重要尺度，但它们是有有限性的。而人力资源是一种无形资源,具有相对的无限性,是可再生的资源。企业可以通过教育、培训和开发等活动提高人力资源的品质,增加人力资源的数量,用人力资源替代非人力资源,从而减轻企业发展过程中非人力资源稀缺的压力。

资源一般被认为是获取财富的源泉。资源不一定是财富的现实存在物,但任何被认为是财富的东西或物品,都是通过资源的转化而形成的。可以说,资源就是财富之母。人力资源的概念强调了人力其资源属性,从而提升了人力对人类所具有的根本意义。①

由于人力资源涉及经济学、社会学、管理学、心理学、法学、组织行为学等众多学科领域,所以,人们对人力资源这个概念的界定也不尽相同,各叙己见,莫衷一是。但概括起来主要有三种说法。

(一)宏观意义上的含义

1. 依据联合国教科文组织资助召开的《中国人力资源开发研讨会》上的规定,根据年龄的时限提出了"三论说":(1)"广义论":提出的人力资源强调的就是从出生到死亡的所有的人,即全部人口,其理由是,人在具有劳动能力之前有个早期开发的问题;在按法定年龄退休之后,仍然具有一定的自我开发、自我实现的能力与潜力。简单地说,只要是人,就是人力资源。(2)"狭义论":提出的人力资源是指全部人口中能以合法劳动创造财富,推动社会向前发展的那部分人口的总称,又称劳动力资源。它应该是指法定年龄在16岁到60岁之间的人。(3)"中间论":提出的人力资源只包括从出生到依法退休为止的人。确切地说,是指16~60岁的显在劳动力和0~15岁的潜在劳动力都归为人力资源。

2. 从人口学上的金字塔来分析,如图2-1所示。

在图2-1中,A为人口资源,包括所有的残疾人、植物人等,其表示为人口的数量概念;B表示为人力资源,在此主要表示具有技能和智能的人,在这里应该排除植物人和婴儿等;C则表示在法定年龄、具有技能和智能的人,这才是人力资源;金字塔的最高端就是图表中的D,它表示人才资源,

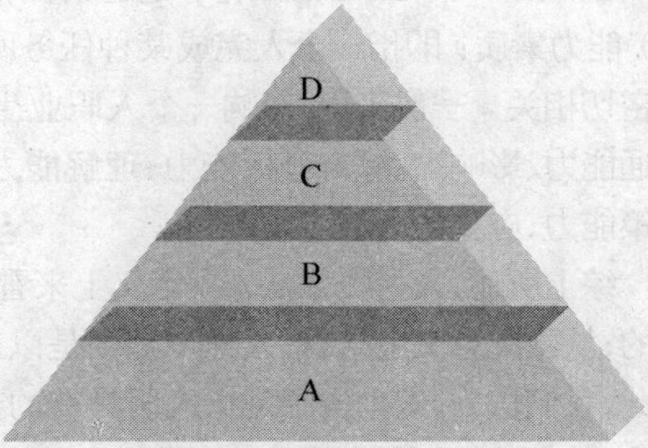

图2-1 从人口学上的金字塔分析人力资源

① 商红日《人力资源管理》,上海人民出版社2001年版,第3页。

这表示人口的质量，是决定国家兴旺发达的关键所在。[①]

宏观意义上的人力资源，其定义就是指出生到死亡的所有人，包括植物人、婴儿。只要是人就是人力资源，这样的定义就与人口资源有一定的相似性。一般来说，人口资源是指一个国家或地区所具有的人口总量，而宏观的人力资源的数量含义也是指一个国家或地区所拥有的所有的人，忽视了人力资源的质量含义。

（二）微观意义上的含义

微观意义的人力资源是指智力正常、能够推动整个社会经济和社会发展的、具有劳动能力的人。

1. 人力资源数量上的含义包括三个方面[②]：(1) 处于劳动年龄，正在从事经济建设和社会劳动的人，他们占据了人力资源的大部分。(2) 尚未达到劳动年龄，但已经从事经济建设和社会劳动的人，一般称之为未成年劳动者。(3) 已经超过劳动年龄，但依然从事经济建设和社会劳动的人，即老年劳动者。

2. 人力资源质量上的含义包括五个方面：(1) 身体素质：即指一个人的生理状况，主要指一个人的体质、体力、体能等方面，是一个人最基本的素质。一般来说，一个人要从事高质量的经济建设和社会劳动，必须拥有健康的身体，没有健康的体魄就很难有成功的事业。(2) 心理素质：它有两层意义，一层是指心理特征，如在感知、记忆、思维、想象、情感和意志等几方面的心理素养，主要表现在心理敏感性、心理承受力、心理决断力等；另一层是指人的个性心理，一般包括气质、性格、能力、兴趣、信念、理想、世界观等，它直接影响一个人从事的职业类型和职业兴趣，甚至影响到一个人对社会贡献的大小。(3) 知识素质：即指个人在成长和学习生涯中所掌握的基础理论知识和专业技能知识，两者相辅相成，缺一不可。(4) 道德素质：即指一个人的思想品德和道德情操，它在人力资源的质量评估中极为重要。(5) 能力素质：即指一个人完成某种任务所应该具备的基本技能，与人的经历、经验密切相关。一般来说，影响一个人职业生涯和创造财富能力的因素主要有人际沟通能力、影响力、综合分析能力、理解能力、判断能力、组织协调能力、感知能力、决策能力、应变能力等。

综上所述，人力资源从宏观意义上来看，是以国家或地区为单位进行划分和计量的；从微观意义上来看，人力资源则是以部门或企事业单位进行划分和计量的。因此，我们认为，人力资源是指人所具有的对价值创造起贡献作用，能够创造社会财富，并且被组织所利用的体力劳动和脑力劳动能力的总和，它包括数量和质量两个方面。这个含义包括以下几个要点：

---

① 张培德主编《现代人力资源管理》，中国文史出版社 2004 年版，第 14 页。
② 张德主编《人力资源开发与管理》，清华大学出版社 2004 年版，第 1 页。

(1) 人力资源的本质是人所具有的脑力和体力的总和,可以统称为劳动能力;

(2) 这一能力要对财富的创造起贡献作用,成为财富形成的来源;

(3) 这一能力还要能够被企业所利用;

(4) 这一能力需要体现出数量和质量指标。①

二、人力资源的特点

(一) 再生性和可增值性

人力资源具有再生性,主要是通过人口的再生产、劳动力的再生产、劳动能力的再生产等过程,人力资源会源源不断地得到补充和增加。所以,人口的再生产就意味着人力资源具有再生性。当然,这也使得人力资源不等同于其他资源如自然资源和物质资源。

人力资源的可增值性意味着在各种资源中,只有人力资源是在使用中或通过使用而不断增值的。如一位厨师只有通过不断地烹饪实践,才能使其烹饪技术得到提高;一个医生治愈的病人越多,则其医术越高明等等。

(二) 持续性和闲置性

人力资源开发是一个持续不断的过程,它一方面表现在使用与开发的同一性上,另一方面也表现在人的需求品位的提高及社会对优秀人才的需求上。因为人不仅具有主观能动性,而且还是知识的载体,人在改造世界时可通过自身的智力,使器官得到延长、放大,从而使得自身的能力无限扩大,推动数量巨大的物质资料生产,获得丰富的生活资料。人类的智力具有继承性和持续性,这是指人力资源所具有的劳动能力随着时间的推移不断积累,延续和增强。

但是,人力资源在闲置过程中,它本身具有一定的消耗性。人既是生产者,又是消费者,这就要求我们既要重视对人口数量的控制,更要重视人力资源的开发和人才的培养。充分开发现有的人力资源,是降低人力资源成本,获取人力资源收益的基本途径。

(三) 自控性和可塑性

人对自己的技能和创造力能进行自我控制。人不同于自然界的其他生物的根本标志之一是具有自控性,人能够积极主动、有目的、有意识地认识世界和改造世

---

① 盖勇、孙平编著《人力资源战略与组织结构设计》,山东人民出版社 2004 年版,第 8 页。

界。在改造世界的过程中，人能通过意识对所采取的行为、手段及结果进行分析、判断和预测；同时人在人际交往中可以掩盖"本我"。根据弗洛伊德的冰山"三我"研究，即(本我、自我、超我)，我们可以知道成人在正常情况下可以理智地控制自己的外露行为，充分运用"超我"。这就说明人具有"自控性"。

人的可塑性体现在人可以接受社会化的过程。人的素质与创造力在不同条件下会表现出不同的水平。由于人具有社会意识和在社会生产过程中处于主体地位，我们应该充分发挥人力资源主体的能动性，挖掘人力资源的潜能，充分调动员工的积极性。

（四）共享性和流动性

人力资源共享性是指人力资源主体可同时服务于多个部门和承担多种不同工作的特性。共享性的特点不仅展现了人力资源主体能"一专多能"、全面发展，当然这也是当今社会变化的一个特征；而且人力资源的共享性的特点还体现了人力资源主体能适应更多的环境，能"干一行，成一行"。

流动性的特点主要反映在人可以适应多方面的工作，可以在不同领域和部门进行调动。现代社会是一个开放性的社会。俗话说得好，"水往低处流，人往高处走"，人才的流动能进一步激发员工的工作热情，更加有利于社会进步。

（五）能动性和时效性

人力资源具有能动性是指人能有目的地进行改造外部世界的活动。人具有意识，这种意识不是低水平的动物意识，而是对自身和外部世界具有清晰看法的，对自身行动作出抉择的，调节自身与外部关系的社会意识。这种意识使人在社会生产中居于主体地位，使人力资源具有能动作用，能够让社会经济活动按照人类自己的意愿发展。

人力资源的时效性是指它的形成、开发、使用都具有实践方面的限制。从个体的角度看，作为生物有机体的人，有其生命的周期；而作为人力资源的人，能从事劳动的自然时间又被限定在生命周期的中间一段；能够从事劳动的不同时期(青年、壮年、老年)其劳动能力也有所不同。

三、确定人力资源问题

（一）由市场竞争引起的问题

由于市场环境的变化，竞争成为不可回避的现实。而市场竞争永远是对人才的竞争。人力资源管理，日益成为企业迫切需要研究解决的现实课题。这就引出诸多人力资源问题。如在与竞争对手保持对等或建立竞争优势时，如何进行多样化管理；在分配以及福利待遇方面如何做到公平、公正；如何进行雇员选拔等等。

（二）由企业变革引起的问题

最重要的人力资源问题一般来自于企业战略和经营计划框架中的企业变革。在组织重新调整重点、重新组建和适应持续并时有混乱的变革的过程中，就产生了人力资源问题。而这些人力资源问题决定着企业变革的方向和步伐。如：

1. 企业如何保持低成本与足够的现金流量。为了更节约人力开支费用，企业应尽量压缩管理的层级，使组织结构趋于扁平化；为了使较少的员工胜任更多的工作，企业必须加强对员工的业务培训。

2. 如何提高与改进企业产品和服务质量。环境变化可能要求企业不断努力提高或改进其产品与服务质量，并对顾客的要求有迅速灵活的反应。

3. 如何运用新技术。当企业通过使用一项新技术来获得竞争优势时，企业内部的每一种管理职能都在新系统的开发与使用中得到重新界定。

4. 如何评价与保持企业雇员的奉献精神。有时企业要实现其战略目标，必须培育一种员工奉献的企业文化。员工的奉献精神会成为企业的一个重要竞争手段。

5. 如何考虑企业在兼并与收购之后的人力资源问题。很多企业通过并购来实现战略目标，并购可以使企业进入新市场，获得新的市场份额，提高技术专业或知识水平，扩大所提供的产品服务范围，改善财务绩效，进而帮助企业加速发展。

6. 企业如何面对全球化竞争所带来的问题。进行全球扩张既是一个生存问题同时也是一个发展问题，这类企业面临的人力资源问题是，如何实现企业的跨文化管理，进而建立跨国界的互动的管理团队。

（三）由社会因素变化引起的问题

由社会因素的变化所引起的人力资源问题可以说是最为明显。如社会及人口结构的变化，主要表现在三个方面：一是劳动力的变化，主要表现在初级人才短缺、工人技能不足、青年劳动力生活贫困、管理人员多样化管理能力缺乏、人口老龄化现象严重、妇女劳动力越来越多以及如何为残疾人员工提供更好的工作条件等；二是雇员工作态度与工作期望的变化，主要表现在员工对工作稳定性的担忧、员工对自己的职业发展要求越来越高、员工对报酬的要求越来越高以及如何建立最佳的劳资关系等；三是保健与家庭照管方面的变化，主要表现在员工保健费用不断增加、家庭照管时间增加以及退休福利的重新制定等。例如：我国的企业或来华投资的企业就必须要考虑我国的社会及人口结构的变化——劳动力供求的变化以及中国社会老龄化时代即将到来的问题。在“十五”期间是我国劳动力供给数量增长最快的阶段，同时又是劳动力需求增长最慢的阶段，这是第一个比较明显的变化；另外，从人口来看，中国即将步入老龄化社会，1998 年全国人口中超过 60 岁的为 10.48%，到 2005 年已达到 15%，到 2010 年这个比例就更高了。这些变化必然会给企业带来诸多问题，企业不得不权衡各方面的利弊。

以上三个方面引起的人力资源问题如表 2-1 所示。

表 2-1　由社会因素变化引起的人力资源问题①

市场竞争引起的问题	企业变革引起的问题	社会因素变化引起的问题
1. 竞争对等 常规的报酬活动 人力资源信息 雇员援助 多样化的管理 雇员/劳动力文化素养 工作生活创新质量 弹性工作时间 遵守法律和规章 人员重置管理 雇员选拔 福利成本控制政策 雇员引导 国际人力资源管理 2. 竞争优势 鼓励风险的企业文化 高超雇员技能 管理者重视并解决关键问题 服务质量 更加迅速地沟通和行动 重新确定工会关系 真正杰出的创新 管理变化的能力 团队协作与灵活、高效的组织 与学校系统及大学的合作关系 明显的成本优势、高生产率	1. 改进企业绩效 保持低成本和强健的现金流 改进产品和服务质量 有效的引进新技术 培养高超的能力 保持雇员高度的奉献精神 2. 管理成长与变化 适应不断变化的人员配置需要 开展收购或兼并工作 有效地进行重构 成为更加全球化的企业	1. 劳动力变化 克服初级人才短缺 克服技能不足 帮助贫困的青年人 管理多样化的劳动力 适应老龄化的劳动力 适应将妇女作为主要劳动力 为有残障的工人提供工作条件 2. 工作态度和工作期望 适应不断变化的职业期望 适应对工作保障的担心 适应薪资期望 遵守法律和法规 建立最佳的劳资关系 3. 保健与家庭照管 控制保健费用 控制物质滥用 对付艾滋病 满足家庭照管需求 重新制定退休福利

① 转引自王先玉等著《现代人力资源管理学》，经济科学出版社 2003 年版，第 38 页。

第二节　人力资源管理

一、人力资源管理的含义

所谓人力资源管理是指根据各种社会组织的战略目标制定相应的人力资源战略规划，并根据组织的战略目标和人力资源战略规划进行人力资源的招募、录取、培训、开发、使用、保持、绩效评估、薪酬激励以及劳资关系建立的过程。

人力资源的管理必须与组织的战略相一致，组织的战略是其经营的主要标志，它包括确定长期目标以及为实现这个目标所必须实施的计划和资源配置，尤其是人力资源的配置、人力资源管理必须服从于组织的经营战略，不同的组织经营战略需采取不同的人力资源管理措施。如组织的战略为廉价竞争经营战略，即以自己所生产的产品和所提供的服务廉价取胜，组织凭借高科技或较为强大的生产规模、财务实力，在生产、采购、销售上节省开支，大力提高劳动生产率，最终采用低价销售产品的策略。因而与之相适应的人力资源管理必须采取吸引策略，员工的获取来源以外部劳动力市场为主，进行范围比较有限的知识和技能的少量培训；绩效管理方面注重短线目标，以个人为主，主要考评实际工作成果，薪酬设计注重对外公平性原则，可以选取比较低的薪酬水平。

（一）人力资源管理的现状

"人力资源"一词是当代著名管理大师彼得·德鲁克于1954年在其《管理的实践》一书提出的。在这部学术著作里，德鲁克提出了管理的三大广泛的职能：管理企业、管理经理人员和管理员工及他们的工作。在讨论管理员工及其工作时，德鲁克引入"人力资源"这个概念。他指出：和其他资源相比，唯一的区别就是人。并且是经理们必须考虑的具有"特殊资产"的资源。德鲁克认为人力资源拥有当前其他资源所没有的素质，即"协调能力、融合能力、判断能力"。经理可以利用其他资源，但是人力资源只能自我利用。"人对自己是否工作绝对拥有完全的自主权利"。

第二次世界大战之后，由于科技的发展运用于管理，人的作用曾经被忽略，但是在21世纪的知识经济中，企业必须依赖其管理人员与技术人员的创造性与主动性来赢得竞争优势，这样就不可能低估人的作用，于是人本主义管理上升为管理的主流管理价值观，即把人当作企业的主体，确立人在企业中的主导地位，把企业的一切管理活动主要围绕调动员工的积极性、主动性和创造性来进行和展开。传统企业的经济目标是追求利润最大化，而现代企业的目标是追求经济效益与社会效益。

（二）人力资源管理的未来

在人类跨入2000年后的今天，人力资源管理也经历一个多世纪的发展。随着时代的变化，社会经济的发展，科学技术的进步，组织形式的不断革新以及作为人力资源管理的对象——人的变化，人力资源管理在管理理论、管理实践和管理方式都在不断的变化。经济的全球化趋势改变着各个领域的管理哲学与管理实践，其中人力资源管理首当其冲。人力资源管理实践必须符合并且适应现代管理理论的新趋势，传统的人力资源管理受到挑战。

21世纪的人力资源管理面临外部环境的变化——经济全球化和知识化所带来的挑战。许多学者将经济全球化和知识化作为影响人力资源管理的重要因素之一。未来企业的竞争更加重视国际的，而不再是国内的竞争机会。全球化的同时，知识经济已经成为当今和未来世界经济的主要形式。作为知识经济微观基础的知识型企业，应该更加重视知识的创造、整合与利用，重视知识的管理。知识管理能力开始成为企业核心的竞争能力，知识成为企业竞争优势的源泉。

1. 21世纪的企业人力资源管理

经济全球化是近10年来世界变革最重要的趋势之一，全球化主要是由于经济在全球的发展和国内市场对外国市场的开放。原来的计划经济体制向市场经济体制的转轨也对全球化进程产生深刻的影响。全球性的市场为企业特别是全球企业的发展提供很多的机会，同时也提出各种挑战。无论是管理者还是理论研究人员，都将全球企业竞争力问题列为21世纪企业面临的主要问题之一。在复杂和动态的环境中，企业需要开发和培养企业所独有的资源和能力系统。然而企业的核心能力是不会一成不变的，企业的核心能力会逐渐变成未来发展的主要阻力，全球企业必须不断开发和更新核心能力。核心能力实际是企业的一种平衡能力，是在对经济全球化的反应能力和维持稳定的能力之间保持平衡的能力。因此，协作是全球企业建立核心能力和取得竞争优势的关键。全球企业必须采用不同于传统公司的战略，通过全球战略、联盟战略和合作战略来建立和维持竞争力。这些战略有助于企业成为有效的、创新的、学习型的和有竞争力的企业。在新的全球经济中，竞争能力将越来越多地依赖于创新能力。谁能够成为全球性的、创新的和拥有丰富关系资源的企业，谁就能够拥有更为强大的能力和竞争优势。因此，越来越多的全球企业重视人力资源，并且开始全面提高企业的人力资源的能力。正如国际组织与生产力中心指出：真正的全球性组织成功的关键因素是将人力资源的作用与组织的国际目标相整合。这种紧密联系有利于促进企业的发展,也能够为员工个人提供发展的机会。全球企业需要建立全球人力资源战略,如:全球的人力资源战略、全球激励政策和全球培训来实现在全球范围对人力资源的配置。全球化的人力资源战略是实现全球企业的战略和柔性战略的工具。总之,面对企业地理环境的扩张,面对更加复杂的环境,全球企业需要改进人力资源管理,包括:改善其功能、观念、战略以及采用新的工具。

2. 建立人力资源管理战略

建立人力资源管理战略的方法有:

(1) 培养全球观念。全球观,也可称为全球世界观,是有关企业如何考虑其国际经营活动的理念。全球性考虑企业的经营活动,全球性开展企业的研究与开发活动以及全球性进行商务活动,是衡量企业是否已经形成全球观的标准。换言之,全球观是有关企业的思维方式。

(2) 培养协作与团队精神。全球性的战略协作以其地理上的柔性、多样性以及对当地市场和当地政府的应对性,在优化企业重大活动方面发挥重要作用。全球性的协作是对各业务单位所构成的网络的资源流动、共同体意识和范围经济的管理。全球企业的任何人必须彼此依靠,而彼此之间的伙伴关系是企业的重要资源。通过团队合作,协作机制就能够逐步形成。人力资源管理需要在激励机制中更多强调团队合作,鼓励员工的互相帮助。对于21世纪的全球企业,与其他组织的员工进行有效合作也是非常重要的。全球企业中的协作机制的发展,依赖于员工沟通技能和团队合作技能的提高。企业在沟通和合作技能上的投入越多,新的跨文化的观点也越有利于协作关系的发展。

(3) 培养全球范围内有效的沟通。有效的沟通是组织的一种资源。全球信息和知识系统帮助全球企业在不同的业务单位之间整合和分享有价值的信息与知识,并且能够有效促进知识库的建构。

(4) 开发全球经理人员和全球知识工作者。全球企业用多种方法开发全球人才,有些全球企业甚至通过"买"和"借"的方式获得高质量的人才。同时,越来越多的全球企业开始利用咨询人员等外部关系。用市场交易的方式从其他国际企业或者当地组织获得人才,可以在获得知识和经验的同时,保持人力资源方面的柔性。

(5) 建立新的全球激励机制来适应新挑战。新的全球激励机制需要提高柔性战略下员工对企业的忠诚度,这需要报酬制度的创新。同时我们需要重新设计新的激励机制来鼓励知识的分享。同时,人力资源管理也可更新企业的绩效评价系统,特别强调网上论坛的团队合作与参与。

(6) 通过制度安排跨文化培训建立企业不同的事业部、不同公司、不同文化之间的责任。信任能够促进沟通，鼓励合作，并且降低冲突。但是在全球环境下培养信任是困难的。为了培养不同单位、不同文化的信任，全球企业需要跨文化培训，需要建立信息共享系统，也需要强调对公司全球绩效的贡献。而在伙伴企业之间培养彼此信任是公司实践最重要的趋势。在企业间合作中存在关系风险的情况下，信任是企业竞争力的源泉。

3. 国外有关人力资源管理的研究进展

人力资源管理过去作为维持组织正常运作的一项管理职能，如今它发展到企业的管理战略的层次，具有与财务管理、市场营销等工作同等的地位。人力资源管理对于企业绩效的提高作用已经逐渐被人们认可，其在战略层次上与企业绩效的正相关关系也为国内外企业实践所证实，随着人力资源管理的发展和实践的深入，人力资源管理已经成为一门关于企业管理的新兴学科，成为管理学的一个重要的学科分支。

目前，人力资源管理的研究与实践已经超越员工招聘与配置、培训与发展、工作设计、业绩考评、薪酬设计等传统内容，形成三个新的发展方向：

(1) 战略人力资源管理，将人力资源管理与组织发展战略目标的实现结合在一起。

(2) 国际人力资源管理，强调经济全球化背景下跨文化的人力资源管理。

(3) 政治化的人力资源管理，探讨企业文化、非正式组织的活动对人力资源管理的影响。这些方面的研究正在改变已有人力资源管理的概念、分析框架、促进人力资源管理理论体系的形成和完善。

二、人力资源管理的职能

人力资源管理的基本职能主要有：人力资源的规划、人力资源的招聘与配置、人力资源的培训与开发、人力资源的绩效评估管理、人力资源的薪酬福利管理。

（一）人力资源的规划

人力资源的规划是指组织根据社会环境的变化，评估组织的人力资源现状及发展趋势，收集和分析人力资源供给与需求方面的信息和资料，预测人力资源供给和需求的发展趋势，结合自身的经营战略，根据现有的人力资源状况对组织未来的人力资源需求和供给进行预测，制定出相应的人力资源规划(如招聘、调配、培训、开发及发展计划等政策和措施等)，满足组织人力资源需求的一系列活动。人力资源规划可以避免组织人力资源的闲置，减少不必要的损失，保证组织健康稳定的发展。

（二）人力资源的招聘与配置

人力资源的招聘与配置是指组织为了发展的需要，根据人力资源规划和岗位分析的要求，寻找、吸引那些有能力又有兴趣到本组织工作的人员，从中选出最适宜的人员予以录取并安排在最适当的岗位上的过程。招聘与配置是人力资源管理过程中一项具体而经常性的工作，是人力资源管理活动的基础和关键，它直接影响到组织各级人员的质量和各项工作的顺利进行。

（三）人力资源的培训与开发

人力资源的培训与开发是指组织给新老员工传授完成本职工作所必需的基本技能和挖掘他们潜在能力的过程。人力资源的培训与开发一方面可以提高劳动生产潜能，提高工作质量，增进组织的竞争力；另一方面有利于提高员工的工作技能，增加员工收入和提供员工职业发展的机会。

（四）人力资源的绩效评估管理

人力资源的绩效评估管理是指组织制定绩效评估的目标和衡量指标，并对员工在某一段时间内的工作业绩和行为进行分析，做出相应的评价，找出差距，明确员工下一阶段绩效的目标和改进措施的过程。绩效评估管理有利于促进管理者和员工的相互沟通，加强组织目标与个人目标的有效结合，明确员工绩效改进的具体方法并加以实施。绩效评估的结果是员工晋升、接受奖惩、发放工资、接受培训等的有效依据，它有利于调动员工的积极性和创造性，检查和改进人力资源管理工作。

（五）人力资源的薪酬福利管理

合理、科学的工资报酬福利体系关系到组织中员工队伍的稳定。人力资源的薪酬福利管理是指对组织支付给员工的那部分报酬进行计划、实施、调整、管理的过程，具体而言就是对那些支付给员工的货币性报酬和非货币性报酬确定相应的支付标准，确定发放的形式、时间和对象，确定适当的结构以及如何因时因地因人作相应调整的动态过程。人力资源的薪酬福利管理的目的是为了在保障员工的基本生活的同时，充分激励、发挥员工的能力，实现企业战略发展所需的核心竞争力，是人力资源管理中最为重要的一个职能。

三、人事管理和人力资源管理的区别

传统的人事管理主要是以“事”为中心的管理，而现代的人力资源管理则是以

"人"为中心的管理。现代人力资源管理强调了对组织内员工的思想和行为的统一和控制,更加突出了组织文化的认同。从这一意义上讲,现代人力资源管理与传统人事管理的区别主要体现在以下几个方面:①

(一)管理观念上

传统的人事管理把员工作为成本,作为工具,把人力投资计入生产成本,想方设法地减少这一部分的所谓成本支出;而现代人力资源管理虽然也考虑"成本",但是它更视之为"创收",它将员工作为资源、作为组织发展之本,突出"以人为本"的观念,想方设法开发这一资源,达到组织创收的目的。

(二)管理方式上

传统的人事管理其管理方式是以管理者为中心、封闭式的科层制管理,一切围绕上级指示办事,员工缺乏发挥主观能动性的空间;而现代人力资源管理则是服务型取向、开放式管理,增强了员工的主人翁意识,能够充分发挥其主观能动性。

(三)管理方法上

传统的人事管理属静态的分割式管理,力求稳定,各部门、各环节均进行独立的管理和工作,这样就无法进行人才的良性流动,无法优化配置人才;而现代人力资源管理是一个动态的系统化管理,将人力资源的全过程融为一个有机的整体,打破了各个环节之间的分割局限,整合管理,从而使人才良性流动,以求得人力资源投资的最佳效益。

(四)管理重心上

传统的人事管理以"事"为中心,"顾客永远是对的";而现代人力资源管理强调的是以"人"为中心,强调"员工第一",善待组织内部员工,并改善组织内部的服务质量。只有这样,先把员工放在第一位,员工才能善待组织的顾客,从而真正实现"顾客第一位"的宗旨。

(五)管理模式上

传统的人事管理是"被动反应型"的操作式管理,按照上级指示进行工作,循规蹈矩,多为事中和事后管理;而现代人力资源管理则是一种"主动开发型"的策略管理,充分发挥员工的主观能动性,强调事后管理。

---

① 张德主编《人力资源开发与管理》,清华大学出版社 2004 年版,第 1 页。

（六）管理层次上

传统的人事管理在管理层次上属于组织机构中的执行层，其上面有管理层和决策层，下方有操作层；而现代人力资源管理则处于组织机构中的决策层，即最高一层。

（七）管理内容上

传统的人事管理在管理内容上侧重岗位培训、技能提高，管理内容较为单一。为了完成生产和工作任务，尽快适应新环境、新要求，采用单一的任务性方法进行技能培训，仅涉及到含有实务性的操作实践和知识的学习。而现代人力资源管理除侧重于技术培训外，更强调文化的认同，内容比较丰富；为了达到实现人的组织社会化、通过培训使其尽快成为组织人的目的，而采用系统的全过程的方法对其进行除技能培训外的多层次培训，特别强调组织文化、价值观等培训。

四、人力资源管理的战略作用

人力资源管理已被管理者们看作组织在国内、国外市场上赢得竞争优势的一个重要手段，这种核心竞争力是组织内部的知识集合，包括员工的知识和技能、技术系统、管理系统和价值规范四方面，主要发挥协调各种生产技能和整合不同技术的作用。组织只有实现人力资源的价值，让人力资源通过自身的智慧和勤奋提升组织的实力，这样的组织才会有较强的持续竞争力，才会赢得市场。人力资源管理的这种战略作用表现在提高组织绩效、扩展人力资本等方面。①

（一）提高组织的绩效

人力资源管理的一个重要目标就是提高组织绩效，对组织成功作出战略贡献。当组织制定战略计划时，人力资源管理应作为战略的一个组成部分。从战略上讲，对人力资源必须像对资金、技术和其他资源那样进行管理。例如，一个零售企业要执行扩张战略，在新的地区开辟零售店，并把零售店的数目扩大25%，人力资源管理人员就要提供有关地区的劳动力状况和标准工资状况，要建立人力资源的发展规划，制定招募和培训员工的策略。

产业兼并和重组活动中也有许多人力资源管理的问题，这些问题与兼并重组后的组织文化和运作紧密相连。人力资源管理人员作为组织的战略贡献者，要参

---

① 孙海法编著《现代企业人力资源管理》，中山大学出版社2002年版，第8页。

与最高管理层的决策。

人力资源管理对组织绩效的贡献还表现在组织的财政状况上。以前，人力资源管理是以活动为宗旨，主要考虑做什么，而不考虑成本和人力资源开发所产生的获利。过去，人力资源管理人员通过计算员工完成的活动和任务来证明自身的存在；现在作为组织的战略贡献者，人力资源管理人员必须把人力资源管理活动的产出作为组织的成果，作为人力资源投资的回报。人力资源管理实现的高绩效工作和良好的组织财政状况相联系。

（二）扩展人力资本

人力资本是组织人力资源的全部价值，它是指组织中的人力资源所拥有的工作能力。人力资源管理的战略目标是要不断增强组织的人力资本。扩展人力资本的一个主要工作是充分利用组织内部所有员工的才能和从外部吸引优秀人才。作为组织的战略贡献者，人力资源管理工作必须保证组织各个岗位所需的人员供给，保证这些人员具有某个岗位所需的技能，从人力资本的角度看，如果组织出现技能短缺，除非增加投资，否则这种短缺将会危及到组织的竞争力。组织通过内部的人力资源管理活动，想方设法留住员工，给他们提供更多成长的机会，为他们进行职业生涯的设计。

作为组织战略的一部分，人力资源管理工作要积极提高组织中人力资源的能力，尤其要提高组织发展所需的那些能力，通过人力资源的培训和开发来缩短直至消除组织所需技能和员工现有技能之间的差距。其主要活动是培训和开发，给员工提供指导，使员工获得发展的能力和知识，并为员工设计向上发展的职业生涯。此外，还可设计与组织战略目标相一致的绩效评估系统和薪酬系统，达到增强组织人力资本竞争力的目的。

（三）确保有效成本系统

作为组织战略的贡献者，人力资源管理必须用合法和有效的成本方式来提供人力资源服务和活动。组织人力资源管理的调查表明，人力资源管理投入的分配与它们实际对组织的价值贡献不相适应，人力资源管理的大量时间和成本集中在行政管理上。然而，人力资源管理的最大价值却在战略管理上，行政管理活动只对组织产生有限的价值。

在过去的几十年里，许多国家制定了与人力资源管理相关的法律和规定，其结果是，组织的人力资源管理人员必须花费相当多的时间和精力来保证其工作遵从这些法律和规定，保证组织内的经理和员工了解这些法律和规定，以减少法律责任和投诉。平衡人力资源的事务管理和战略管理的一种对策，就是在保证事务管理的同时，安排人力资源专业人员去做战略工作。

第三节　人力资源战略

一、人力资源战略概述

（一）人力资源战略定义

人力资源战略即人力资源管理战略，是企业的一种职能管理战略。20 世纪 90 年代以后，在世界 500 强企业中，人力资源战略成为这些大企业探索必要的管理变革的指南针。在企业面临日益激烈的竞争环境中去赢得胜利的过程中，人力资源战略对企业来说已变得越来越重要。作为整个企业战略的一个重要部分，人力资源问题是实施企业战略的核心问题。人力资源战略就是确定一个企业如何进行人员管理以实现企业目标。人力资源战略是为管理变化而制订的一种方向性的行动计划。它提供了一种通过人力资源管理获得和保持竞争优势的企业行动思路，即在不断变化的环境中将重点放在对人的管理上。

人力资源战略将企业管理思想与行动联系起来，确定了如何能通过一种合理的一致，以战略为核心的过程去进行人力资源管理，研究管理人员如何更加有效地实施人才强化战略、人员配置、薪酬管理、绩效管理，如何改变组织的管理方式以确保吸引核心人才，保持竞争精神和企业家精神，以及人力资源管理的各个方面。

企业实施人力资源战略，有助于确定、调动和指引所有的人力资源活动都围绕对企业具有最直接影响的问题展开。它是一种强力黏合剂，能将所有人力资源活动迭在一起，并使管理人员了解它们的意义。

（二）人力资源战略定义的解析

1. 人力资源战略应该包括以下几个方面。①

(1) 基于对人力资源的战略性作用的高度认识。这些战略影响力包括了：创造价值——优秀的人才群体可以创造更高的价值，人力资源直接影响企业绩效；而且，有效的企业管理活动和项目可以开发人力资源的潜在价值。优势源泉——当

① 王先玉、王建业、邓少华著《现代企业人力资源管理学》，经济科学出版社 2003 年版，第 40 页。

竞争对手不能获得拥有同等技术、知识、能力的人才时，当员工的能力、贡献不能为竞争对手效仿时，当员工的聪明才智得到整合时，企业就获得了竞争优势。战略资源——人力资源具有战略性，而其中的人才资源则永远是战略资源；人力资源与企业的其他管理资源、人力资源管理系统与企业整体战略之间具有战略性的契合与协同作用；人力资源及其有效管理决定着企业寿命。

(2) 任何企业战略得以有效地实施的程度都取决于能够从战略的高度对人力资源进行管理的水平。其中，人力资源管理战略作为企业战略的重要组成部分又具有核心支撑作用：人力资源及其管理能够在企业战略的制定和实施中发挥关键作用，如人才对战略的支持。由于只有人力资源具有创造价值、独特性、稀缺性、不易学习、模仿、复制等特性，而成为形成企业战略性竞争优势的基础与潜力。人力资源管理则因其具有增加和保持与生产能力相适应的人力资本优势，及人力资源管理过程的因果模糊型、社会复杂性、历史依赖型(如学习、合作、创新等)形成的过程优势，而利于企业构建竞争优势和战略优势。人力资源管理系统内部各个子系统、要素之间的有效协同活动与作用是竞争对手难以模仿的，是创造企业特色和竞争优势的基础。

综上所述，所谓人力资源或人力资源管理战略，就是指人力资源管理者从组织的全局上、整体上和组织长远的、根本的利益出发，通过周密的科学论证，所设计的具有方向性的、指导性的、可操作性的实施人力资源管理与开发的谋划、方针、原则、行动计划与策略。

二、人力资源战略的发展趋势

(一) 市场变化

21 世纪是一个变革的时代，随着科学技术发展与进步，社会、经济飞速发展，特别是计算机和网络技术的普及应用，世界变得越来越小，知识和信息广泛传播共享使得创新和变革活动更加频繁。全球经济一体化，使得市场竞争更加残酷，企业只有不断的变革创新，适应外部环境的变化，才能生存并获取竞争优势。

许多企业试图运用规模经济去赢得国外市场，当然，因为战略联盟这一新的组织形式、廉价的劳动力市场和 IT 的迅猛发展已使之成为可能。全球化需要新的经理人群体，即所谓全球经理人。世界经济一体化也使人才竞争与人才流动国际化。中国加入 WTO 面临的是产品受到市场冲击，其本质是人才市场的冲击，尤其是企业家人才与热门技术人才的竞争白热化。那些能够吸引、留住、开发、激励一流人才的企业将成为市场竞争的赢家。

另外一个因素是科学技术的突飞猛进。毋庸置疑,如果能给予足够的自主和便利,新技术肯定会吸引员工,结果自然是提高了生产效率。

市场模式的变革创造了新的工作岗位,需要足够多受过良好教育的员工担任新的工作,因此相应的培训和再培训显然必不可少。当然,员工也会因之而更富有经验和能力。

(二)人口变化

根据北京大学人口研究所研究报告显示,进入 21 世纪之后,中国人口发展进入了一个新的历史时期。与 2000 年“五普”数据相比,新世纪之初我国人口发展变化出现了一些新的特点,主要表现在以下几个方面:

第一,人口总量呈持续增长的趋势,但增长速度减缓。2005 年 11 月 1 日零时我国总人口为 130 628 万人(未包括中国香港、中国澳门、中国台湾省人口数),与“五普”时相比,增加了 4 045 万人,增长了 3.2%,人口总数量持续增长。

第二,劳动年龄人口比重持续增加,就业压力增大。全国人口中,0～14 岁、15～64 岁和 65 岁及以上的人口分别为 26 478 万人、94 105 万人和 10 045 万人,分别占总人口的 20.27%、72.04%和 7.69%。与“五普”时相比,0～14 岁的人口比重下降了 2.62 个百分点,15～64 岁的人口比重上升了 1.89 个百分点,65 岁及以上的人口比重上升了 0.73 个百分点。少儿抚养比和老年抚养比分别为 28.14%和 10.67%,总人口抚养比为 38.81%,低于 40%,处于比较低的水平,说明我国目前正处在抚养负担较轻、劳动力资源相对丰富的“人口红利”期。

第三,人口老龄化程度加剧,需要采取积极的应对措施。65 岁及以上的老年人口比重为 7.69%,老年人口比重每年上升 0.146 个百分点,高于“四普”与“五普”之间的每年 0.139 个百分点,老龄化的速度正在加快。此外,从我国目前的人口状况来看,未来一段时间老龄化的程度将会更加严重。因此,我们应当加强对老龄化问题的研究,制定相应的社会保障政策,为应对老龄化的挑战奠定坚实的基础。

第四,人口文化素质明显提高。全国人口中,具有大学文化程度(指大专及以上)的人口为 6 764 万人,高中文化程度(含中专)的人口为 15 083 万人,初中文化程度的人口为 46 735 万人,与“五普”时相比,分别增加了 2 193 万人、974 万人和 3 746万人,上升比例分别为 48.0%、6.9%和 8.7%。初中、高中、大学文化程度的人口都有一定的增长,其中具有大学文化程度的人口增长幅度较大。具有小学文化程度的人口为 40 706 万人,减少了 4 485 万人,下降比例为 9.9%。这表明,我国人口素质提高比较明显,这与我国普及九年制义务教育和大力发展高等教育是分不开的。在这个过程中,我国劳动力的素质也得到了提高,为我国经济发展和高科技产业的发展提供了一定的人才基础。但是,需要看到,使中国由一个人口大国转化为人力资本强国,还有大量的工作要做。

第五,城乡家庭规模不断缩小。全国平均每个家庭户的人口为3.13人,其中城镇为2.97人,农村为3.27人,与"五普"数据比较,分别减少了0.31人和0.13人、0.38人,家庭规模呈现继续缩小的趋势。但是家庭规模的下降,也使得家庭的功能可能会发生变化,家庭成员的角色发生变化,同时也会造成家庭内部某些养老资源的减少,这对社会养老和家庭养老都会产生压力,从而对我国人口老龄化问题的解决产生影响。

从上述数据我们可以得出以下几点结论:

其一,劳动年龄人口的增加会带来就业岗位紧张、失业问题突出的情况。如何扬长避短,充分利用劳动力资源发展经济,是当前我国面临的重要现实问题。

其二,随着我国老龄化速度加快,企业对老年员工的社会福利投入会增加,这会影响许多企业的竞争力。

其三,虽然我国劳动力的素质也得到了提高,但是还需要对这些劳动力加大培训力度。因为,在成为有价值的员工之前他们还要有一个漫长的学习过程。

(三)管理变革

人力资源管理是管理领域中不可缺少的重要组成部分,两者之中任何一方的变化都会对另一方产生相关的影响。在管理领域中对人力资源影响最大的几个方面是:分权管理与内部竞争、信息技术、柔性管理。

1. 分权管理就是转交责任,一个上级不是什么决策都自己做,而是将确定的工作委托给他的下级,让他们有一定的判断和独立处理工作的范围,同时也承担一部分责任。提高下级的工作意愿和工作效率。

分权管理、内部竞争能使企业的各类产品在正式参与到外部市场竞争前就已经接受层层把关,经历了准市场的检验,品质格外优秀。企业内部各部门的产品为了能顺利进入下一个生产经营环节,必然不断采用新技术、开发新产品,改善和加强经营管理,以高度的责任感和事业心捕捉每一个经营机会,创造性地开发、生产、经营,在各部门潜能充分发挥的基础上,企业的整体素质得到全面提升。与此同时,各部门还会不断优化相互关系,互相尊重与借鉴,平等和谐地协作。由此可见,分权管理与内部竞争能使企业变压力为动力,消除阻力,不断挖掘潜力,提高应变力,增强活力,从而形成旺盛的生命力。分权管理与内部竞争无疑是一种全新的现代管理手段,是提高企业市场竞争力的有效途径。

2. 信息技术的发展不仅创造了更多的工作机会,同时也对组织产生了深远的影响,而且信息技术的发展还为女性提供了相对便利的就业机会,通过网络系统,女性能更好地解决家庭和事业之间的矛盾。

3. “柔性管理”是相对于刚性管理而言的。它是在研究人们心理和行为规律的基础上，采用非强制方式，在人们心目中产生一种潜在的说服力，从而把组织的意志转变为人们的自觉行动。它是一种更加深沉、更加高级的管理，是一种充分体现理性的管理。梅奥的行为科学理论即是一种柔性管理理论，该理论认为：人是“社会人”，提高生产效率的关键是满足员工的社会欲望，提高工人的士气，而不是纪律的强制和物质的刺激。

(1) 柔性管理在管理活动中主要体现在：管理决策的柔性化和奖酬机制的柔性化。

(2) 柔性管理在未来企业管理中的作用：第一，可以激发员工的创造性。众所周知，显性知识人所共知，而隐性知识只存在于员工的头脑中，难以掌握和控制。要让员工自觉、自愿地将自己的知识、思想奉献给企业，实现“知识共享”，单靠“刚性管理”不行，只能通过柔性管理。第二，适应瞬息万变的外部经营环境。知识经济时代是信息爆炸的时代，外部环境的易变性与复杂性一方面要求战略决策必须整合各类专业人员的智慧；另一方面又要求战略决策的做出必须快速。这意味着必须打破传统的严格的部门分工的界限，实行职能的重新组合，让每个员工或每个团队获得独立处理问题的能力，独立履行职责的权利，而不必层层请示。因而仅仅靠规章制度难以有效地管理该类组织，而只有通过柔性管理，才能提供“人尽其才”的机制，才能迅速准确做出决策，才能在激烈的竞争中立于不败。第三，满足柔性生产的需要。在知识经济时代，人们的消费观念、消费习惯和审美情趣也处在不断的变化之中，满足“个性消费者”的需要，对内赋予每个员工以责任，这可以看作是当代生产经营的必然趋势。企业生产组织上的这种巨大变化必然要反映到企业的管理模式上来，导致管理模式的转化，使柔性管理成为必然。

总之，未来人力资源管理总体发展趋势有以下特点：其一，人力资源管理将更加具有弹性和适应性。其二，组织的限制将变得越来越少，招聘方式成为组织竞争优势的来源。其三，在经济全球化时代，组织具有的竞争优势就是知识以及掌握知识的人。

第四节　人力资源战略形成的影响因素

作为影响战略性人力资源形成的主要因素，主要包括环境因素、组织因素、制度因素、技术因素等。这些因素是人力资源战略形成的基础和依据。

一、环境因素

科塞克认为外部环境和市场推动力是影响人力资源形成的第一重要因素。这里的外部环境是指当前所处的整个经济环境和行业环境，它包括：行业的成熟度；竞争的性质及程度；竞争压力的密度；环境的限制性；技术变革的速度与深度；变革的类型、程度等。组织面临的产品市场的全球化竞争程度越高，实施人力资源战略的可能性就越大。

此外，很多美国学者认为，组织的工会化程度与实施战略性人力资源措施有着很大的关系。一项对美国管理协会成员的调查数据显示，在下列两种情况下的战略人力资源措施比较丰富：一种是完全工会化；另一种是完全非工会化。而那些部分工会化的组织反而很少有人力资源管理方面的创新。然而，有报告说人力资源战略在那些有压力的组织中盛行的程度要远高于无工会化压力的组织。实际上，要想维持其非工会化的现状或避免人员的不稳定，非工会化组织必须尽快采取人力资源战略措施。

二、组织因素

自 20 世纪 90 年代以来，组织作为社会的基本单元，在全球化竞争和组织内部压力加剧的情况下，发生了很大的变化。根据研究表明，组织在未来一个时期的发展趋势是缩小企业规模、建立灵活开放的模式。与传统管理模式相比，现代组织更加具有分权性与参与性，更加依赖合作性的团体来开发新的产品并满足消费者需要。这些变化相应地对人力资源开发与管理提出了新的要求，如能建立更加良好的信息沟通渠道；能对员工的管理做到公平、透明；能对员工进行更为有效的激励；要求管理者从战略的高度重视人力资源的开发与管理，以适应组织变革的需要。

一个组织的结构性质如规模、资源的丰富程度和复杂性都会影响到这个组织采取战略性人力资源措施。许多研究表明，资源的丰富程度会为组织采用和执行战略性人力资源措施提供财务支持，从而导致整个人力资源体系的创新。例如，只有那些有余力的组织才有可能聘用人力资源专家，而专家们知晓最新的战略人力资源管理创新举措。

人力资源管理战略在规模小的组织里似乎更常见，如正规化的绩效评估、重视培训与开发等人力资源管理措施在大型组织里并不常见。但是也有研究支持另外一种说法，即某一行业中最早采取人力资源战略的往往是规模较大的企业，小一点的企业随后模仿。为什么认为大型组织会产生战略性人力资源呢？一种解释是大型组织复杂的组织结构比小型组织更需要精细的管理措施；另一种解释是大型组织更会迫于法律和政治压力而采取某些人力资源措施。

三、制度因素

根据制度理论，人力资源战略部分是处于组织合法性的需要，即组织和关键决策者认为，组织体现合法性的要求会影响企业实施人力资源战略的速度。沃尔顿研究发现，那些没有实施法律规定的最低限度的人力资源措施的组织将面临生存危机。确保组织的合法性会推动组织模仿那些与自身有着网络关系的企业的战略性人力资源措施，有时即使实施这些人力资源战略没有明确的用处，也会被视为维护与投资者的关系的一种方式。当然这种企业模仿绝大多数是相对容易沟通、易于观察到并可以逐步采纳的战略措施。

四、技术因素

在通常情况下，技术的进步会对组织产生两方面的影响：一方面技术的进步会使企业更具有竞争力；另一方面技术的进步改变了工作的性质。如电脑化生产系统和机器人的使用对组织员工的素质提出更高的要求。

组织的技术因素会持久地推动组织实施人力资源战略。在组织理论中，技术通常是指从投入到产出的途径，即任务是如何组织与协调的，不仅仅是使用机器。理论上讲，较多实施人力资源战略的企业的技术有以下几种：企业需要的特有员工技能；投入产出转换的管理与控制很困难；对员工的协作性要求很高；角色与工作的界限不清晰。技术的进步会对组织功能的各个层次产生重要影响。劳动密集型工作和一般事务性工作的作用将会削弱，而技术类、管理类和专业化工作的作用将会加强。劳动力的性质也发生变化，他们必须具备与技术性工作相适应的技能。人力资源管理工作将在以下方面受到影响：一、工作和组织结构必须重新设计；二、职位说明书必须重新编写；三、薪酬计划要重新修订；四、员工甄选、评价以及培训计划也要重新修改。

第五节　人力资源战略的实施

企业实施人力资源战略，有助于确定、调动和指引所有的人力资源活动都围绕对企业具有最直接影响的问题展开。实施人力资源战略主要包括以下三个方面。

一、人力资源战略制定

人力资源战略的制定是一项重要而又复杂的工作，它应建立在对企业内外部影响人力资源的各个要素综合分析的基础上，才能确定人力资源战略方向。其步骤包括：①

首先，确定人力资源战略目标。人力资源战略目标是指对未来组织内人力资源的数量和质量、人力资源政策、员工士气、企业文化、开发管理成本提出的奋斗目标和要求。人力资源战略的整体目标制定出来后，就要层层分解到子公司、各部门以及个人。

其次，制订具体可行的战略实施计划，以确保战略目标的实现。人力资源战略实施计划包括具体的行动计划和保障计划。行动计划主要是对人力资源战略目标实现的步骤以及任务分工作出规定，其中人力资源规划是人力资源战略实施计划的一部分；保障计划是从人力资源战略实施条件的需求出发，对政策、资源、组织、时间、技术等方面提出必要的保障要求。

第三，人力资源战略应与组织整体战略进行协调平衡，将组织内的资源进行合理配置。这就需要企业高层管理者站在全局的高度，将人力资源战略、生产战略、财务战略、营销战略等企业经营战略进行综合平衡，以便更好地服务于组织的整体战略。

二、人力资源战略实施

按照诺伊的观点，人力资源战略实施的成功与否取决于五个重要的变量：组织结构；工作任务设计；人员甄选、培训与开发；报酬系统；信息与信息系统类型。

要使人力资源战略得以实施，必须把人力资源战略方案分解，使每个经营单位、职能部门都能明确自己在战略中的地位，明确自己的任务。战略方案的分解主要包括空间分解和时间分解以及综合协调。

空间分解。即把人力资源战略方案的内容分解给各个事业部门、业务部门，再逐层到岗位和个人，形成一个层层目标明确、岗位职责明晰的责任体系与目标体系相结合的矩阵结构系统，这是目标事业的一致性使然。

时间分解。即把人力资源战略方案的长期目标，从时间上分解成一个个短期

① 孙海法编著《现代企业人力资源管理》，中山大学出版社 2002 年版，第 22 页。

目标，明确规定完成目标的程度与期限。

综合协调。按照时间的同步性和空间的合理性结构，进行综合平衡和系统协调。这需要组织结构与管理体制必须适应企业战略的需要而相应作出变化调整，以推动企业进入良性循环，进而实现企业目标。

三、人力资源战略评估

人力资源战略评估是在战略实施以后，对人力资源管理职能的有效性进行的评估。人力资源战略评估的目的一方面是为了保证战略方案的正确实施，另一方面是为了检验、修正、调整、优化原定的战略方案，以实现组织战略目标。对人力资源战略的评估不是具体地进行计划执行情况的检验与控制，而是关心以下问题，即人力资源战略实施的有效性问题和有无引起对战略方案与战略规划总体具体进行评价的问题。当发现现定战略的内部或整体已不符合企业当时的内外状况时，应立即找出差距，分析原因，采取改善措施。

总之，人力资源战略需要不断地进行调整和修改，它是一个制定、调整、再制定、再调整的持续监控与反馈的过程。

本章小结：

人力资源是第一资源。自从诺贝尔经济学奖获得者西奥多·舒尔茨在20世纪60年代初提出人力资本的理论后，越来越多的有识之士认识到人力资源已成为一切资源中最为宝贵的资源，成为社会、企业和国家财富的根本源泉。特别是20世纪90年代以来，随着科学技术的进步、社会的发展，以及人们内在需求的变化，更多的人要求个性解放和个性化管理，要求得到更多的尊重和关怀。人力资源和人力资源管理的概念逐渐取代了传统的人事和人事管理的概念，从此使组织的人事管理活动具有了几乎全新的理念和意义。而当代社会经济发展的实践也已充分表明，人力资源的开发和利用对社会经济的发展起着决定性的作用，因为人的素质决定了工作效率。彼得·德鲁克曾经说过，企业只有一项真正的资源，那就是人。因此，在当今知识经济时代，人力资源越来越被人们重视，其重要性日益突出。

案例分析：

人力资源管理的一项主要活动就是制定人力资源战略，即组织通过对内部和外部人力资源供需的分析和预测，制定出符合其长远发展所需的人力资源战略。

人力资源战略不同于人员或人事安排，它是组织为自己未来的生存和发展而制定的一个与组织总体战略计划相适应的人力资源战略，也是组织战略规划的一个重要组成部分。有效的人力资源战略能保证组织战略规划的有效实施和战略目标的实现。人力资源战略的主要内容是确定目前和预计未来组织所需人员的数量和类型，以及如何满足组织对人员的需要。其目的是在满足组织和个人最大利益的基础上，确保在合适的岗位、合适的时间，获得合适的人选，以提高组织的生产经营效率。因此，对组织而言，其组织战略不能随意地改动，否则，人力资源战略或组织的其他战略都会随之改变，所谓"牵一发而动全身"。

本章思考题：

1. 什么是人力资源？它有哪些特点？
2. 什么是人力资源管理？
3. 人力资源管理职能有哪些？
4. 传统人事管理和人力资源管理有什么区别？
5. 具体分析影响战略性人力资源形成的主要因素？
6. 人力资源管理的战略作用是什么？
7. 什么是人力资源战略？如何解析其定义？
8. 实施人力资源战略主要包括哪些方面？

第三章 企业人力资源战略

引导案例

安然破产的战略性因素分析[①]

近期，世界最大的能源贸易商安然公司的破产成为焦点，尤其是做假账、关联交易、监管不力等问题的报道不断，其实此类现象背后隐藏着更深层次的战略性失误。

战略失误之一：盲目做大，忽视主业核心竞争力的稳健提升

安然的前身是休斯敦天然气公司，真正从其辉煌时期到危机仅有15年时间(1985—2000)。公正地讲，其发展历程中曾经出现过许多成功的战略运作，比如当其仅仅排美国天然气制造商第13位的时候，它就战略性地建立了美国最大的天然气输运系统，并成功地利用英、美等国开放能源市场的机会，将它在天然气上积累的核心竞争力推向动力和发电领域。直到20世纪80年代之前，其主业还是维护和操作横跨北美的石油与天然气输运管网络，从事能源及相关产品的买卖交易。但安然新任董事长和CEO肯尼思·雷不愿意承认自己是能源贸易公司，不顾自身资源和实力，力图迅速做大，主要表现在：

其一，迅速扩张业务领域，不仅从原来的天然气、石油的开发与运输扩展到包括发电和供电的各项能源产品与服务业务，而且还经营纸浆、煤炭、化工、风力、水力、投资、木材、广告等；不仅从提供贸易服务扩展到提供有关能源运输的咨询、建筑工程等服务，而且还向客户提供金融、风险管理及在线交易服务，涉足金融证券和高科技领域。

其二，不断增大关联企业数量，通过使用和完善金融重组技巧，建立复杂的公司体系，使其各类子公司和合伙公司数量超过3 000个。

其三，为实现从“全美最大能源公司”变为“全球最大能源公司”的目标，大举进行国际化扩张，在英国、印度、菲律宾和其他国家纷纷投资设厂，包括建设玻利维亚

① 资料来源：http//www.ynhandi.com/ShowArt.asp?ID=389，作者：吕成立。

到巴西的天然气输运管网络。

"灵活"地扩大企业规模，盲目地快速拉长业务战线，放弃主业的持续健康发展，造成了公司共享资源和能力的严重分散，规模效益严重下降，致使安然公司应对经济环境的逆转而破产倒闭。

战略失误之二：盲目创新，轻视创新风险的有效辨别和强化控制

1996年以来，安然公司曾连续5年被《财富》杂志评选为"全美最具创新意识的企业"，同时更是以"规避金融风险"著称，但也许正是这种规避风险的"专家企业"才可能在快速创新过程中犯轻视风险控制的错误，直至破产时还难以明白过来。

创造性"运用"金融工具，使本来不流动或流动性很差的资产或能源商品"流通"起来，是安然公司主要的创新成就之一，但以此进行关联交易、盲目举债等也蕴藏着大量风险。20世纪80年代中期，安然公司积极游说美国政府解除对能源市场的管制，增大能源交易风险，并借机凭借其能源衍生证券定价与风险管理系统，为能源及许多不相关的大宗商品（如风力、水力等）开辟期货、期权和其他复杂的衍生金融工具。但安然却利用这些关联企业为其提供融资、套期保值等服务，把风险隐藏在关联企业中。另外，安然公司以不动产（如水厂、天然气井与油矿）作抵押，通过某种"信托基金"或资产管理公司向外发行流通性证券或债券，但在这些复杂的合同关系中，通过包括安然必须以现金购回这些债券或证券的特定条款，且用流动性差的资产去"对冲"流通性好的证券危险性很大。果然，在美国加州2000年以来持续的电力供应危机及其能源市场震荡中，上述风险"触发"安然现金流危机。

投身"新经济"的宽带网络和电子商务也是安然的创新"成果"，但缺乏对宏观环境的持续战略分析、脱离传统业务、过度承担交易风险的做法，也导致了创新失败。1999年，安然伦敦公司迫不及待，未告知公司高层管理层即自行调动资源，启动天然气在线交易网，并一度"勃兴"。事后，安然董事会总结成功的经验是："创新想法的可行性不应由管理层来决定"。但随着全球经济陷入衰退，网络科技泡沫迅速破灭，安然网上交易市场也迅速丧失了抗御风险的能力（包括偿还能力、履约能力），成了该公司破产前亏损最大的部门。

在美国经济持续强劲增长的20世纪90年代，安然公司肆意放纵创新行为和无依据发展速度，而轻视长期隐藏于公司内部的战略性风险，一旦战略环境恶化，公司必将遭遇破产厄运。

战略失误之三：丧失诚信，忽视企业文化的管理

20世纪90年代以来，安然公司长期固守于不切实际的增长目标，鄙视企业文化管理的合理性，放弃诚信经营、以人为本、团队合作等企业文化管理理念，造成了严重后果。

为快速实现过高的经营业绩和股价目标，安然公司也采取了公开竞聘和严格的考核办法，但安然管理层对竞聘过程中出现的派系之争反应冷淡，严重忽视了员工的团队建设和良好的企业文化氛围；同时在坚持业绩考核过程中片面追求“结果衡量一切”，没能把结果管理和过程管理有效结合起来。另外，公司管理层以牺牲诚信为代价，大钻每个会计准则的漏洞做假账、虚夸收入(一贯把所有的交易额都归入收入，而非按照华尔街银行的规定只把交易中获得的盈利作为收入，公司宣称的2000年1 000亿美元的收入其实只有80亿美元而已)，频繁利用关联交易隐瞒债务、虚报利润。尤其严重的，许多董事会成员不顾职业道德，长期以来熟视无睹甚至有意隐瞒公司运营中出现的问题，一方面鼓吹股价还将继续上升，一方面却在秘密抛售公司股票。

对此，通用的前任总裁韦尔奇就指出，安然公司的破产与其未能及时建立起健全的企业文化有着密切关系。企业决策者鄙视企业文化的继承与延续规律，正是安然战略管理层中最不可能“安然”的因素。

案例讨论题：

1. 以安然公司为例，如何理解创新和风险防范？

2. 以安然公司为例，说说企业在制定战略时，对环境的分析与把握应注意什么问题？

3. 为什么说企业文化建设在现代企业管理中越来越受到重视？

4. 请简要评价通用的前任总裁韦尔奇。

第一节　人力资源战略分析方法

一、人力资源战略环境分析的主要内容和步骤

(一) 人力资源战略环境分析的主要内容

现代管理学派理论认为，现代企业是一个由相互联系、相互影响的各个子系统所组成的开放系统。人力资源管理就是一个子系统，它既受到企业外部因素和条件的影响，又受到企业内部因素和条件的影响。

古人云：“知己知彼，百战不殆。”其基本的含义就是只有明晰自身与竞争对手的优缺点，打仗才有胜算的把握。商场如战场。企业在制定战略方案之前，必须进行严密的战略环境分析。战略分析主要包括外部环境分析与内部环境分析两部

分。通过外部环境分析,企业可以很好地明确自身面临的机会与威胁,从而决定企业能够选择做什么;通过内部环境分析,企业可以很好地认识自身的优势与劣势,从而决定企业能够做什么。

因此,人力资源战略环境分析的对象就是企业外部环境和企业内部环境。企业外部环境分析主要包括政治、经济、法律、社会文化和科技发展水平以及企业所在的产业竞争环境与企业的股东、顾客、供应商等等。企业内部环境由存在于组织内部并影响组织运行的因素构成,主要包括企业的发展战略、组织结构、员工状况以及企业文化等等。

(二)人力资源战略环境分析的步骤

人力资源战略环境分析的步骤一般分为三步:

1. 详细列出影响环境变化的各种因素。尽一切可能把所有影响环境变化的因素以清单形式列出。

2. 对上述影响环境变化的因素进行分类。分类方法可以采用细分逐步推进法,先从影响变化的因素中分析出哪些是不变因素,哪些是可变因素;然后在不考虑不变因素的前提下,对可变因素进行细分,找出在可变因素中哪些属于不可预测因素,哪些属于可预测因素;最后再从不可预测因素中找出哪些是关键因素,哪些是非关键因素。

3. 把选择出来的各种影响环境变化的因素制成关系图,对每一因素作出可能性分析和可行性分析,针对最极端的情况和中间状况进行典型分析,并对这些因素给企业人力资源活动带来的影响作出进一步分析,初步展现人力资源实践面临的机遇和挑战。

二、人力资源战略环境分析的原则

在进行人力资源环境分析时,不同的组织管理者面对一个相同的环境,采用相同的方法和步骤也可能会得出差别较大的结果。因此,我们在进行人力资源战略分析时要把握一系列原则。

(一)客观性

环境分析的对象是企业赖以生存和发展的客观环境,如果第一步在取得信息的过程中就产生了失真的话,那么基于此信息的分析当然就很难制定出恰当的人力资源规划。客观性的保证来自于获取信息的客观性。现在许多统计资料和现实有一定的出入,在使用之前,可以先做一定的调整。同时,从事人力资源环境分析的人要改善自己的心智模式，不妨想想自己在从一些情况得出某些结论时是不是用了一些自己的假设，这些假设是否符合所分析的特定情况。

（二）全局性和重点突出性

人力资源规划受多方面的影响，作为基础的环境分析就必须考虑多方面的因素，这一点在我们上面所讲的人力资源环境分析的对象中已有所反映；同时，各个因素之间的影响力大小不同，我们要找出对人力资源管理实践影响力大的因素，并对它们进行仔细的分析。

（三）系统性

人力资源环境分析的对象是一个系统，其中许多外部因素之间、内部因素之间、内外因素之间是相互影响的；同时，人力资源环境分析服务的对象即人力资源战略和人力资源规划也具有系统性的特征。因此，在进行人力资源环境分析时要注意各方面的联系和相互作用。

（四）未来性

虽然人力资源环境分析是以过去和现在为依据，但着眼点是企业明天的生存和发展，因此，在进行人力资源环境分析时，尤其要重视未来可能影响企业人力资源状况的各方面情况。①

三、人力资源环境分析的基本方法

人力资源环境的分析有很多方法，这里我们主要介绍常用的三种分析法：PEST 宏观环境分析法、SWOT 分析法和波特的竞争五因素分析法。

（一）PEST 宏观环境分析法

PEST 分析是一个常用的分析工具，它是一种对宏观环境的分析，P 是政治（Politics），E 是经济（Economy），S 是社会（Society），T 是技术（Technology）。它通过这四个方面的因素分析从总体上把握企业的宏观环境，并评价这些因素对企业战略目标和战略制订的影响。

1. P(Politics)——政治环境

政治环境是指对企业经营活动具有实际与潜在影响的政治力量和有关的法

① 赵曙明编著《人力资源战略与规划》，中国人民大学出版社 2002 年版，第 22 页。

律、法规等因素。当政治制度与体制以及政府对企业所经营业务的态度发生变化时，当政府发布了对企业经营具有约束力的法律、法规时，企业的经营战略必须随之作出调整。

2. E(Economy)——经济环境

经济环境是指一个国家的经济制度、经济结构、产业结构、资源状况、经济发展水平以及未来的经济走势等。构成经济环境的关键战略要素包括：GDP 发展变化趋势、经济周期、利率水平、财政货币政策、通货膨胀程度及趋势、就业率、失业率、居民可支配收入水平、汇率水平、能源供给成本、市场机制、市场需求等。

3. S(Society)——社会文化环境

社会文化环境是指企业所在社会中成员的民族特征、文化传统、价值观念、宗教信仰、教育水平以及风俗习惯等因素。构成社会文化的关键战略要素包括：人口规模、种族结构、年龄结构、收入分配、消费结构和水平、人口流动性等。

4. T(Technology)——技术环境

技术环境不仅仅包括那些引起革命性变化的发明，还包括与企业生产经营有关的新技术、新工艺、新材料的出现和发展趋势以及应用背景。在过去的半个世纪里，变化最快的就发生在技术领域。

PEST 宏观环境分析至少可以用于四个方面：(1) 它是一种使我们能够系统地认识环境的分析方法；(2) 它有助于我们分辨出那些个别的、与某个特定场合相关的、关键的影响因素；(3) 它可以帮助我们确认一个产业或企业之所以存在的长期驱动力；(4) 它是一个用来历史地并前瞻性地研究外部因素对企业组织不同影响的框架。

分析那些对企业有影响的外部因素有助于我们预测未来的情况，有助于我们判断发生 PEST 变化时哪些措施是适当的。其中对一些因素预测起来有相对较大的把握，例如出生率，使我们预知十五年以后劳动力的潜在规模，而某些因素预测起来则比较困难。

（二）SWOT 分析法

SWOT 分析法是战略管理中环境分析的常用方法之一。所谓 SWOT 分析法，就是将企业的各种主要内部优势、劣势、机会和威胁，通过调查罗列出来，并依照一定的次序按矩阵形式排列起来，然后运用系统分析的思想，把各种因素相互匹配起来加以分析，从中得出一系列相应的结论。

在现在的战略规划报告里，SWOT 分析算是一个众所周知的工具了，SWOT 来自麦肯锡(McKinsey)咨询公司。SWOT 分析代表分析企业优势(strength)、劣势(weakness)、机会(opportunity)和威胁(threats)。因此，SWOT 分析实际上是将对企业内外部条件各方面内容进行综合和概括,进而分析组织的优劣势、面临的机会和威胁的一种方法。S和W分别是指企业内部环境的优势和劣势,O和T分别指企业外部的机会和威胁。具体来讲,企业优势(strength)是指在竞争中拥有明显优势的方面,如产品质量优势、品牌优势、市场优势等。企业劣势(weakness)是指在竞争中处于相对弱势的方面。一个企业具备相当的优势并不代表它就没有弱点,厂商只有客观评价自己的弱势,所采取的对策才会对企业发展真正有利。机会(opportunity)是指外部环境提供的比竞争对手更容易获得的机会,而这种机会往往可以比较轻松地得到收益。威胁(threats)是指一些不利的趋势和发展带来的挑战,一般指一种会影响销售、市场利润的力量。当然,企业一般会对可能出现的风险制定一套预警机制和相应的避免风险的管理机制。

企业的优势主要是着眼于企业自身的实力及其与竞争对手的比较,表现在很多方面。衡量企业优势和劣势有两个标准:一是资金、产品市场等一些单方面的优势和劣势;二是综合的优势和劣势,可以选择一些因素评价打分,然后根据其重要程度进行加权,取各因素加权数之和来确定企业在比较中处于优势还是劣势。

企业的外部环境是企业自身无法控制的。有利的外部环境可能对所有企业都有利,威胁也不仅仅是威胁本企业。因此,在这种情况下还要分析同样的外部环境到底对谁更有利或更不利。当然,企业与竞争对手的外部环境是不可能完全相同的,但许多时候都会有很多共同点,此时对机会与威胁的分析,不能忽略与竞争对手进行比较。SWOT分析的做法是:依据企业的目标分析对企业发展有重大影响的内外部环境因素,继而确定标准,对这些因素进行打分,判定是优势还是劣势,是机会还是威胁;也可逐项打分,然后按因素的重要程度加权求和,以进一步推断优势、劣势的大小及内外部环境的情况。

根据SWOT的分析,在某些领域中,企业可能面临来自竞争者的威胁。在这些领域,企业会有些劣势。如果企业在某一领域具有优势,并且存在外部机会时,就要利用这些机会,它们是企业真正的优势。企业要尽可能采用一些措施将威胁消除掉,并对目前有优势的领域进行监控,以争取做到在潜在的威胁可能出现的时候已经做好了准备。

SWOT分析的主要目的在于对企业的综合情况进行客观公正的评价,以识别各种优势、劣势、机会和威胁因素,有利于开拓思路,正确地制定企业战略。

SWOT分析是把企业内外环境所形成的机会、威胁、优势、劣势四个方面的情况结合起来进行分析,以寻找制定适合本企业实际情况的经营战略和策略的方法。表3-1列出的是在SWOT分析中一般所需要考虑的因素。

表 3-1　在 SWOT 分析中一般所需要考虑的因素

	潜在外部威胁(T)	潜在外部机会(O)
外部环境	市场增长较慢 竞争压力增大 不利的政府政策 新的竞争者进入行业 替代产品销售额正在逐步上升 用户需要与爱好者逐步转变 通货膨胀递增及其他	纵向一体化 市场增长迅速 可以增加互补产品 能争取到新的用户群 有进入更好的企业集团 在同行业中竞争业绩优良 扩展产品线满足用户需要及其他
	优势(S)	劣势(W)
内部环境	产权技术 成本优势 竞争优势 特殊能力 产品创新 具有规模经济 良好的财务资源 高素质的管理人员 公认的行业领先者 买主的良好印象 适应力强的经营战略 其他	竞争劣势 设备老化 战略方向不同 竞争地位恶化 产品线范围太窄 技术开发滞后 营销水平低于同行业其他企业 管理不善 战略实施的历史记录不佳 不明原因导致的利润率下降 资金拮据 相对于竞争对手的高成本及其他

SWOT 分析还可以作为选择和制定战略的一种方法,因为它提供了四种战略,即 SO 战略、WO 战略、ST 战略和 WT 战略。如图 3-1 所示:

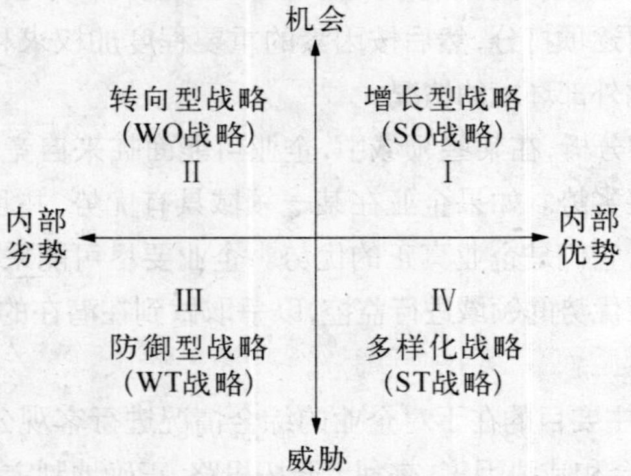

图 3-1　战略地位评估矩阵

通过 SWOT 分析和战略地位评估,企业可以了解内部条件和外部条件的共同作用,明确自身的战略地位,并初步选定企业可能采取的竞争战略类型。

SO 战略就是依靠内部优势去抓住外部机会的战略，着重考虑优势因素和机会因素，目的在于努力使这两个因素都趋于最大。例如，一个资源雄厚(内在优势)的企业发现某一国际市场尚未饱和(外在机会)，那么它就应该采取 SO 战略去开拓这一国际市场。

WO 战略是利用外部机会来改进内部弱点的战略，着重考虑劣势和机会，目的是努力使劣势趋于最小，使机会趋于最大。例如，一个面对计算机服务需求增长的企业(外在机会)，却十分缺乏技术专家(内在劣势)，那么就应该采用 WO 战略培养、招聘技术专家，或并购一个高技术的计算机公司。

ST 战略就是利用企业的优势，去避免或减轻外部威胁的打击，着重考虑优势因素和威胁因素，目的是努力使优势因素趋于最大，使威胁因素趋于最小。例如，一个企业的销售渠道(内在优势)很多，但是由于各种限制又不允许它经营其他商品(外在威胁)，那么就应该采取 ST 战略，走集中型、多样化的道路。

WT 战略就是直接关注企业内部弱点和避免外部威胁的战略，即考虑劣势因素和威胁因素，目的是努力使这些因素都趋于最小。例如，一个商品质量差(内在劣势)，供应渠道不可靠(外在威胁)的企业应该采取 WT 战略，强化企业管理，提高产品质量，稳定供应渠道，或走联合、合并之路以谋生存和发展。

SWOT 方法的基本点，就是企业战略的制定必须使其内部能力(优势和劣势)与外部环境(机会和威胁)相适应，以获取经营的成功。

（三）波特的竞争五因素分析法

波特的竞争五因素分析法是由美国哈佛大学教授迈克尔·波特(Michael Porter)于 20 世纪 80 年代提出的，对企业战略制定产生了全球性的深远影响。波特的竞争五因素分析法用于企业竞争战略的分析，可以有效地分析客户的竞争环境。这种方法比较全面地反映了产业的竞争特点。

五因素分析模型将大量不同的因素汇集在一个简便的模型中，依次分析一个行业的基本竞争态势。五因素分析模型确定了竞争的五种主要来源，即供应商讨价还价能力、购买者的讨价还价能力，潜在进入者的威胁，替代品的威胁，以及来自现有竞争对手之间的竞争。一种可行战略的提出首先应该包括确认并评价这五种因素，不同因素的特性和重要性因行业和公司的不同而变化，如图 3-2 所示：

1. 供应商的讨价还价能力

供应商对行业的竞争压力表现在通过提高价格或降低质量及服务的手段，向产业链的下游企业施加压力，以此来榨取尽可能多的产业利润。供应商的讨价还价能力越强，现有行业的盈利空间就相对缩小。因此，供应商的讨价还价能力会影响产业的竞争程度。供应商对压力主要取决于以下几个因素：

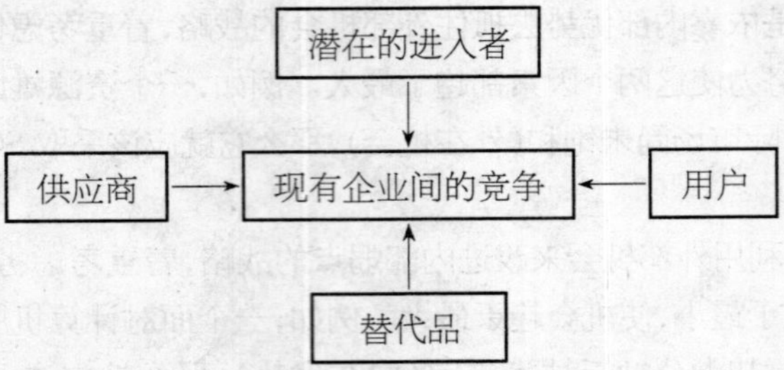

图 3-2　波特的竞争五因素分析模型

(1) 供应商集中程度和本行业的集中程度。如供应商集中程度较高,即本行业原材料的供应完全由少数几家公司控制,而本行业的集中程度较差,少数几家企业供应给众多分散的企业,则供应商通常会在价格、质量和供应条件上对购买者实施较大的压力。

(2) 供应品的可替代程度。若存在着合适的可替代品,即使供应商再强大,他们的竞争能力也会受到牵制。

(3) 本行业对供应商的重要性。如果本行业是供应商的重要用户,供应商的命运将和本行业密切相关,则来自供应商的压力就较小。反之,供应商会对本行业施加较大的压力。

(4) 供应品对本行业生产的重要性。如果供应品对本行业的生产起关键性作用,则供应商会提高其讨价还价的能力。

(5) 供应品的特色和转换成本。如果供应品具有特色并且转换成本很大时,则供应商讨价还价的能力就会增强,会对本行业施加较大的压力。

(6) 供应商前向一体化的能力。如果供应商有可能前向一体化,这样就增强了它们对本行业的竞争压力。

(7) 本行业内的企业后向一体化的可能性。如果本行业内的企业有可能后向一体化,这样就会降低他们对供应商的依赖程度,从而减弱了供应商对本行业的竞争压力。

以上方法的采用,有的涉及企业的竞争观念和职业道德,因此,企业在进行竞争对手调查时,应当采取正当的方法和策略。针对以上情况,企业可以采取以下相应措施来维持与供应商的关系,并保证原材料的有效供应。

首先,寻找和开发其他备选的供应来源,以尽量减少对任何一个供应商的过分依赖。

其次,如果行业仅有很少几个供应商,可以通过积极地寻找替代品供应商而减弱它们的讨价还价的能力。

第三,向供应商表明企业有能力实现后向一体化,也就是说,企业有潜力成为供应商的竞争者，而不仅仅是一般的顾客。

第四，选择一些相对较少的供应商，使企业的购买成为其收入的一个重要部分，亦即增加供应商对企业的依赖性。①

2. 用户的讨价还价能力

用户即本行业的顾客，他们也能够对行业盈利性造成威胁。用户对本行业的竞争压力主要表现为要求产品价格更低廉、质量更好、提供更多的售后服务，他们会利用各企业间的竞争来施加压力。限制用户的讨价还价能力和分析他们的购买行为以及特点是企业成功经营的基础与前提。来自用户的压力总是趋向于降低本行业的盈利能力。对用户压力的分析可以从以下几个方面入手：

(1) 用户的集中程度。如果本行业产品集中供应给少数几个用户，少数用户的购买量占了企业产量的很大比例，这少数几个用户会对本行业形成较大压力。

(2) 用户从本行业购买的产品的标准化程度。产品标准化程度越高，用户选择的余地也就越大；反之，用户对具有特色的产品很难施加压力。

(3) 用户从本行业购买的产品在其成本中所占的比重。若用户购买的本行业产品在其成本中占很大比重，则他们在购买时对价格、质量等问题就更为挑剔；反之，他们在价格上是不敏感的。

(4) 转换成本。用户的转换成本越小，对本行业的压力越大。

(5) 用户的盈利能力。若用户盈利能力低，则用户在购买时对价格敏感；反之，则不敏感。

(6) 用户后向一体化的可能性。若用户有可能后向一体化，则会增强他对本行业的竞争压力。

(7) 本行业企业前向一体化的能力。若本行业企业前向一体化能力较强，会降低他们对用户的依赖性，从而减轻用户对本行业的竞争压力。

(8) 本行业产品对用户产品质量的影响程度。若本行业产品对用户产品质量有举足轻重的影响，则用户对价格不敏感，对本行业企业的压力较小。

(9) 用户掌握的信息。若用户的信息很灵，则来自用户的压力就大。

3. 潜在进入者的威胁

所谓潜在进入者，可能是一个新办的企业，也可能是一个采用多元化经营战略的原从事其他行业的企业，潜在进入者会带来新的生产能力，并要求取得一定的市场份额。一个行业的进入者通常带来大量的资源和额外的生产能力，并且要求获得市场份额，从而使整个市场发生动摇，甚至会给本行业带来很大的威胁。潜在进入者对本行业的威胁取决于本行业的进入壁垒以及进入新行业后原有企业反应的

① 金占明编著《战略管理》第二版，清华大学出版社 2004 年版，第 102 页。

强烈程度。进入壁垒的高低主要取决于以下一些因素：

(1) 规模经济。衡量一个企业的一个重要经济指标是其规模经济程度。若行业内原有企业的生产都已达到一定的规模，新进入者若以较小的规模进入该行业就将处于成本上的劣势地位，若以较大规模进入该行业则风险较大。

(2) 经营特色与用户忠诚度。若行业内现有企业已经树立了较好的企业形象，用户忠诚度较高，那么，新进入者要想树立起良好的企业形象并取得用户的信任就要付出相当大的代价。

(3) 投资要求。如果本行业对一次性进入投资要求很高的话，那么，该行业对潜在进入者的进入壁垒就较高。

(4) 资源供应。若行业内现有企业已与原材料及技术供应渠道建立了良好的稳定的供应关系，则新进入者的进入壁垒就相当高。因此，新进入者在进入该行业以前，必须做好资源供应方面的调查研究。

(5) 销售渠道。若新进入者也想打入现有企业已经建立起来的良好的销售渠道，则往往要求新进入者提供更优惠的价格或加强广告宣传，这也构成了新进入者的进入壁垒。

(6) 经验曲线。若行业内现有企业已掌握了某种技术诀窍，积累了丰富的生产经验，工人操作熟练，废品率低造成其成本较低，这种成本因素也会构成新进入者的进入壁垒。

(7) 政府政策。一些经济学家认为，政府的有关法律和政策限制是一种最直接的进入障碍。如国家对有些行业颁布许可证(如医药、食品、邮电、通讯设备等)，或对某些原材料进行严格控制都会形成对新进入者的重大的进入壁垒。

(8) 原有企业的反应。若预期行业中的原有企业报复强烈，那么，潜在进入者的进入壁垒就较高。

分析竞争对手需要掌握大量的关于竞争对手的信息，收集的关于竞争对手的信息越多，越准确，就越有可能制定出正确的战略，从而战胜竞争对手。下面介绍国外企业收集竞争对手情报的18种方法：

(1) 收购竞争对手的垃圾；

(2) 购买竞争对手的产品，然后加以剖析；

(3) 匿名参观竞争对手的工厂；

(4) 在港口或火车站记录竞争对手的货运数量；

(5) 从空中对竞争对手进行拍照，然后加以研究；

(6) 分析竞争对手的招工合同；

(7) 分析竞争对手的招工广告；

(8) 询问顾客或经销商关于竞争对手产品的销售状况；

(9) 派人参加竞争对手的经营或对主要顾客的经营;

(10) 了解竞争对手的供应商,以了解其产量;

(11) 以顾客的身份讨价还价,以了解竞争对手的价格水平;

(12) 与竞争对手的顾客交谈,以获取情报;

(13) 收买竞争对手以前的管理人员;

(14) 通过咨询人员参观竞争对手的工厂来了解情况;

(15) 收买竞争对手的职工;

(16) 用假招工的办法接触竞争对手的职工;

(17) 派技术人员参加行业技术会议,了解竞争对手的技术情报;

(18) 收买那些在竞争对手处没有得到善待或与其主要领导有矛盾的人。

4. 替代品的威胁

替代品是指那些与企业产品具有相同功能或类似功能的产品,如人们用人造革替代皮革、化纤替代棉麻、彩色显像管替代黑白显像管等等。替代品的存在为产品的价格设置了上限,当产品价格超过这一上限时,用户将转向其他替代产品。所有的产业都会面临替代的威胁,只不过替代的原因不同而已。有些替代是由经济因素引起的;有些则是由原材料短缺、技术进步引起的。因此生产替代品的企业本身就给行业甚至客户带来威胁,替代竞争的压力越大,对客户威胁越大。

虽然替代品广泛存在,但对不同行业其影响的程度并不相同。当一个行业只有少数几家企业且市场范围有限或难以迅速增加供给时,替代品的影响更加突出,因为在这种情况下,企业通常希望通过涨价来实现利润的自然增长,但替代品的存在却限制了价格的上扬和利润的增长。决定替代品压力大小的因素主要有:

(1) 替代品的赢利能力;(2) 替代品生产企业的经营策略;(3) 购买者的转换成本;(4) 能替代的程度;(5) 价格比。

行业中的每一个企业或多或少必须应付以上各种因素构成的威胁,而且客户必须面对行业中的每一个竞争者的举动。除非认为正面交锋有必要而且有益处,例如,要求得到很大的市场份额,否则客户可以通过设置进入壁垒,包括差异化和转换成本来保护自己。

当一个客户确定了其优势和劣势时(参见 SWOT 分析),客户必须进行定位,以便因势利导,而不是被预料的环境因素变化所损害,如产品生命周期,行业增长速度等等,然后保护自己并做好准备,以有效地对其他企业的举动作出反应。

5. 现有企业的竞争分析

行业内各企业为增加各自的经营能力不可避免地要展开竞争,企业间的竞争是五种力量中最主要的一种。行业内各企业的竞争激烈程度主要取决于以下六个因素：

(1) 竞争者的多少及力量对比。一个行业内的企业数目越多，行业竞争越趋于剧烈。若一个行业内企业数不多，但各个企业势均力敌，也会导致激烈竞争。

(2) 市场增长率。市场增长率低的行业，有可能导致竞争加剧；反之，则有可能竞争不激烈。

(3) 固定费用和存储费用的多少。固定费用高的行业迫使企业要尽量利用其生产力。当生产力利用不足时，企业宁愿削价扩大销售量也不愿让生产设备闲置，因而使企业间的竞争加剧。在存储费用高或产品不易保存的行业，企业急于把产品卖出去，也会使行业内竞争加剧。

(4) 产品特色与用户的转换成本。若行业内用户的转换成本较低，则竞争就会比较激烈。反之，若用户转换成本较高，行业内各企业的产品各具特色，那么，竞争就不会那么剧烈。

(5) 行业的生产能力。若由于行业的技术特点和规模经济的要求，行业内的生产能力大幅度提高，这将导致一段时期内生产能力相对过剩，造成竞争加剧。

(6) 退出壁垒。所谓退出壁垒是指退出某一个行业所要付出的代价，它包括：一、未用资产，退出该行业时，企业将蒙受重大损失。二、退出的费用，包括人员安置，库存物品处理的费用等。三、策略性影响，如企业形象对企业营销、财务方面的影响，等等。四、心理因素，如经理人员或员工不愿退出该行业。

这里顺便介绍一下进入壁垒与退出壁垒的关系矩阵，它也是行业分析的一个重要方面。如表 3-2 所示：

表 3-2　进入壁垒和退出壁垒的关系矩阵

退出壁垒 / 进入壁垒	低	高
低	稳定的低利润	低利润高风险
高	稳定的高利润	高利润高风险

从表 3-2 中可以看出：从行业利润的角度来看，最好的情况是进入壁垒较高而退出壁垒低，在这种情况下，新进入者将受到抵制，而在本行业经营不成功的企业会离开本行业。反之，进入壁垒低而退出壁垒高是最不利的情况，在这种情况下，当某行业的吸引力较大时，众多企业纷纷进入该行业；当该行业不景气时，过剩的生产能力仍然留在该行业内，企业之间竞争激烈，相当多的企业会因竞争不利而陷入困境。

四、实施人力资源战略的意义

20 世纪 90 年代以后，企业战略大部分是通过人力资源战略管理来推进实现的。人力资源战略直接与企业未来竞争力密切相关。在不断变化的国际竞争环境中，要使企业战略得以有效实施并充分保持其竞争优势，主要取决于企业人力资源战略的成功管理。在企业发展的不同生命周期阶段，人力资源战略的作用就是不断协调、整合人力资源以保证拥有一个敏捷、精干、快速、灵活的企业，并使其顺利完成其最大愿景和目标。实施人力资源战略，其意义在于：

1. 有助于根据整体企业战略确定一个企业目标的机遇与困难；

2. 有助于根据整体企业战略开创一种将员工岗位匹配分配最优化和薪酬绩效激励最合理化的具体计划和活动的过程；

3. 有助于根据整体企业战略培育一种紧迫感和团队精神，打造企业核心竞争力，创建一种企业文化。

第二节　人力资源外部环境分析

影响人力资源管理的外部环境因素主要包括政治、经济、法律、社会文化和科技发展水平以及企业所在的产业竞争环境与企业的股东、顾客、供应商等等。每个因素，无论单独的还是相互联系在一起，都会给人力资源的管理工作带来压力。

一、政治法律环境

政治法律环境主要指一个国家的政治体制、管理体制、方针政策、宏观管理手段及政策的连续性，法治手段及其规范性等。不同国家有不同的政治与法律环境。这些因素常常制约、影响企业的经营行为，尤其是影响企业较长期的投资行为。企业行为必须适应国家政治与法律环境的要求，才能在这个国家生存和发展。

政治环境给企业带来的影响是异常巨大和明显的，是决定、制约和影响企业生存发展极其重要的因素。政治环境对企业的影响特点是：

其一，直接性。即国家政治环境直接影响着企业的经营状况。

其二，难以预测性。对于企业来说，很难预测国家政治环境的变化趋势。

其三，不可逆转性。政治环境因素一旦影响到企业，就会使企业发生十分迅速和明显的变化，而这一变化企业是驾驭不了的。

企业政治环境分析的主要内容包括：

1. 国内的政治环境

(1) 政治制度

(2) 政党和政党制度

(3) 政治性团体

(4) 党和国家的方针政策

(5) 政治气氛

2. 国际政治环境

(1) 国际政治局势

(2) 国际关系

(3) 目标国的国内政治环境

在对国内政治环境进行分析时，企业应注意政府方针政策的制定和调整对企业人力资源管理活动的影响。如八届人大四次会议通过的《中华人民共和国国民经济和社会发展"九五"计划和2010年远景目标纲要》根据国内经济和科技发展趋势以及我国经济体制变化的新特点，按照发展社会主义市场经济和现代化建设的要求，提出了经济社会发展的奋斗目标和指导方针，确定了宏观调控目标和政策，明确改革开放、经济建设和社会发展的主要任务和政策措施。因此，加强对政府的方针政策的研究，有助于企业确定发展方向和发展战略，调整企业策略以适应环境的要求。

进行国际市场营销活动的企业，必须分析研究目标国甚至目标国所属的地区的政治环境，以确定政治变化对企业经营产生不利影响的可能性。这里所说的政治环境主要是指政权的稳定性和政治冲突问题。政权的稳定性影响到目标国政府政策的稳定性，而目标国政策的稳定性则直接影响政府政策的长期性。稳定性就有利于企业各种活动的稳定发展，反之不稳定性则使企业难以预测和适应环境变化，难以制定适宜的企业策略。政治冲突问题同样也会给企业造成风险。因此，企业要通过对国际政治环境的分析研究，评估政治风险出现的可能性和威胁性的大小，以采取相应的措施减轻政治风险或减少其给企业带来的损失。

企业的各项活动还会受到法律环境的制约。任何企业都要同与其生产经营活动相关的企事业单位发生经济、技术、贸易关系，这些关系都具有社会经济法律关系的性质。企业的人力资源管理既要受到本国的法律和法规的约束，当企业开展国际贸易时，还要受到目标国的法律和法规及各类国际法、国际惯例、国际条约、国际协定的约束。影响人力资源管理的法律因素主要涉及有关人力资源发展的法制环境建设。法律环境分析主要分析的因素有:(1) 法律规范,特别是和企业经营密切相关的经济法律法规,如《公司法》、《中外合资经营企业法》、《劳动合同法》、《专利法》、《商标法》、《税法》、《企业破产法》等。(2) 国家司法机关。在我国主要有法院、检察院、公安机关以及各种行政执法机关。与企业关系较为密切的行政执法机关有工商行政管理机关、税务机关、物价机关、计量管理机关、技术质量管理机关、专利机关、环境保护管理机关、政府审计机关。此外,还有一些临时性的行政执法机关,如各级政府的财政、税收、物价检查组织等。(3) 企业的法律意识。企业的法律意识是法律观、法律感和法律思想的总称,是企业对法律制度的认识和评价。企业的法律意识,最终都会物化为一定性质的法律行为,并造成一定的行为后果,从而构成每个企业不得不面对的法律环境。(4) 国际法所规定的国际法律环境和目标国的国内法律环境。如各种国际组织(世界贸易组织 WTO、国际货币基金组织 IMF、国际标准化组织 ISO 等)的规章就影响了企业的国际贸易活动,又如《关于人身伤亡产品责任欧洲公约》、《专利合作公约》、《国际技术转让行动守则》等等。

2007 年,我国颁布了《劳动合同法》,其中绝大多数条文是关于劳动者权益保护的内容,它针对当前劳动用工领域存在的一些不良现象,增加了许多新规定,加大了对劳动者的保护力度,在劳资关系的天平上,为处于弱势地位的劳动者增加了砝码。作为企业的法人和人力资源部门管理者应当仔细研读并认真执行。

二、经济环境

一个国家的社会经济状况是影响人力资源的主要外部环境因素。所谓经济环境是指构成企业生存和发展的社会经济状况以及国家经济政策,主要是指宏观经济和区域经济发展水平、质量、经济结构与速度的总体态势,政府经济发展战略和规划,人民的收入与消费水平,消费信贷,税收政策,市场供求状况和社会基础设施等。经济环境因素对企业经营活动有直接的影响。这些因素主要作用于企业对人力资源管理活动的经济收入、人力资源规模、结构及人员的工资、福利、待遇方案等。

企业的经济环境主要由社会经济结构、经济发展水平、经济体制和宏观经济政策等四个要素构成。

(一) 社会经济结构

社会经济结构又称"国民经济结构",是指国民经济中不同的经济成分、不同的产业部门以及社会再生产各个方面在组成国民经济整体时相互的适应性、量的比例及排列关联的状况。社会经济结构主要包括五方面的内容,即产业结构、分配结构、交换结构、消费结构、技术结构，其中最重要的是产业结构。

（二）经济发展水平

经济发展水平是指一个国家经济发展的规模、速度和所达到的水准。反映一个国家经济发展水平的常用指标有国民生产总值（GNP），国内生产总值（GDP）、国民收入（NI）、人均国民收入（ANI）、经济发展速度，经济增长速度。

（三）经济体制

经济体制是指国家经济组织的形式。经济体制规定了国家与企业、企业与企业、企业与各经济部门的关系，并通过一定的管理手段和方法，调控或影响社会经济流动的范围、内容和方式等。

（四）经济政策

经济政策是指国家、政党制定的一定时期实现国家经济发展目标的战略与策略，它包括综合性的全国经济发展战略和产业政策、国民收入分配政策、价格政策、物资流通政策、金融货币政策、劳动工资政策、对外贸易政策等。①

因此，企业的经济环境分析就是要对以上的各个要素进行分析，运用各种指标，以准确地分析宏观经济环境对企业的影响，从而制定出正确的企业经营战略。在以上经济环境诸要素中，首先要分析宏观经济的总体状况，即企业所在国家或地区的经济发展形势是属于高速发展或低速发展，还是处于停滞或倒退状态。在通常情况下，宏观经济大发展时，市场扩大，需求增加，企业发展机会就多；反之，在宏观经济低速发展或停滞倒退时，市场需求增长很少甚至不增加，这样企业发展机会也就少。

三、劳动力市场

劳动力市场是企业获取理想的人力资源的一个重要的途径，也是企业的一个外部人员的储备仓库，企业可以通过这种储备仓库获得它所需要的人力资源。由于企业在自身的发展过程中，需要从储备仓库中雇佣一些新的员工来充实自身的实力，而雇佣来的新员工的素质在很大程度上决定着企业能否顺利完成自己的战略目标。特别在知识经济时代，企业人力资源的质量往往是企业生存和发展的决定性因素，而关键性的人才更是对企业的推动作用是至关重要的。因此，劳动力市

① 胡建绩、陆雄文、姚继麟《企业经营战略管理》，复旦大学出版社2004年版，第28页。

场是企业人力资源管理必须考虑的一个外部环境因素。而随着社会的不断进步，科技的日益创新，市场的竞争日趋激烈，企业对劳动力以及劳动力自身的高要求，使得劳动力市场随时都在发生着变化，这就引起企业的劳动力的变化。在此变化过程中，企业内部每个人的变化会影响到管理者处理劳动力问题的方式。换言之，劳动力市场的变化导致了企业内部劳动力动态的变化。

那么，企业怎样从劳动力市场中获取它所需要的人力资源，尤其在知识经济的环境下，如何体现出时代发展对人力资源质量或素质的要求呢？我们以为可以从以下几个方面衡量：

（一）知识水平

知识水平是员工综合素质的基础。衡量员工知识水平的标准，主要有受教育程度（学历）、专业结构、工作经验、接受业务培训的时间和次数等。知识水平的高低在很大程度上可以看出一个人学习能力的强弱。

（二）职业道德

职业道德是员工综合素质的核心内容，也是越来越多的企业最看重的素质。如果员工职业道德不良，而又掌握着企业大量的技术或其他方面的资料和信息，就会给企业造成很大的危害。企业往往根据员工在工作单位的表现来了解他的职业道德素质水平。

（三）专业技能

专业技能是员工素质与工作职务相结合的结果，是一般素质的业务性表现。它往往具有行业性和职业性的特点，可以通过与职务要求的吻合程度进行评价。

（四）身体素质

不论是生理健康还是心理健康，对于员工和企业来说都是非常重要的，直接影响着工作效率。身体素质包括体力、体质、心理等。

在从劳动力市场这一储备仓库招聘人力资源时，企业还应注意以下招聘原则：

第一，强调战略性需求。获取第一战略资源即人才资源，形成核心能力，构建竞争优势。包括：需要高层管理人才，以满足管理创新需要；需要优秀科技人才，以满足技术、工艺、产品的创新需要；需要市场营销人才，以满足市场创新需要；需要特殊技能人才，以获取独特的诀窍、专利等。

第二，突出重点岗位。企业在招聘时要强调重点，如适应战略需要的 CEO 人才；企业需要但市场稀缺的人才；急需填补关键职位的人才等等。

第三，坚持市场原则。招聘那些成本效益最好，即报酬与所创造的价值之比最低的求职人员。

第四，强调适应原则。招聘政策要有利于吸引合适的求职人员。

四、自然环境

地球上的自然资源可以分为无限资源、不可再生的有限资源和可再生的有限资源。

自然地理环境主要由一个国家或地区的自然资源、地理条件、气候条件等方面组成。企业的生产经营活动必然要受到自然环境及资源的制约。企业生产经营活动中，必须根据自然资源环境、交通运输条件，以及原材料、能源供应状况和产品销售区位等，权衡利弊，正确决策。

因此，企业在研究影响其人力资源管理活动的自然环境时，应该注意到以下几个方面：自然环境日趋短缺、环境污染日益加剧、各国加强了对资源和环境的管理、环保组织活动的影响日益增大、绿色消费者人数日益增多。所有这些都会引起各国政府加强对自然资源管理的干预性，也直接或间接地给企业带来机会和威胁，这些都对企业的人力资源管理活动产生了极大的影响。

五、科学技术环境

科学技术环境是指企业所处的社会环境中的科技要素及与该要素直接相关的各种社会现象的总和，包括全社会科学技术发展水平，科技力量、国家科技政策、新技术、新设备、新材料、新工艺的开发利用以及科技产品与科技人才供给状况，科技管理体制的创新和适应性等方面。科学技术是社会生产力新的和最活跃的因素，科技环境决定了企业技术创新有没有可靠的技术源泉。

每一种新技术都是一种“创造性的毁灭力量”，会给某个行业的企业造成环境威胁，使之受到冲击甚至淘汰，同时也会给某些企业带来新的机会，从而产生新的行业。因此，企业要密切关注技术环境的发展变化并确定其对企业发展产生的影响，以便及时采取相应的对策，才能使企业得到生存和发展。企业人力资源管理的一个重要的关注点就是已经发生和即将发生的技术革命对企业经营所产生的影响。当今世界，技术和产品更新周期越来越短，导致现有的工作岗位不可避免地被不断淘汰，需要新技术、新知识、新技能的岗位不断产生。在下一个十年里，人力资源管理最具挑战性的领域将是培训员工，使之跟上迅速发展的技术要求；而现在产品的大规模生产在几年以前是不可想象的。这实际上扩大了所有经理，包括人力资源经理的任务。新技术的出现,使得在某些续签领域中招聘合格的员工变得十分困难。生产技术一旦发生了变化,某些技能也就不再需要了。在这种情况下就有必要对现在的劳动力再培训。

正因为科学技术环境对企业的生产经营管理活动产生较大的影响,因此企业必须对其现状进行调查,对其发展变化进行预测,以此为依据开展技术与产品开发工作,调整产品结构,使企业有良好的技术基础,在竞争中立于不败之地。

六、社会文化环境

文化是企业赖以生存和发展的基础。社会文化环境因素对人力资源管理具有重要的影响,企业对此也应加以十分重视。

社会文化环境包括一个国家或地区的社会性质、人们共享的价值观、人口状况、教育程度、风俗习惯,宗教信仰等各个方面。

从影响企业战略制定的角度来看,社会文化环境可分解为文化、人口两个方面。

1. 人口因素对企业战略的制定有重大影响。例如,人口总数直接影响着社会生产总规模;人口的地理分布影响着企业的厂址选择;人口的性别比例和年龄结构在一定程度上决定了社会需求结构,进而影响社会供给结构和企业生产;人口的教育文化水平直接影响着企业的人力资源状况;家庭户数及其结构的变化与耐用消费品的需求和变化趋势密切相关,因而也就影响到耐用消费品的生产规模等。对人口因素的分析可以使用以下一些变量:离婚率、出生和死亡率,人口的平均寿命,人口的年龄和地区分布,人口在民族和性别上的比例变化,人口和地区在教育水平和生活方式上的差异等。目前世界上人口变化的主要趋向是:

(1) 世界人口迅速增长,目前已突破60亿大关,世界人口的增长意味着消费将继续增长,世界市场将继续扩大。在我国,劳动就业压力将长期存在,同时,随着人口增长,耕地减少,我国农村剩余劳动力将向非农产业转移。

(2) 发达资本主义国家的出生率开始下降,儿童减少,这种趋向一方面对以儿童为目标市场的企业是一种环境威胁,另一方面年轻夫妇可以有更多的闲暇和收入用于旅游,在外用餐、文体活动等,因此可为相应的企业带来市场机会。

(3) 许多国家人口趋于老龄化,在我国也有这种趋向,老年人市场正在逐步扩大,老年人的消费能力也在逐渐增强,因此,企业应当认真研究老年人市场的问题。

(4) 许多东方国家的家庭状况正在发生变化:家庭规模向小型化方向发展,几世同堂的大家庭大为减少。

(5) 在西方国家,非家庭住户也在迅速增加,非家庭住户包括单身成年人住户、暂时同居户和集体住户。①

2. 文化环境对企业的影响是间接的、潜在的和持久的，文化的基本要素包括哲学、宗教、语言与文字、文学艺术等，它们共同构筑成文化系统，对企业文化有重大的影响。

(1) 哲学是文化的核心部分，在整个文化中起着主导作用。我国的传统哲学基本上由宇宙论、本体论、知识论、历史哲学及人生论(道德哲学)五个方面构成，它们以各种微妙的方式渗透到文化的各个方面，对企业发挥着强大的作用。

(2) 宗教作为文化的一个侧面，在长期发展过程中与传统文化有密切的联系，在我国文化中，宗教所占的地位并不像西方那样显著，宗教情绪也不像西方那样强烈，但其作用仍不可忽视，它对人们心理、风俗习惯、哲学思想、文学艺术、科学技术以及政治经济生活都会产生深刻的影响。

(3) 语言文字和文化艺术是文化的具体表现，是社会现实生活的反映，它对企业职工的心理、人生观、价值观、性格、道德及审美观点的影响及导向是不容忽视的。

企业对文化环境的分析过程是企业文化建设的一个重要步骤，企业对文化环境分析的目的是要把社会文化内化为企业的内部文化，使企业的一切生产经营活动都符合环境文化的价值检验，另外，企业对文化的分析与关注最终要落实到对人的关注上，从而有效的激励员工，有效的为顾客服务。②

总之，社会文化是指一个国家和地区的民族特征、文化传统、宗教信仰、教育水平、社会结构、风俗习惯以及为全体社会成员遵循的共同意识、价值观念、职业道德、行为规范和准则的总和。社会文化是经过千百年逐渐形成的，它影响和制约着人们的观念和思维，影响着人们的行为。社会文化的影响主要反映在人们的基本信仰和行为方面。在合资企业的管理活动或跨国经营中，尤其要注意社会文化环境对企业经营和管理的影响。

七、竞争者

人力资源管理活动还要受到各类竞争者的影响。企业之间的竞争是人才的竞争，而现代企业对人才的竞争归根结底也是人力资源管理的竞争。从某种意义讲，谁拥有了优秀的人力资源，谁就能在激烈的市场竞争中赢得竞争的优势甚至竞争的成功。正因为如此，企业对人力资源，尤其是关键性的人才争夺非常激烈。

企业在制定自己的人力资源政策和制度时，必须要了解和研究竞争对手的人力资源政策、制度和措施甚至包括竞争对手的战略变化。在通常情况下，受竞争对手影响最大的因素是薪酬管理。这里所说的薪酬是广义的，除了工资、奖金等外在报酬

---

① 胡建绩、陆雄文、姚继麟《企业经营战略管理》，复旦大学出版社2004年版，第40页。
② 刘冀生《企业战略管理》，清华大学出版社2006年版，第38页。

外，还包括培训、晋升、良好的工作场所、职业发展前景等内在报酬。例如，中国电器零售行业一直是国美、永乐、苏宁三足鼎立，2006 年 7 月 26 日国美宣布并购永乐，第二天，苏宁在上海开始大规模招聘零售人才。苏宁电器副总裁孟祥胜透露，目前已经进入组建阶段的苏宁上海总部定位为"发展国际化、用人本土化"，未来员工主体将以上海员工为主，并且近期还将进一步加快上海苏宁薪酬标准与上海地区国际化企业相接轨，预计调整后的薪资标准相比国内同类型企业增长 20%～30%。就在国美宣布并购永乐的当晚，10 多名包括门店经理在内的上海永乐员工因担心被裁员而转投苏宁。第二天，又有 8 名永乐员工到苏宁面试，第三天还有 10 多名预约来面试，据苏宁电器高层透露，"面试人员中一半以上是门店经理"。从这个案例中我们可以看出，企业为了吸引优秀的人才，就必须提供比竞争对手更为优越的薪酬待遇和职业发展前景。

八、顾客因素

现代企业的诸多活动和策略的制定都是围绕着顾客(消费者)来进行的，是为了满足消费者的需要。要更好地为消费者服务，就必须充分地了解和认识消费者的需要、动机、购买行为以及影响因素等。所以，一切企业，无论是生产企业还是商业、服务企业，也无论是否直接为消费者服务，都必须研究和分析消费者市场，因为只有消费者市场才是商品的最终归宿即最终市场。因此，企业中的部门特别是与消费者有着直接接触的部门(如销售、售后服务等)的员工，就有必要保证其员工的行为不引起消费者的反感。而企业生产产品的外观美观与否、产品的功能齐全与否、产品质量的高低以及售后服务的水准等等都与企业员工的素质有关，甚至与企业在人力资源方面引进的策略有相当的关系。

综上所述，企业的外部环境是企业自身不可控制的因素。一个企业，只有清楚认识并正确判断其周围环境的发展变化，才能较好地适应它们，为企业求得生存和发展的机会。

第三节　人力资源内部环境分析

一、企业现有的人力资源状况

企业现有人力资源是指企业现有人员的数量和质量，一个企业最为重要的资源就是人力资源，它是一个企业制定人力资源战略的基础，也是一个企业向未来发展的前提。企业战略目标的实现首先要立足于开发现有的人力资源。因此，企业的人力资源部门必须要对本企业现有的人力资源状况有一个全面的了解和充分的认识，充分利用科学的分析方法，对本企业现有的人力资源的数量、质量、分布以及对企业现有人力资源的利用状况等进行认真的统计分析，这是企业人力资源战略环境分析的一项基本工作。在环境变化很快的情况下，如果企业想要适应这种变化，并利用新的机会求得发展，就不仅要考查员工过去或现在具有怎样的能力和业绩，更重要的是评估他们是否具有挑战未来的信心、知识和能力。尤其要评价他们的人际沟通技巧和合作共事的能力，因为具有创造性和内聚力的企业具有更大的竞争优势。换言之，就是评估企业现有员工的数量、员工的素质、企业的教育培训制度体系等等，在一般情况下，企业可以借助人力资源档案中对每位员工的基本资料、工作经验、受教育程度、专业技能等以及其他特殊信息的记录加以分析评估，只有这样，才能对企业现有的人力资源现状了如指掌。

二、企业发展战略

人是组织中最重要的资源，而管理企业的最有效的方法之一是通过文化的暗示和渗透潜移默化地进行的。美国管理学大师彼得·德鲁克曾经指出：管理以文化为基础，即有其自己的价值观、信念、工具和语言的一种文化。因而，管理和文化有着密不可分的关系。

企业战略是企业经营管理的最高纲领和发展目标。随着改革开放的不断深化，市场化进程的加快，经济全球化和一体化趋势的加强，许多企业都面临着日益激烈的市场竞争，战略管理在现代企业经营管理中发挥着举足轻重的作用。企业只有注重战略管理才能在激烈的竞争中得以生存，才能完成二次创业并不断发展。战略管理的目的在于创造并利用新的和不同于以往的机会，更主动地塑造自己的未来。在战略管理过程中，特别是在战略实施过程中，每个组织的各个部门的存在也是因为战略的需要。因此，每个组织的目标都应该和企业的总体战略目标保持一致，在实践中配合企业整体战略目标的实现。企业中人力资源管理部门也不例外，尽管人力资源管理是一项核心的管理活动。现实的企业管理实践也进一步证明，只有将人力资源管理与企业发展战略紧密地结合在一起，人力资源管理才具有强大的生命力，才能显示出它应有的地位和作用。因而企业战略目标必须看作是影响人力资源管理实践的一个重要的内部因素。

舒勒认为，不同的组织战略决定不同的人力资源战略，战略是通过对组织结构（职能型或直线型）和工作程序（规模生产或柔性生产）的作用来对人力资源战略产生影响。他在 1994 年提出人力资源战略形成的 5P 模型,即理念(Philosophy)、政策(Policy)、方案(Programs)、实践(Practices)、过程(Processes),认为组织的外部环境(如经济、市场、政治、社会文化、人口)、内部环境(如组织文化、现金流、技术)因素都会决定组织战略需求并改变其形成战略的方式。因此,不同的外部环境会导致企业选择不同的企业发展战略,而企业不同的发展战略的选择,就会导致不同的企业人力资源战略及其不同的管理侧重点。如现有两个总体战略目标完全不同的企业,一个企业的总体战略目标是追求不断创新,另一个企业的总体战略目标是追求总成本领先。由于这两个企业的总体战略目标的不同,那么它们的人力资源战略也截然不同。前者需要有一个宽松的环境。为促进技术的发展,企业的人力资源部门必须招聘到一流的研发人才,还要密切关注劳动力的开发和培训。同时为了挽留住和激发一流的研发人才,还要特别设计一个非常有效的报酬方案。而后者就不需要招聘一流的研发人才,如果企业招聘这样一流的研发人才反而是增加了这个企业的成本。

所以,由于企业总体战略的不同要求,企业会作出许多对人力资源部门影响很大的决策,这种影响主要有:

(一) 企业重组

由于企业实施战略的需要,许多企业通过以下的某些途径实现了“合理精简”:(1) 取消部分管理层次;(2) 关闭一些厂房设施;(3) 与其他企业合并;(4) 辞退部分员工并帮助安排新的工作。

到目前为止,企业重组的主要方式是取消若干管理层次,以使企业管理结构的金字塔变得更加扁平。与企业重组有关的三个概念是经营重设、人员压缩和劳务外购。其中人员压缩就是减少企业现有员工的数量,它是一项旨在减少各种成本的有意识的策略。实行减员的原因之一,是由于许多工商企业积聚了过多的雇员。因此,在企业重组过程中应着力思考和解决一些问题,这些问题包括:留在企业的员工有幸存者的心态;未实现的成本节约计划;员工对企业忠诚的消失;大量人员不得不寻找新的工作。

实现真正意义上的企业重组需要从以下几方面进行关注:(1) 形成超前的变革战略,达成未来发展目标;(2) 围绕所定战略建立合适的组织——完成形式重组,并确保充足的人力资源准备;(3) 重新构建组织的价值链,明确竞争优势;(4) 将激励和约束科学化,激发员工积极性;(5) 构建企业文化,引导员工对重组后组织新价值观的认同;(6) 由企业的领袖亲自领导重组。

以上方面的全面考虑有助于企业顺利实现重组的目的,帮助企业顺利度过重组后艰难的内部整合期。

企业重组是生产力的重新配置和优化组合，而人力资源作为生产力各要素中最关键的要素，它对企业重组后生产力效率的发挥起着决定性的作用。一般认为企业重组将会产生两方面的规模效益：其一是非人力资源重组后物质资源集约化经营的经济优势；其二是人力资源重组后人员集约使用的人力资源优势。企业重组后要发挥人力资源优势，并进一步挖掘人力资源的潜力，就必须根据人力资源的特征，正确评估人力资源的价值，减少人力资源的磨擦，探索人力资源优化组合的途径。

（二）兼并与接管

所谓兼并是指两个或更多企业组合在一起，其中一个企业保持其原有名称，而其他企业不再以法律实体形式存在。所谓接管，也称接收，它是指某公司原具有控股地位的股东（通常是该公司最大的股东）由于出售或转让股权，或者股权持有量被他人超过而控股地位旁落的情况。

由于企业发展战略的需要，可能要兼并和接管一些在战略上有互补性的其他企业。作为人力资源管理者要研究兼并和接管之后，在战略目标下被兼并和接管的企业组织和员工的匹配程度。在兼并和接管后的许多情况下，都涉及组织和人员的调整。如人员的不足与过剩，都会影响和制约企业战略目标的实现，甚至有可能需要花极高的代价去弥补。因此，人力资源管理人员要事先评估对手的管理人员和其他关键员工的能力，根据组织设计，测算出组织将缺少哪方面人才，作出详细的人力资源规划（此规划要考虑购并后的企业需要哪些方面的管理人才，市场开发人才、技术人才；被购并企业有哪些潜力，为实现这些潜力，对长远的人员规划有何要求；怎样更好地管理和激励新的管理人员以及机构撤消、扩大人员配备等多方面问题）以及此规划的实现计划。①

三、企业文化

企业文化是企业在一定社会经济文化背景下，在长期生产经营中，逐步形成和发展起来的日趋稳定的价值观、企业精神、行为规范、道德准则、生活信念、传统习惯等等。

企业一旦形成完整而有力的企业文化，企业的行为和企业成员的行为在很大程度上就会被企业文化所左右，就会成为约束企业成员的非正式控制规则，而使企业成员放弃一些不适合企业期望的行为和利益取向。国内外许多成功企业的经验

① 赵曙明编著《人力资源战略与规划》，中国人民大学出版社 2002 年版，第 37 页。

已经告诉我们,他们的成功无一例外的对人的因素,对文化观念的神奇力量有着深切的感受。企业想要有活力首先要激活人,要激发人的积极性,必须在企业管理中注入一种积极向上的文化观念,给企业的每位员工以希望,使企业的每位员工都目标明确,因为人的精神力量可以释放出巨大的难以想象的能量。实践证明,企业文化的功能是不容轻视的。企业文化在企业管理中的功能主要有以下几点:

(一)激励功能

企业文化具有使组织成员从内心产生一种高昂的情绪和奋发向上、积极进取的精神效应。"以人为中心"企业文化可以满足组织成员对尊重等高层次需求的追求,从而激发组织成员从内心深处自觉产生为组织目标拼搏的精神。同时,企业文化还通过软约束调整组织成员的不合理的需要,形成积极向上的整体力量,使员工自我激励,产生持久的驱动力。

激励是一种精神力量和状态,企业文化所形成的组织内部的文化氛围和价值导向能够起到精神激励的作用,将员工的主动性、创造性充分地激发出来,将员工潜在的智慧激发出来,最终为组织作出贡献。心理学家费罗姆认为,一个人把自己行为目标的价值看得越大,这种目标对他的激励作用也越大。

企业文化的激励功能是指通过正确的价值观、企业精神、企业目标等在员工心目中渗透,使员工产生强烈的责任感和自豪感,鼓舞员工为企业的发展拼搏奉献。它是通过满足员工高层次需要来发挥作用的,通过积极向上的企业精神和对职工需求的满足,激发员工进取心,把潜在生产力变为现实生产力;通过确立科学合理的企业目标,激励员工充分发挥其才能,保持工作的高效率;通过确立正确的价值观,使企业员工认识到自己工作的意义,鼓励员工努力工作。企业文化的核心内容是关心人、尊重人和信任人,因而能最大限度地激发员工的积极性和创造性,使其为实现企业目标而努力奋斗。

(二)凝聚功能

企业文化具有凝聚作用,它可以使组织成员在同一文化类型或文化模式中得到教化,从而产生相同的思维方式、行为习惯、价值观念,紧紧团结在一起,在此基础上就能形成强大的凝聚力。这种凝聚力就像黏合剂一样把组织成员的思想感情、工作学习、利益需求与组织的命运联系在一起,使人们对组织产生巨大的认同感和归属感以及排异力量,使组织成员乐于参与组织的事务,发挥组织成员各自的潜能,齐心协力地为组织的目标和组织的根本利益而努力奋斗。

企业文化是一个组织的一种凝聚力,是一种有效的协调和控制手法。企业文化的凝聚功能,是通过企业文化建设而使企业对员工所产生的向心力和凝聚力。

企业文化反映员工的意愿,体现员工的利益,能够把员工团结到一起。企业文化是一种内在凝聚力,一种强有力的黏合剂,通过共同的价值观和意志的信念目标能促成员工在待人处事等方面的共识,形成一个协调融洽、配合默契的高效率的生产经营团队,产生巨大的生产力和较强的竞争力,使整个企业系统最大限度地发挥其全部效能。

(三)导向功能

任何文化都是一种价值取向,它规定着主体所追求的目标,具有导向功能。企业文化作为员工的共同价值观念一旦形成,就产生一种思维定势,必然对员工具有强烈的感召力。企业文化把组织中的全体员工引导到组织所确定的目标方向上来,它不仅对组织个体的心理、性格、行为起到导向作用,而且对企业整体的价值取向和行为同样起着导向作用。企业提倡什么,反对什么,企业成员的注意力就转向什么,潜移默化地使企业成员的行为与企业的要求相匹配。

当企业文化在整个企业内部成为一种强势文化以后,其对于员工的影响力也就越大,使得整个企业和企业成员形成有机整体,向着既定的方向奋勇前进。

一个企业的企业文化一旦形成,它就建立起自身系统的价值和规范标准,如果企业中某个个体在价值取向和行为取向上与企业文化的系统标准产生悖逆,企业文化将会产生导向作用,使其重新回归于企业的整体之内。企业文化的导向方法,与传统的单纯强调强制灌输的手段不同,它重点在于通过企业文化的塑造来引导成员的行为心理,使人们在潜移默化中接受共同的价值观念,自觉自愿地把企业目标作为自己的追求目标。

(四)规范功能

企业文化所建立的共同价值体系、基本理念和行为规范,会在企业成员心理深层形成一种定势,对企业的每位成员的思想、心理和行为具有约束和规范作用。企业文化对企业成员的约束是一种软约束。这种软约束与制度的硬约束相对应、相协调的环境氛围,包括群体意识、社会舆论、共同的习俗和风尚等精神文化内容,从而给企业成员造成强大的心理压力和心理约束,继而起到对行为的自我控制,产生强制性的规范作用。这种软约束有时比硬约束具有更强大、更持久、更深刻的效果。

企业文化虽然是无形的、非强制性的行为准则,但对员工的思想和行为起着有效的规范作用。其规范功能发挥作用的机制是:通过培养员工的归属感、自豪感、责任感、优胜感、荣誉感等情感因素,使员工的思想和行为与企业文化统一起来。在一个特定的文化领域中,人们的言行由于企业特定的准则,受到赞扬和鼓励,因而获得了心理上的平衡和满足。反之,则会产生失落感和挫折感。这样,员工就会逐渐形成以企业文化为标准来规范自己的思想和行为方式,产生以企业文化为主导的“从众行为”。

(五)辐射功能

企业是社会的细胞,通过企业文化建设,在企业文化形成以后,特别是在其发展到较高水平后,良好的企业文化不仅对企业的内部成员产生影响且会对企业本身产生强烈的感染力,而且随着企业的产品、服务、广告、宣传等企业活动向企业外部传播,以及通过企业员工与外界的交往,把企业的优良作风,良好的精神风貌传播、辐射到企业外部,并通过各种渠道对外部组织、顾客、社会、公众产生一定的影响。所以,企业文化具有强大的辐射作用,企业文化的辐射作用一方面可以树立企业在公众中的良好形象,提高企业在公众心目中的知名度,另一方面优秀的企业文化也可以在一定程度上推动社会文化的良性发展,使企业文化成为社会文化的一部分,起到以点带面的辐射作用。

企业文化的这种“自我表现”功能,不仅提高了企业的知名度和美誉度,优化了企业形象,也会对社会文化的净化、改进起到积极的推动作用。

四、非正式组织

按照组织的属性划分,组织可以划分为正式组织和非正式组织两种。非正式组织是指不为组织正式承认,也不是由正式组织的目标、任务和组织结构所决定的群体。非正式组织的出现与组织正式分工、权力、责任、规范、规定等没有必然联系,而是组织中的人员在工作生活中为了某些需要而自然结成的,成员之间的关系是松散的。由于组织成员除了通过工作满足某些需求之外,还有许多其他的个人需求通过与其他成员之间的非正式交往来满足。所以,从这一层面上理解,任何组织内部都会存在各种类型的非正式组织。它是凭借非正式渠道,以感情为基础,群体成员的行为不受正式约束。在竞争日益激烈、工作压力不断加剧的今天,任何组织必须重视和利用非正式组织对员工的积极作用,但也要正确引导和纠正对正式组织不利的小团体,使其对整个组织目标的实现和员工的利益产生积极的影响。

因此,企业人力资源管理必须充分认识到非正式组织对组织目标实现的影响因素。当然企业中非正式组织的作用犹如一柄双刃剑,它既有有利的一面,也有其负面影响。简而言之,非正式组织的积极作用表现在:能增加组织的有效性;可以减轻管理者的工作负担;有利于组织沟通,促进员工之间的合作;弥补正式领导的能力和经验不足;可以使员工产生满意感和稳定性;帮助员工释放工作压力;促使管理者在决策和行动中更加谨慎等。其消极影响是：抵制变化或正确指令的执行和实施；可能带来人际冲突以及群体之间的冲突；降低员工的工作动机、工作满意度以及生产力；排斥或伤害某些员工；使正式职权失控；使成员产生角色冲突等等。

当非正式组织的目标与正式组织的目标一致时，会给组织带来很多益处。这样的非正式组织内部越具有凝聚力，就越对整个组织具有支持作用。而当两者目标不一致时，则会给组织带来不利影响。在组织的人力资源管理中，管理者必须充分认识到非正式组织的这正负两方面的作用，并妥善处理。例如，非正式组织的存在能够促进沟通，有助于员工中间传递一些有用的信息，但反之也常常成为小道消息、流言蜚语传递的途径；再比如，在一个正式组织中，最高管理层已经表示保证均等就业机会，但一个清一色的男性工作组可能就会抵制分配女性员工到他们小组来，一个他们看不顺眼的或不想要的员工可能就会受到他们的排斥或贬损。这类行为都使基层管理者处于非正式组织中产生的激进行为与正规政策的两难境地。而当正式组织与非正式组织的矛盾与冲突发展到不可调和的程度，则往往会导致非正式组织员工的离职，而且这种离职行为通常是有预谋的、连锁的，在较短时间内造成全部或大部成员流失，出现多个空位，具有极大危害性。

可见，非正式组织对人力资源管理是决不容小觑和漠视的。作为人力资源的管理者，应当做好以下几方面的工作：

(1) 不能采取简单的禁止、取缔或放任自流态度，而要允许甚至是鼓励非正式组织的存在，为非正式组织的形成提供一定条件，同时要努力使之与正式组织相吻合。

(2) 要通过建立、宣传和强化正确的组织文化，来影响和改变非正式组织的行为规范，从而更好地引导非正式组织做出积极的贡献。

(3) 摆正两者的位置和关系，使正式组织处于主导地位，引导组织成员一致地朝向组织目标；而非正式组织起支持性作用，维系组织的凝聚力和团结合作。

五、企业生命周期

生命周期法由亚瑟科特尔咨询公司提出，并被战略管理学界所接受。生命周期理论认为，任何行业的发展都要经历创业、成长、成熟和衰退这四个阶段。而识别某项业务在生命周期中所处阶段的主要标志有：市场增长率、需求增长潜力、产品品种数量、竞争者数量、市场占有率状况、进入壁垒、技术变革和用户购买行为等。每一个阶段的行业在上述因素里所呈现的特点如表3-3所示。随着一个组织的诞生、成长、成熟直至衰退，其演化呈现出明显的生命周期。当组织沿着生命周期的不同阶段演化时，其受到的风险制约因素和制约程度是不同的，要保证其健康成长,组织就必须进行管理改革,而人力资源管理活动将成为组织变革成败的关键。

(一)创业阶段

当一个组织产生时,其重点是生产产品和在市场中求得生存。组织的创立者将其所有的精力都投入到生产技术活动和营销当中。组织是非规范化的和非官僚制的,工作时间也较长,控制也是由业主个人进行监督。处于这一阶段的组织,其人力资源管理必须注意以下工作:一是由于行动导向的要求,创业者必须面对繁琐复杂的行政事务,因此,创业者自身要开始向职业经理人转变,或是从外部引入职业经理人员。二是为了组织内部运行的需要和对外交流与协作的需要,组织要设置出一定数量的部门和职务,即进行组织结构的设计,但往往是一人多职型。三是由于资金因素的制约,薪酬体系和激励机制还处于非正式状态,因此要注意运用多种方法吸引骨干员工。如除了一定的基本物质激励外,还要善于运用成就激励、前景激励、职务激励等未来承诺或精神方面的手段和方法。四是基于实现组织目标的需要,需要进行一定的培训工作,但主要还是借助外部力量进行,内部培训只局限于个别的师徒相授。

(二)成长阶段

这一阶段的组织迅速成长,组织规模不断扩大,人员需求迅速增加,内部分工开始细化,管理层次开始裂变,组织的主要目标是继续成长和增加内部的稳定性。随着这些变化的出现,人力资源管理也要采取与之相适应的措施:创业者要摆脱个人权威主义和盲目自信的倾向,尽快完成从创业者到企业家的转变,要按照与组织成长阶段相适应的原则重新整合组织结构,建立起规范化的各项制度,健全人力资源管理职能,逐步形成一套标准的关于员工招聘、录用、培训、分配、考核、薪酬体系,重视高层次人才的引进,同时因为新人的增加和中层人员的培养,员工的教育培训工作也变得十分重要。此外,还要处理好正式组织与非正式组织的关系、组织文化与亚文化之间的关系等。

(三)成熟阶段

成熟的组织是巨大的和官僚化的,并拥有广泛的控制系统、规范和程序。这一时期的人力资源管理重点应该是充分调动组织全体员工的积极性和创造性,使员工的潜力得到最大限度的发挥。如要重视对员工的奖励和发展,适时调整员工的考核办法与考核标准,改进员工薪酬与激励手段,以此进一步激发员工的创新精神以免组织趋于衰退;根据组织当时的特征、条件和手段,适时进行组织结构的扁平化和柔性化变革，努力使组织、员工尽快向学习型组织和学习型员工转变等。

（四）衰退阶段

组织衰退是指组织的资源在一定的时期内真实和绝对地减少了。这一时期组织如果能采取迅速、正确的行动，有效重组，则可能实现组织的再次复兴。否则，只能是组织的最终解散。但无论是哪种趋势，裁员都是不可避免的。在衰退的组织，裁员往往是向好的方向扭转的第一步，因此，运用恰当的方法裁员，解决好薪酬福利方面的问题，这是该阶段人力资源管理必须要解决好的重要问题。只有这样，才能使裁员的过程更平缓，舒缓离开的和留下的员工的紧张度，才能使剩余的组织员工不至于过于低落，如果运用得当，甚至能起到一定的敦促作用，提高剩余员工的生产力和效率。

表 3-3　行业成熟度各阶段的特点①

因素	创业阶段	成长阶段	成熟阶段	衰退阶段
1. 增长率	较国民生产总值增长更快	高于国民生产总值速度	等于或低于国民生产总值速度	增长为零或负增长
2. 增长潜力	消费者基本不满意或产品相对不知晓	消费者部分不满意或产品相对不知晓	消费者一般满意或产品相对被知晓	消费者满意或产品早已知晓
3. 产品范围	窄：很少品种	宽：多样化	宽：标准化	窄：如果行业分散的话则较少
4. 竞争者数目	竞争无统一规则；数量通常会增加	最大；后开始减少	稳定或下降	最少
5. 市场占有率分布	无统一规律；通常很分散	逐渐地（或快速）集中	稳定	集中化或很分散
6. 市场占有率	不稳定	逐渐稳定	基本稳定	非常稳定
7. 顾客稳定性	不稳定	逐渐稳定	稳定	非常稳定

① 张世君、刘荣英主编《企业战略管理》，武汉理工大学出版社 2006 年版，第 194 页。

续表

因素	创业阶段	成长阶段	成熟阶段	衰退阶段
8. 进入市场难易	容易	比较困难	非常困难	无吸引力
9. 技术	快速发展；已知技术很少	变化中	已知晓；容易获取	已知晓；容易获取

詹姆斯·W·沃克在《人力资源战略》中的论述也印证了企业在发展的不同阶段都有自己不同的管理需求，因而同样也有不同的人力资源问题：

第一阶段（初始）的特征是：启动、创业精神、奠定管理基础。在人力资源管理方面，这种组织只需要建立档案保存、雇佣以及薪酬制度。

第二阶段（职能发育）的特征是：技术专业化、职能领域的发育、扩大了产品线和市场、组织结构和管理流程更加正规。人力资源管理需要找到适当人员以保证发展，同时要对人员进行培训以使他们能承担紧急任务。

第三阶段（控制阶段）面对短缺的资源、新的收购以及多样化的产品线，需要更为理性、专业的管理。

第四阶段（功能整合）带来多样化经营、权力下放、产品小组或部门以及项目管理。重点是权力下放，协调和职能整合。这种企业需要有效的计划系统和方法以使其活动整合化。人力资源的重点是，协调与整合不断发展的培训、薪酬以及政策实施活动。

第五阶段（战略整合）由于灵活性、适应性以及跨职能整合进一步发展，要求团队合作。战略管理帮助团队行动并对影响本企业的变化非常敏感。①

六、企业人事政策

企业的人事政策是一个企业人力资源管理基本价值观念的集中体现，是企业一切人力资源管理活动的指导思想。企业的人事政策直接反映企业如何看待员工的问题，反映了一种基本的用人观念和价值取向。企业的人事政策的制定受多种因素的影响和制约，具体的人事政策必须依托适当的工作设计和组织才能实现。一种人力资源管理政策、制度、方式的进步与否，关键是看其与当时特定历史时期的“现实人性背景”是否一致。只要两者是一致的、适宜的，便是最理想的、最好的

① 资料来源：詹姆斯·W·沃克著，吴雯芳译《人力资源战略》。

人力资源管理制度、方案。这或许便是我们分析、研究、探索和构建我国企业人力资源管理制度的一个指导原则和根本出发点。①

七、工会

工会组织是人力资源内部环境分析诸多因素中不可忽视的一个要素。众所周知,工会是为了维护员工的利益而使员工集合起来的团体。在西方国家,工会的力量非常强大,他们参与到许多劳资双方冲突中和厂方进行谈判并达成协议。在通常情况下,工会都是一个约束条件。例如,想要求将一名维修工调到操作工的岗位上,但如果劳动协议将每个工作岗位上能做和不能做的任务作了规定的话,那么,人力资源管理就不能做这样一个安排。② 目前,我国工会在企业管理中的力量还没有那么强大,但也能在调节劳资关系上起到一定的作用。

本章小结:

进入21世纪以来,企业之间的竞争日益激烈,企业人力资源管理面临着越来越大的挑战。同时,人力资源管理的内外环境正在发生巨大的变化。目前,企业正面临着一个越来越复杂和全球化的外部环境,这些外部环境条件给企业带来机遇的同时,也带来了挑战,因此企业必须制定和实施适应外部环境的战略。企业内部环境是企业内部与战略有着重要关联的因素,是企业经营的基础,是制定战略的出发点、依据和条件。通过对企业内部环境和条件的分析,可以明确企业所具有的优势和劣势,有助于企业制定有针对性的战略。实际上,在这些内外部环境和条件的背后就是一个人力资源的问题,就是如何制定人力资源战略和规划。对人力资源环境的分析可以与企业在制定企业战略时进行的环境评价合为一体,它可以帮助企业解决所面临的人力资源方面的问题,为企业的发展提供人力资源保障。

案例分析:

战略管理是企业管理的核心,企业发展战略的着眼点应是确保公司的有限资源用到核心竞争力强的主业发展上,而非轻易涉及其他领域。在大多数情况下,做强主业在先,做大企业在后,并且做强主业应该贯穿于企业经营的整个过程之中,但“大而不专、专而不强”却是我国企业的通病。我国企业应以安然的教训为借鉴,

---

① 盖勇、孙平编著《人力资源战略与组织结构设计》,山东人民出版社2004年版,第187页。

② 盖勇、孙平编著《人力资源战略与组织结构设计》,山东人民出版社2004年版,第192页。

切实把战略管理置于首位，高度重视专一性和多样化的平衡关系，严格贯彻指导国企改革“有进有退、有所为有所不为”的方针，加强对公司业务核心竞争力的深刻理解，从战略高度有意识地增进集团公司的共享性资源和能力的充分发挥，以迅速成长为“三强一好”、具有持续盈利能力和抗御风险能力、具有国际竞争力的大企业集团。

现代企业在发展过程中，其不确定因素越来越多，创新不仅意味着机遇，同时也充满着风险。因此，企业在创新过程中，应建立有预警系统的战略风险控制机制。

企业文化的建设是企业战略管理的重要表现形式。企业必须不断加强员工及企业管理者的职业道德素质建设，努力提高公司人力资源开发与管理水平，并探索培育公司的核心经营理念，为建立起丰富完善的企业文化理念奠定基础。

本章思考题：

1. 人力资源战略环境分析的主要内容和步骤是什么？
2. 人力资源战略环境分析的原则是什么？
3. 什么是 PEST 宏观环境分析法？
4. 什么是 SWOT 分析法？
5. 波特的竞争五因素分析法的含义是什么？
6. 实施人力资源战略有什么意义？
7. 企业文化的功能有哪些？
8. 为什么说当组织沿着生命周期的不同阶段演化时，组织就必须进行管理改革，而人力资源管理活动将成为组织变革成败的关键？

第四章 企业战略管理

引导案例

拿发展战略来指点江山

——中国铁路通信信号上海工程公司发展实录

近年来，伴随我国社会主义市场经济的飞速发展，竞争也更加激烈，联系到国有施工企业，在激烈的市场竞争中，如何提升企业核心竞争力，实现公司协调、健康、可持续发展？中国铁路通信信号上海工程公司经过自身的实践和大胆探索，找到了一条适合自己的发展道路。

有眼光——明确企业发展战略

近几年，公司的领导班子在发展过程中认识到，要想取得全面、协调、可持续发展，必须高度重视企业发展战略的研究，抓住重要战略机遇期，结合企业和行业的发展现状，充分发挥自身优势，从国际国内经济发展的大格局中找准企业的战略定位，用科学的企业战略指导企业发展。通过科学认证，反复研究，公司从诸多矛盾和问题中确立了"立足现有企业资质，向'专、精、特、优'专业化公司及高科技方向发展，做大做强，成为通信信息网络系统集成商和通信工程施工总承包商"的战略定位。并制定了较为清晰的发展战略：实现经营管理区域化，提升主业业务，力争成为通信信息网络系统集成商和通信工程施工总承包商；拓展相关领域，形成兼营主业产业链相关产品的格局，建立新的发展板块；形成主业突出、系统配套和项目管理能力较强的公司，不断增强核心竞争力，把公司办成整体素质高，应变能力强，经济效益好，发展速度快的现代企业。围绕着实现发展战略目标，公司不断深化改革，强化管理，创新管理体制和机制，提高企业经营管理水平，保持了公司营业收入的稳步提高，推动企业经济效益持续增长。2005 年，公司共完成营业收入 3.76 亿元，实现利润总额 2 132 万元，净利润 1 335 万元，分别比 2004 年增长了 21.2%、11.24%、0.64%，净资产收益率 14.3%，实现国有资产保值增值 115.98%，完成了集团公司的经营责任目标和公司年初确定的预算目标，实现了经济效益的持续增长。公司第十次被评为上海市建筑业50强，连续三年荣获上海市文明单位称号，并被授予全国“重信用守合同”企业、全国用户满意企业；由公司承揽建设的明珠线通信系统工程还被评为“全国用户满意工程”。

有举措——创新管理体制和机制

面对激烈的市场竞争，公司坚持以市场为导向，以深化改革为动力，创新管理体制和机制，构筑科学的管理体系，向管理要效益。

早在1996年，公司就在中国铁路通信信号集团工程系统率先通过了ISO9002(1994质量管理体系认证)，2002年又通过了ISO9001(2000质量管理体系认证)。2005年，公司又自我加压，导入先进的管理模式，分别通过了ISO4001(2004环境、GB/T28001—2001职业健康安全管理体系认证)，进一步提高了公司的综合管理水平。

从1997年开始，公司本着建立企业良好运行机制和体制、推动企业良好持续发展的原则，从施工管理体制、劳动人事分配制度、市场经营体制等方面入手，对企业改革进行了积极和有意义的探索，逐步建立起适应现代企业发展要求的运行机制，增强了企业活力，推进了企业的持续发展。

在“三项制度”改革中，坚持以人为本，对劳动、人事和分配等体制和机制以及公司管理机构的设置进行了改革和调整，管理部门由1996年的30个减少至目前的13个，机关人员也由237人减少至现在的86人；通过绩效考核制和薪点工资制，初步形成了能上能下、能进能出的用人机制；职工的思想观念发生了较为深刻的变化，工作作风不断转变，工作效率和管理水平逐渐提高，为公司的更快发展和进行更深层次的改革打下了坚实基础。

2005年，公司将19个区域项目部合并组建11个分公司，成立了系统集成部和海外事业部，对公司的组织机构进行了资源整合、管理优化、流程再造，把企业的组织形式由静止的固化模式变为随需而变、应需而动的动态模式，通过调整，不断适应市场和企业发展的需要，为公司整体改制奠定了坚实的基础。

2006年，公司又抓住国家对国有企业进行战略调整的机遇，加大企业改制工作力度，加快建立现代企业制度的步伐，通过重组改制，引入先进的管理理念，建立规范的法人治理结构、有效的经营机制，最终发展为技术领先、内控严密、运行安全、服务和效益良好、具有国际竞争力的现代企业。

有侧重——科技兴企，以人为本

公司坚持科技兴企战略，加快科技进步，增强公司的技术储备，在体制创新、管理创新的同时，着重技术创新，培育、提升企业的核心竞争力，从而为结构调整提供有力的支撑，为企业发展提供强大的动力。2005年公司成立了系统集成部和由公司所属的苏州光电缆工艺研究所、上海设计所、电信测试中心等组成的技术中心，确定技术攻关方向，搭建起技术发展平台，有效组织系统集成及科技项目的研究、开发和实施，培养专业技术人才，不断增强公司的整体技术实力，充分发挥公司核心技术优势，推动企业持续发展。

公司倡导以人文本，实施“人才强企”战略，构筑人才高地，把培养人的全面发展与企业需要结合起来，把对人才的物质激励、精神激励、事业激励结合起来，用发展的成果激励人才；不断完善选人机制，强化留人机制，培养和建设了一支高素质的工程设计、研发、项目管理、系统集成、施工和服务保障队伍；对专业领域中技术、管理和施工工艺有比较丰富经验的员工队伍重点培养和培训，为公司发展积聚后劲和活力。

在公司近600名员工中，平均年龄仅35岁，具有各类技术职称人员401人。其中高级职称47人，中级职称121人；国家一级项目经理资质22人，国家二级项目经理资质8人。

在激烈的市场竞争中，企业的创新应是无止境的，时刻保有危机意识，不断自我更新和完善，不断突破和超越，公司才能在市场中永立不败之地。

（案例来源：朱洪忠，中国经济导报，2006年5月25日）

案例讨论题：

1. 结合本案例，说明战略对企业发展的重要意义。
2. 结合本案例，思考战略管理的构成要素和战略管理的层次体系。
3. 中国铁路通信信号上海工程公司的定位如何？
4. 如何提升国有企业的核心竞争力？

第一节　企业战略管理

一、战略管理的含义

战略管理是企业经营管理实践的产物，主要是通过对企业全局和发展方向的指导和谋划，帮助企业在复杂多变的经营环境中求得长期生存和发展。特别是21世纪以来，企业的外部环境和内部运行方式都在不断地发生着剧烈的变化，企业间的竞争也面临着更为复杂的态势，因而，战略管理这一管理科学中十分年轻的分支学科，正日益受到企业界和学术界的关注和重视。

俗话说：“商场如战场”，鉴于市场经济激烈的竞争环境，为兼顾长、短期利益，促进企业长远发展，受美国经济学家安索夫《企业战略论》一书的影响，“战略”一词便开始广泛应用于经济管理中,并由此延伸至社会、教育、科技等各个领域。

在西方经济学中,"战略"有很多种定义,一些学者认为:战略是设立企业长远目标,制定经营方针及资源分配等的经营决策;另一些学者认为:战略是对企业长远目标、经营方针、所需资源分配的规划;还有的学者认为:战略是针对产品与市场有效组合,实现经营环境、战略方向、管理组织相协调的策略。战略管理大师迈克尔·波特认为,战略的本质是抉择、权衡和各适其位。

针对"战略",我国学者也提出了各自不同的见解:战略是确定企业长远发展目标,并指出实现长远目标的策略和途径;战略是企业面对激烈变化、严峻挑战的环境,为求得长期生存和不断发展而进行的总体性谋划;战略是指根据市场现状及远景预测,结合自身资源基础,规划的企业发展轨迹和确立的企业奋斗目标。

将"战略"这一概念运用于企业经营管理则是企业受到其外部环境的变化和企业之间激烈竞争以及企业内部环境之变化的结果。需求结构、技术革命、产业结构调整等一系列外部环境的变化,以及企业之间对市场、消费者、各种资源的争夺和竞争,企业内部人力资源的素质水平、技能水准、管理水平、年龄层次等等,都直接或间接威胁到企业现在及未来的生存与发展,从而导致企业必须作出反应,即对其长远生存和发展作出全局性谋划,以此建立企业的长期的竞争优势。但无论给"战略"赋予何种定义,其本质都脱离不了:经营环境分析、未来发展预测、远景目标设定、勾勒远景目标轨迹和制定战略策略等要素。

美国哈佛大学教授安德鲁斯(Ken Andrews)于 1965 年曾经下过这样一个定义:"企业战略就是用一系列主要的方针、计划来实现企业的目的,企业现在在做什么业务,想做什么业务;现在是一个什么样的公司,想成为一个什么样的公司。"安德鲁斯的战略定义从本质上讲,是要通过一种决策模式,重点解决好企业的目的、方针、政策和经营活动的开展,并把它们与企业有限的资源进行有机的结合,使企业形成自己的独特的战略属性和竞争优势,将不确定的环境具体化。这一概念的根本思想就是"管理即为决策",因此,安德鲁斯的定义主要是提出了企业战略管理的基本性质。

企业的主体目标就是实现组织及其环境的最优组合。明确的战略意图将导致战略决策的长期一致性和关键创新资源(技术与市场)成长的长期一致性。战略是创造价值的艺术,它为企业提供战略思想框架,从而使企业能够辨认创新机会、把价值传递至消费者手中并从中获利。战略是对未来的全局的发展规划和构架,但不是与今日现实无关紧要的空幻与梦想;它是在现实的基础上对未来发展的构建规划。战略和现实息息相关,是现实与长远的纽带。战略是全局的,但由局部构成;战略不同于战术,战略是从现实到未来规划的粗线条的构建;既有弹性(指根据发展的实际的可修改性),又有刚性(指正确的战略目标的坚定不移)。战略虽然不像战术那样细致，但同样具有可实施性、可操作性。在可操作性上，战略给出的是操作的原则与方针，路线与方向性。盖瑞・哈默尔(Gary Hamel)在《竞争大未来》中这样写道："战略架构基本上是高层次的蓝图，用以运用新功能，转移旧专长，取得新专长，及重新调整与顾客的关系。战略架构不是详尽的计划，它只列出必须建立的主要专长，但并不实际说明任何建立专长的进一步细节。战略架构是一个广泛的'把握商机'计划，它所要回答的问题，不是如何尽可能扩大现有市场的占有率或营收，而是今日应采取哪些取得专长的行动，以便在逐渐显现的未来商机中，收获更大的利润。"

20世纪80年代以后，加拿大麦吉尔大学管理学教授明茨伯格(H. Mintzberg)研究表明，企业在生产经营活动中，人们在不同的场合以不同的方式赋予企业战略不同的内涵，这说明人们可以根据需要接受各种不同的战略定义。只不过在具体使用战略定义时，人们只引用一个罢了。于是他提出了一个相当著名的企业战略的5P模型。所谓5P模型，也就是说如果从企业未来发展角度来看，战略表现为一种计划(Plan)；而从企业过去的发展历程的角度来看，战略则表现为一种行为模式(Pattern)；如果从产业层次来看，战略表现为一种定位(Position)；而从企业层次来看，战略就表现为一种期望(Perspective)；此外，战略在市场竞争中也可以表现为企业的一种计策(Floy)。

具体而言，战略管理的5P模型就是：

企业战略是一种计划(Plan)。企业战略的核心问题是解决一个企业如何从现在的位置到达将来理想的位置，并提出解决这个问题的方向、指导或途径。企业战略的制定是一种计划活动，需要运用定性和定量的方法分析宏观环境、行业结构、竞争对手和企业内部的资源、能力和核心专长等等，需要运用各种模型形成各种可能的战略选择，需要运用多学科方法选择最佳的战略。企业往往会用一个成文的战略计划书表达自身的战略。

企业战略是一种模式(Pattern)。企业战略作为一种行为模式，包括企业的价值选择、承诺等，与企业文化和企业家的价值观有很大关系。在制定企业战略的过程中，必须了解企业发展的历史，因为企业的行为模式是在历史中形成的。在选择企业战略时应充分考虑和尊重企业原有的行为模式，因为它会在很大程度上决定企业未来的战略选择和战略实施的有效性。一个企业行为模式的改变，往往有很大的难度，须付出极大的心血和精力。企业战略作为一种行为模式的重要性还在于它解释了为什么它是可以实现的。在现实中，往往是最合适的战略才为企业所接受，才能最大限度地推动企业的发展。当然，强调战略与企业现有行为模式的匹配并不意味着一味地因循守旧而一成不变。

企业战略是一种定位(Position)。外部环境，尤其是行业竞争结构，对企业行为和绩效的影响是非常之大的。如果制定战略的目的是获得高于行业平均水平的收益和不断创造新优势，那么定位就比要达到什么具体的指标更为重要。例如，企业可以定位为行业内品质最好的厂商，可以定位为行业内成本最低的厂商，可以定位为在某个产品品种或某个区域市场上最优秀的厂商，也可以定位为行业内提供产品种类最为齐全的厂商，当然，还可以有其他更多的选择。企业战略最主要的内容就是确定自己的定位和达到定位所需的各种有效措施。

企业战略是对未来的一种期望(Perspective)。如果说企业战略作为定位是从行业分析的角度为自己寻找一个有利位置的话，那么战略作为一种对未来的预期或期望是从企业内部和企业战略管理者的内心出发，为企业提出根本的宗旨。例如企业可以把"成为行业内最有影响力的企业"作为一种对未来的期望。

企业战略是一种计策(Ploy)。企业战略作为一种计策，具有悠久的历史，并被广泛的使用。在行业性竞争战略中，企业的竞争战略往往有很强的针对性，而竞争战略也是根据竞争对手的预期反应制定的；战略目的的实现不一定全部要依靠行动，因为有时候误导和恐吓也可以达到相同的目的。在动态竞争趋势越来越明显的情况下，战略作为策略计谋的重要性同样越来越清晰。强调战略是一种计策，目的是提醒企业管理者注意战略的针对性、互动性和策略性。诸葛亮的空城计就是把战略作为计策的一个典型案例。

企业由人组成，企业生存于人的社会中，同时也存在于自然环境中，企业的活动涉及自然与社会的方方面面，受到来自于人与自然的方方面面的影响和制约。企业为了生存和发展下去，需要与自然与社会的多方面的协调。因此，企业常常针对不同角度而制订各种长远计划与规划即战略。五花八门的战略名词在企业的经营管理活动中经常为人们所提及。如公司战略、事业战略、市场战略、技术战略、竞争战略、全球化战略等等。每一方面都可以从长远考虑而制订战略计划。

作为整个企业战略的一个重要部分，人力资源战略问题是实施企业战略的核心问题。人力资源战略是指根据企业的战略规划，通过对企业未来的人力资源的需求和供给情况的充分预测，采取职务编制、员工招聘、测试选拔、培训开发、薪酬设计以及未来预算等人力资源管理手段，使企业人力资源战略整合于企业战略。

二、企业战略的含义

一直以来，管理学界对企业战略的看法和理解并不一致。主要有以下几种说法。如阿尔弗雷德·钱德勒在 1962 年提出企业战略由三部分构成：企业的长远目标、实现目标的行动方案和资源分配。伊戈尔·安索夫 1965 年认为，企业战略是由产品市场范围、成长方向、竞争优势和协同效应四要素组成。詹姆斯·奎因在 1980 年指出，企业战略是一种计划，用以整合组织的主要目标、政策和活动次序。迈克尔·波特教授在《哈佛商业评论》1996 年 11～12 月号上发表的长篇论文《战略是什么》中特别指出，要保持持久的竞争优势，必须回到战略定位上来，创造独特而有价值的竞争地位，创造与众不同的企业活动，创造战略性的活动组合。尽管对企业战略的界定还没有一个确切的定义，但从众多学者的研究中我们可以得出，企业战略是企业管理层所制定的"策略规划"，是以企业未来为出发点，其目的是为企业寻求和维持持久竞争优势而作出的有关全局的重大筹划和谋略，是企业为自己确定的长远发展目标和任务以及为实现这一目标而制定的行为路线、方针政策和方法。正如乔伊尔·罗斯和迈克尔·加米所说："没有战略的组织就好像没有舵的船，会在原地打转。"①

我们以为，企业战略是企业根据其外部环境和自身条件，对企业发展目标的实现途径和手段的总体性深远规划及其实施。企业战略包含两方面的含义，一方面是外部环境变化产生了问题；另一方面是有关内部组织与管理的问题。一个新的战略目的就是探寻到外部环境和企业内部资源的最佳结合点。企业的计划、组织、指挥、协调、控制等手段，通过企业战略、业务战略、职能战略这一层层递进的战略结构，在战略、战术和结果之间建立起一条严谨的因果关系链，使其既服务于企业战略，又服从于企业战略。这一严谨的因果关系链也是我们在制定战略时，为资源的配置起到了整合的作用。

对企业战略的概念的界定，长期以来已有几十种之多，且企业理论在发展过程中出现了众多的理论流派，从不同的方面对企业战略的概念进行描述。具体有：

（一）结构学派

结构学派将战略形成看成一个变革的过程，这一学派有两个主要方面，一方面把组织和组织周围环境的状态描述为结构，另一方面把战略形成过程描述为转变。1962 年，钱德勒（Chandler）在其所著的《战略与结构》一书中指出，企业的经营战略要适应环境的变化，企业的组织结构形成必须随企业的战略需求的变化而改变。根据这一观点，结构学派的代表人——哈佛大学商学院的安德鲁斯在 1965 年编写哈佛教科书时，提出了战略的四种构成要素，充分考虑了企业的内外部环境对制定战略的影响，这就是著名的 SWOT 分析法。而结构学派的代表人物首推美国著名战略管理学家、哈佛大学商学院教授迈克尔·波特，他的新型企业竞争战略理论是对多年来相关研究成果的厚积薄发。

结构学派认为战略制定是领导者有意识的但非正式的构想过程，并建立了知名的"SWOT"战略形成模型。这一模型也是结构学派的基础。该模型表明，形成

① 方振邦《战略与战略性绩效管理》，经济科学出版社 2005 年版，第 16 页。

战略最重要的因素是对外部因素和组织因素进行匹配。正如安德鲁斯所指出的那样,“战略是对公司的实力和机会的匹配。这种匹配将一个公司定位于它所处的环境之中”。因此,该模型考虑了企业面临的威胁与机会(外部评价)和企业本身的优势与劣势因素(内部评价)。

这一模型也反映了该学派的主张:

(1) 战略形成应当是一个受到控制的有意识的思想过程。因此,企业组织既不能靠直觉发展战略,也不能以自然形成的方式实现。相反,企业组织应当经过尽可能仔细慎重的考虑才能形成战略。

(2) 主要的领导人应当承担整个战略形成过程的责任。他不承担具体战略计划的制定工作,但他应当是整个战略计划的设计者。

(3) 制定战略时,必须经过充分的设计。在勾画和选择了某种特别的战略,即完成“决策”过程之后,制定过程也就告以结束。

(4) 战略应该是清晰的、易于理解和传达的。正如通用电气公司的一名计划人员所说的那样,“一个好的战略应当能用两页纸说清楚。否则,就不是一个好战略”。因此,战略必须简明扼要。只有这样才能对其进行争议或检验,使其不断得到改进。同样,战略的形成模型也应当是简单的。

结构学派对于战略管理理论的发展做出了很大贡献,尤其是 SWOT 模型的建立充分体现了组织内外部关系对制定战略的重要性。但是,结构学派将战略管理静态地划分为两个阶段,从而割裂了战略形成和实施间的动态联系,只能是对管理现实的初步反映。

(二) 计划学派

计划学派与结构学派的出现时间大体相近,其最早的代表著作当属安索夫 1965 年出版的《企业战略》。安索夫提出,战略应当包括四个构成要素:

(1) 产品与市场范围,即确定企业在所处行业中的产品与市场的地位。

(2) 增长向量,企业经营的方向和趋势。

(3) 协同效果,即“大于由公司各部分资源独立创造的总和的联合资源回报效果”。在各业务间存在资源、技术、管理和价值链活动的各环节间的匹配关系时,可以实现各因素的联合、共享和节约,产生 2+2>4 的效果。

(4) 竞争优势,是指企业及其产品和市场所具备的不同于竞争对手的能够为企业奠定牢固竞争地位的特殊因素。这不仅发展了战略理论,而且对当时西方企业的管理活动以至现在的企业管理都起到了很重要的指导作用。从战略要素的内容可以看出,结构学派和计划学派都将市场环境、定位和内部资源能力视为战略的出发点,并且这两个学派对于战略形成的看法也是很相似的。

与结构学派不同,计划学派认为:

(1) 战略的形成应当是一个受到控制的、有意识的、详细具体地正规化的过程。该过程可以分解成几个主要的步骤,每个步骤要考虑大量的因素和各种技巧。

(2) 原则上是由主要领导人承担整个过程的责任。在实践中,则由计划人员承担实施的责任。

(3) 需要详尽清楚地阐明这一过程形成的战略,以便具体地落实目标、预算程序和各种运作计划,并加以实施。

在此观念指导下,计划学派在最大程度上追求战略决策过程的正规化,条理化。相对于结构学派那种松散的战略形成框架,计划学派则列出了一系列精心设计的步骤和必须考虑的因素。安索夫最早描绘的战略计划模型使用了57个小方块和大量的箭头及图解详细地描述了战略决策的过程,充分地体现了这一点。在以后的十年中,计划学派的理论得到广泛的推广。在斯坦纳(Steiner)、艾考夫(Ackoff)等人的推动下,该理论进一步与实践相结合,产生了如经验曲线、增长——份额矩阵、市场份额与获利能力的联系(PIMS)等概念和研究方法,大大丰富了战略管理理论。

(三) 能力学派

能力学派的出现源于波特竞争战略理论的局限性。按照竞争战略的完整概念,占领应是一个"能够做的"和"可能做的"之间的有机结合。所谓能力学派,就是指强调以企业生产、经营行为和过程中的特有能力为出发点,制定和实施企业竞争战略的理论思想。

能力学派主要有两种代表性观点:

(1) 核心能力观:代表人物是哈默尔、普拉哈拉德。所谓核心能力观是指蕴含于一个企业生产、经营环节之中的具有明显优势的个体技术和生产技能的结合体。

(2) 整体能力观:代表人物是斯多克、伊万斯、舒尔曼。所谓整体能力观主要表现为组织成员的集体技能和知识以及员工相互交往方式的组织程序。

1990年,普拉哈拉德和哈默尔在《哈佛商业评论》上发表了《企业核心能力》一文。之后,越来越多的研究人员开始投入企业核心能力理论的研究。所谓核心能力,就是企业的所有能力中最核心、最根本的部分,它可以通过向外辐射,作用于其他各种能力,影响着其他能力的发挥和效果。一般来说,核心能力具有以下三个特征:(1) 核心能力可以使企业进入相关市场参与竞争;(2) 核心能力能够使企业具有一定程度的竞争优势;(3) 核心能力应当不会轻易地被竞争对手所模仿。

作为竞争优势的源泉,核心能力可以外生出许多以其为中心的技术、产品和行业,从而可以为企业提供进入和退出多个市场的潜在途径,使其可以在更多的市场中获得强有力的竞争地位。例如,本田公司在引擎和牵引动力系统方面的核心能力就使该公司在轿车、摩托车、割草机和发动机行业中也具有特别的优势。核心能力实际上是企业在特定经营中的竞争力和企业的多方面技能、互补性资产和组织运作机制的有机融合。企业的核心能力不同,产生战略的基础就不同,也就会产生不同的竞争战略。企业选择战略的原则应当有利于最大限度地培养和发展核心能力。

(四)定位学派

该学派是以哈佛大学商学院的迈克尔·波特教授为代表的一个学派。波特深受以美国的梅森(Mason)和贝恩(Bain)为代表的产业结构学派的影响,1980年,他提出,企业在考虑竞争战略时必须将企业与所处的环境相联系,而行业是企业经营的最直接的环境;每个行业的结构又决定了企业的竞争范围,从而决定了企业的潜在的利润水平。在这种思路下,企业战略的核心是获取竞争优势,而获取竞争优势的因素有两个:一是企业所处行业的盈利能力,即行业的吸引力;二是在行业内的相对竞争地位。因此,企业要获得竞争优势就必须选定有吸引力的行业。这就是说,战略管理的一项首要任务就是选择有潜在高利润的行业。围绕这一命题,该学派采用了各种方法和技巧,分析企业所处行业的状况。其中,最著名的方法是波特行业五种竞争力模型。这一模型说明行业的盈利能力主要取决于供应商、购买者、当前的竞争对手、替代产品及行业的潜在进入者五种因素。企业需要考虑的第二个战略任务就是如何在已选定的行业中进行自我定位。企业的定位决定了其盈利能力是高于还是低于行业的平均水平。在行业不理想、平均盈利能力低的情况下,定位适当的企业仍然可以获得较高的盈利。此时,企业可以结合具体形势,选择适当的战略,以增强或削弱其在行业内的竞争地位。低成本、差异化和集中等三种战略则为最常用的战略。波特教授在其20世纪80年代出版的两本著作《竞争战略》和《竞争优势》中详尽地阐述了这种战略过程。

相对于战略的制定过程,该学派更集中于对战略内容(差异化,集中,低成本等)的研究上。它在战略形成方面的意义在于,在制定战略时给出了分析的一种优先顺序,使企业可以在行业的范围内系统考察所面临的机会和威胁,合理选择适用的战略。此外,定位学派将战略分析的重点第一次由企业转向行业,强调了外部环境的重要性,并且为战略的选择过程提供了诸如公司地位、行业吸引力矩阵、价值链分析等极为有用的分析技巧,有效地指导了企业的实际经营活动。

(五)资源学派

资源学派将战略看成是发掘资源优势的过程。早在1937年,科斯(Coase)就提出,“通过形成一个组织并运用某些权力指导资源的运用,就可以节省某些市场成本”,这是对企业资源最早的认识。20世纪80年代,库尔(Cool)和申德尔

(Schendel)通过对制药业若干个企业的研究,进一步确定了企业的特殊能力是造成它们业绩差异的重要原因。1990年,普拉哈拉德(Prahald)和哈默尔(Hamel)在对世界上优秀公司的经验进行研究的基础上提出,竞争优势的真正源泉在于“管理层将公司范围内的技术和生产技能合并为使各业务可以迅速适应变化机会的能力”。20世纪90年代,随着越来越多的企业因发展核心竞争能力而获得效益,资源学派也日益受到人们的关注。该学派认为,每个组织都是独特的资源和能力的结合体,这一结合体形成了战略的基础,因而强调资源问题的重要性,是资源学派的理论出发点和基础。另外,该学派假定各个公司的资源和能力是各不相同的,同一行业中的公司不一定拥有相同的战略资源和能力。这样,资源差异性和公司利用这些资源的独特方式就成为公司竞争优势的来源。因此,战略管理的主要因素是培植企业对自身拥有的战略资源的独特的运用能力,即核心能力。

核心能力的形成需要企业不断地积累战略制定所需的各种资源,需要企业不断学习、不断创新、不断超越。只有在核心能力达到一定水平后,企业才能通过一系列组合和整合,形成自己独特的、不易被人模仿、替代和占有的战略资源,才能获得和保持持续的竞争优势。

西方发达国家的企业以及学者专家之所以对企业战略抱有如此高的重视程度,主要有以下三个方面的原因:

第一,需求结构发生变化。特别是二战以后,随着世界经济的逐渐复苏和增长,工业生产迅速发展,基本消费品的需求已经达到饱和,社会已从对生活资料的数量需求转向对生活资料的质量需求,需求结构发生了巨大变化。

第二,科学技术的迅速发展。由于科技进步的速度加快和产品更新换代的周期缩短,一方面导致许多行业成为“夕阳”产业,另一方面又催生了一些以技术为特长的“朝阳”产业的诞生。由此使新老企业之间的竞争开始出现。

第三,全球化竞争日益激烈。自从20世纪60年代开始,由于全球资源短缺、各国国内市场日益狭小,制约着其国内经济发展,西方国家的许多企业开始向外迅速扩展其经营空间。它们不仅在他国采购原材料、销售其产品,甚至在他国直接办企业。这种经营的国际化不仅导致了竞争的国际化,而且也使所在国的企业在国内市场的地位受到前所未有的威胁和挑战。再加上70年代的石油危机,从而使一些发达国家的企业争夺国外资源、国外市场的竞争越演越烈,从20世纪80～90年代开始,全球化竞争的时代已经到来。

三、企业战略的特征

企业战略是企业最高管理层根据企业的宗旨与企业内外部环境的分析,确定企业的总目标和发展方向,组织企业的人、财、物等各种资源,从而实现企业总目标的谋划。尽管长期以来专家学者对战略的认识存在很多分歧,但对企业战略的特征的认识却是基本一致。企业战略的特征主要有以下基本特征:

(一)企业战略具有全局性

企业战略管理就是"做什么才能指导企业经营全局,使企业得以生存和发展",因此,企业战略管理是以企业全局的发展规律为研究对象,它是指导整个企业一切活动的总谋划。它与生产、营销、财务等具体职能管理的显著区别就在于它具有全局性。它所要解决的是如何把企业的各个职能部门组合起来,协调运作,以达到企业的整体最优化。就像美国战略管理学家戴维在《战略管理》一书中指出的那样:战略管理致力于对市场营销、财务会计、生产作业、研究与开发以及计算机信息系统进行综合管理,以实现企业的成功。

进一步讲,企业战略的全局性不仅表现在企业自身的全局上,而且表现在企业经营战略要与国家的经济、技术、社会发展战略等相协调,与整个世界的经济、技术发展相适应,否则,战略管理就难以取得成功,企业的目标也难以实现。

(二)企业战略具有长远性

战略管理从时间上来说具有长远性。战略管理中的战略决策是对企业未来较长时间(5 年以上),就企业如何生存和发展等问题进行统筹规划。虽然这种决策是以企业当前外部环境和内部条件为出发点,并对企业当前的生产经营活动有指导、约束作用,但这一切从根本上来讲都是着眼于未来,是企业长期发展的起点和过程。从这一点上来说,战略管理主要是面向未来的管理,战略决策要以经理人员所期望或预测将要发生的情况为基础。

(三)企业战略具有系统性

任何企业都是一个系统,由数量不一的子系统组成,就大型企业而言,其系统则更为庞大复杂,因而战略管理一定要与企业的实际架构相适应。如大型企业,战略管理至少要分成三个层次:公司级战略;事业部级战略;职能级战略。

(四)企业战略具有竞争性

制定企业经营战略的目的,就是要在激烈的市场竞争中提升自己的实力,使本企业在竞争中占据相对优势的地位。因此企业的战略管理就是针对来自环境及竞争对手等各方面的压力和挑战,为迎接这些压力和挑战而制定的长期行动方案。它与那些不考虑竞争、挑战而单纯以改善企业现状、增加经济效益、提高管理水平为目的的行动有很大的差异。只有当目前的工作与强化企业竞争优势和实现未来发展目标直接相关时，才能构成战略管理的内容。企业战略就是在激烈的竞争与严峻的挑战中形成的，因此企业必须使自己的战略具有竞争性特征，以保证在与对手的交锋中，不断增强自己的生存和发展能力。

企业战略管理的核心体现就是要通过战略管理使企业获得竞争优势，因为，没有获得竞争优势的战略管理肯定难以保证企业的长久生存和持续发展。

（五）企业战略具有相对稳定性

战略必须在一定时间内具有稳定性，才能在企业经营实践中具有指导意义，如果朝令夕改，就会使企业经营发生混乱，从而给企业带来损失。当然企业经营实践又是一个动态过程，指导企业经营实践的战略也应该是动态的，以适应外部环境的多变性，因而企业战略应具有相对稳定性的特征。

（六）企业战略具有风险性

企业的战略管理过程无疑存在一定的风险性。其风险来源于三大方面：一是企业根据自己的历史和当前的状态所作出的判断和决策的正确与否；二是企业在未来战略管理期间所面对的环境变化产生的不确定因素的多少和影响程度的大小；三是企业面对环境变化其自身适应能力的强弱。这三方面的因素直接关系到企业战略管理的成功概率的大小，即风险性的大小。因此，企业战略实施的结果与其预期目标之间可能存在的各种差异就是风险。

（七）企业战略具有社会性

战略管理的社会性表明了企业社会责任的重要性，因为，积极地履行社会责任有利于企业实现长期利益最大化，企业未来的战略目标是要在产品市场中实现的。市场的形成、存在、巩固和发展是与消费群体的存在和壮大相关联的，而企业的社会性目标就是企业通过履行自己的社会责任，树立良好的社会形象，从而更好地吸引消费者，巩固和提高自己的市场地位。

综上所述，企业的战略管理有三个关键点应该加以重视：

1. 企业战略管理属于高层管理范畴

企业的战略管理主要是对企业未来的整体经营活动实行战略性的管理，是一种关系企业长远生存与发展的管理，而不是企业的日常管理，也不是企业的各项职能管理，尽管企业的战略管理可能会对前两者提出相应的规范和要求。因此，企业战略管理必须由企业的高层领导制定才能有所保证，必须由企业的高层领导推动方能顺利进行。有些企业设立了战略委员会来保证管理的实施，企业高层直接加入战略委员会，还邀请企业外相关人士及重要职能部门负责人或重要业务单位负责人参与其中，这既保证了战略制定的科学性和前瞻性，又保证了战略实施的适应性和可行性。

2. 企业战略管理要求整体管理

战略管理不单纯是制定企业进攻、防守、成长、紧缩或撤退等策略，也不单纯是市场营销、研究开发、财务、生产、人力资源等职能战略。企业战略管理是一项涉及企业所有部门以及所有相关因素的管理活动，追求企业整体功能和效率的发挥，这就从另一侧面说明了企业战略管理要加强职能部门和业务单位之间的联系，因为职能战略或业务单位战略很容易做到自封性，但对于整个企业而言，要更强调整体性，这种整体性更多体现在职能部门和业务单位之间的协同作用。

3. 企业战略管理需要动态应对

企业战略管理的目标是使企业内部因素与外部环境因素相适应，从而实现企业的目标。企业的外部环境因素是不断发生变化的，所以企业的战略管理活动必须及时进行调整，很难想象用一种静态的战略管理活动来应对不确定性的环境变化。此外，企业战略管理活动自身可能具有的偏差也加大了企业战略管理的动态性。

四、企业战略的构成要素

一般来讲，企业战略管理的构成要素主要由以下四个方面组成。

（一）经营范围

经营范围是指企业从事生产经营活动的领域。按照渠道不同，企业的经营范围可以分为单一经营和多种经营；按照时间不同，可以分为现时经营范围即企业现时生产经营活动所包括的领域和未来经营范围即根据企业内外发展变化在战略中所确定的生产经营活动所包括的未来领域。有学者认为，一个企业的经营范围，应该以那些与企业最密切相关的环境为准，因此，对于大多数企业来说，他们应该根据自己所处的行业、自己的产品和市场来确定经营范围。

（二）资源配置

资源配置是指企业对所拥有的资源（如财力资源、物力资源、人力资源和技术资源）的配置水平和模式。资源配置是企业的一种特殊能力。在战略管理文献中，霍弗曾在 1973 年对企业面临的战略挑战和应对的问题进行了研究。研究发现，当企业面临重大的战略挑战时，大多数获得成功的企业会有三种反应：一、企业的经营范围和资源配置都发生了变化；二、仅仅是企业的资源配置模式发生了变化；三、仅仅是企业的经营范围发生了变化。而那些在重大战略挑战面前没有获得成功的企业，一般不会发生上述的反应。这就说明，当企业针对外部环境的变化考虑采取相应的战略行动时，一般都要对已有的资源配置模式进行或大或小的调整，以支持企业总体战略行动。

（三）竞争优势

竞争优势是指企业在竞争中高于竞争对手、关系经营全局成败的优越地位和强大实力，它具有战胜竞争对手的作用。20世纪60年代，西方国家的钢铁行业等逐渐变为夕阳产业，销售额和利润都在下降。同时，随着新技术的不断出现，产品更新换代加速，竞争问题在国际市场和国内市场上变得更为突出。在这种情况下，一些企业管理者和企业战略研究学者们，把注意力转向了企业的竞争行为，开始了对企业战略优势的研究。20世纪70年代末到80年代初，一些西方管理者得出这样的结论：竞争优势思想将成为战略管理的指导思想，会有越来越多的人把竞争优势的思想作为管理哲学来看待。

从战略角度看，企业竞争优势主要是由以下因素构成：(1) 企业具有的得天独厚的客观条件，包括对企业经营活动非常有利的自然条件和政策条件。(2) 实力雄厚的物质基础。一个企业若有雄厚的物质基础，就会使竞争对手无法与之抗衡。(3) 高超非凡的生产经营能力，包括技术开发能力、经营管理能力和公共关系能力等。它集中表现为企业开拓市场、占领市场并赢得市场的能力。(4) 出奇制胜的竞争行动，包括通过深入谋划、巧妙设计所产生的策略高明、手段强劲、时机恰当，使竞争对手始料未及、无法招架的各种竞争行动。①

（四）协同作用

协同作用是指两个以上事物有机地结合、协调，共同发挥作用，使效果大于各个事物分别作用的效果之和。具体落实到企业战略，就是指企业进行资源配置、确定经营范围和创建企业优势决策时，要追求匹配、协调、互利、互补，使企业总体资源的收益大于各部分资源收益之和，使企业全局效益大于企业各个局部效益之和。

五、企业战略的分类

在现实中，企业战略是一种动态发展的战略，它随着内外部环境的变化、目标

---

① 谭开明、魏世红主编《企业战略管理》，东北财经大学出版社2006年版，第9页。

使命等改变而不断发展变化。因此,学术界对企业战略的分类也各不相同。如表4-2所示。下面列举几种有代表性的观点:

(一)根据战略层次划分

1. 三层次说

持"三层次说"观点的代表人物是斯蒂芬·P·罗宾斯和赫发·苏恩得尔。他们将企业战略分成三个层次即公司战略、经营单位战略和职能战略,这三种战略各自有不同的特征。如表4-1所示。

表4-1 三种战略基本特征①

	企业总体战略		经营单位战略	职能部门战略
企业目标	谋求企业生存,全面获得增长和利润		谋求在特定的产品和细分市场上获得增长和利润	谋求市场占有率、技术领先等
战略构成要素的重要性	大型联合企业	生产相关产品的多种经营企业		
经营范围	√√√	√√√	√√	√
资源配置	√	√√	√√√	√√√
竞争优势	√	√√	√√√	√√
协同作用		√	√√	√√√
战略构成要素的特征 经营范围	大型联合企业的投资组合与多种经营		产品和细分市场上的竞争与同心式多种经营	注重产品和市场开发,以及产品的形态和商标
资源配置	业务财务、组织与技术方面的能力		随着产品和市场寿命周期阶段而变化	不同的职能领域,产品的发展阶段以及整个竞争地位的发展变化
竞争优势	与行业相比		与特定的竞争对手相比	与特定的产品相比

① 符号含义:√√√表示非常重要;√√表示重要;√表示偶尔重要;空白表示不重要。张世君、刘荣英主编《企业战略管理》,武汉理工大学出版社2006年版,第10页。

续 表

	企业总体战略	经营单位战略	职能部门战略
协同作用	作用于各经营业务之间	作用于各职能领域之间	作用于职能领域之间
重大职能方针政策	多种经营方针 制造与购买方针 技术方针 财务预组织方针	制造系统设计 产品系统设计 市场开发设计 研究开发设计	定价方针 促销方针 生产进度方针 库存控制方针
资源配置问题	投资组合问题	产品和市场寿命周期问题	职能的综合与平衡问题

(1) 公司战略

公司战略是企业战略中最高层次的战略，是企业经营与发展的总体目标和方针政策，它追求的是企业的整体利益，又称企业总体战略。公司战略需要根据企业的目标，选择企业可以竞争的经营领域，合理配置企业经营所必需的资源，使各项业务相互支持、相互协调。公司战略具有如下特征：

从形式的性质来看，公司战略是关系到企业的整体发展和长期性的战略行为；

从参与战略形成的人员来看，公司战略的制定与推行人员主要是企业的高层管理人员；

从对组织发展的影响程度来看，企业战略与企业的组织形式有着密切的关系。当企业组织形式简单、经营业务和目标单一时，公司战略就是该项业务的战略。当企业的组织形式变得复杂，并且企业经营业务也多元化时，公司的总体战略也就相应的复杂起来。

(2) 经营单位战略

经营单位战略是事业部、产品层次或子公司的战略，又称业务战略或经营战略。它强调公司产品或服务在某个产业或事业部所处的细分市场中竞争地位的提高，主要包括竞争战略和合作战略。经营单位战略主要涉及如何在所选定的领域内与竞争对手展开有效的竞争，关心的主要问题是在它所从事的行业或某一特定市场中所提供的产品和服务的竞争地位。经营单位战略是在公司战略的制约下，指导和管理具体经营单位的计划和行动，为企业的整体目标服务，以有利于企业整体目标的实现，如远期赢利能力和市场增长速度等。

经营单位战略和公司战略的主要区别在于：

公司战略是有关企业全局发展的、整体性的、长期的战略计划，对整个企业的发展有着深远的影响；经营单位战略是有关企业中事业部或子公司的局部性战略问题，影响的是事业部或子公司的具体产品和市场。

公司战略形成的主要参与者是企业的高层管理者;而经营单位战略形成的参与者主要是具体各事业部或子公司的经理。

(3) 职能战略

职能战略是企业内主要职能部门的短期战略计划,又称职能层战略。职能战略是为了完成或配合上述两种战略时,而在企业特定职能部门设置的战略。通常为营销部门、研发部门、人力资源部门等具体职能领域所采用,它们通过最大化资源产出率来实现公司和事业部的战略和目标,有效地运用研究开发、营销、生产、财务、人力资源等方面的经营战略,提高组织的效率,最大限度地保证企业目标的实现。

职能战略与公司战略之间的区别主要有以下几个方面:

时间:公司战略是企业的一项长期的战略计划;职能战略是企业内主要职能部门的短期战略计划。

具体性:公司战略是为企业指出的战略方向,可以说是一项比较宏观的战略计划;职能战略是为负责完成年度目标的管理人员提供具体的指导,因此比公司战略更为具体。

职权与参与:公司战略是企业高层管理人员所负责制定的企业长期目标;而职能战略是职能部门的管理人员在总部的授权下,负责制定的年度目标和部门战略。

2. 四层次说

持“四层次说”观点的学者主要有美国战略管理专家亚瑟·汤姆森、A·J·斯迪克兰德。他们把战略分为四个层次:即整个公司和所有业务战略(公司战略)、公司多元化业务中各个业务领域内的战略(业务战略)、各个业务领域中各个具体职能单元的战略(职能战略)以及在基本的经营运作单位的一个更窄的战略(经营运作战略)。

(1) 公司战略实际上是一家业务多元化的公司整体上的策略规划,它包括公司为其所涉足的各个业务单元在各自不同的行业中确立相应的地位所采取的各种策略和行动,以及公司用以管理多元化业务相互关系及协调发展的策略和方法。

(2) 业务战略是指公司某一些业务的策略规划,它所要回答的核心问题是如何建立并加强公司在行业市场上的竞争地位,特别是长期竞争地位。一个公司的业务战略包括管理者为获得某一业务领域的成功而制定的各种经营策略和行动方案。在单业务公司,其业务战略实际上就是其公司战略。

(3) 职能战略是指管理者为对业务战略起关键作用的特定的职能活动、业务流程或业务领域内的重要部门所制定的策略规划。职能战略的首要任务是支持公司的业务战略和竞争策略,公司中每一个对业务战略起关键作用的业务活动和组织单元都应有一个职能战略:如市场营销、客户服务、产品研发、生产、财务、人力资源、信息系统、仓储物流等等。

(4) 经营运作战略是指就某项业务中的一线组织单元(如生产车间、地区销售中心、行业客户服务中心等)以及如何开展那些具有战略重要性的日常管理任务(如原材料采购、库存控制、广告投放、员工培训、客户管理等)所制定的策略规划。经营运作战略处于战略的底层,它所关注的也只是一些较窄范围的战略行动和经营策略,但它进一步细化了职能战略和业务战略,同时也为职能战略和业务战略的实施提供了保障。

(二) 根据公司整体方向划分

许多学者把一系列公司战略划分为四大战略:即增长型战略、稳定型战略、紧缩型战略和混合型战略。

1. 增长型战略

从企业发展的角度来看,任何成功的企业都应当经历长短不一增长型战略实施期,因为从本质上说只有增长型战略才能不断地扩大企业规模,使企业从竞争力弱小的小企业发展成为实力雄厚的大企业。增长型战略的核心就是企业发展。因此,那些能够实现企业规模扩大、经营领域扩张、产品品种增加、经营利润增加、经营网点增加的战略,都属于增长型战略。而成功的企业都会在特定的时期实施增长型战略,实现企业迅速发展,从小变大,由弱变强。

与其他类型的战略态势相比,增长型战略具有以下特征:

(1) 实施增长型战略的企业不一定比整个经济增长速度快,但它们往往比其产品所在的市场增长得快。市场占有率的增长可以说是衡量增长的一个重要指标,增长型战略的体现不仅应当有绝对市场份额的增加,更应有在市场总容量增长的基础上相对份额的增加。

(2) 实施增长型战略的企业往往取得大大超过社会平均利润率的利润水平。由于发展速度较快,这些企业更容易获得较好的规模经济效益,从而降低生产成本,获得超额的利润率。

(3) 采用增长型战略态势的企业倾向于采用非价格的手段同竞争对手抗衡。由于采用了增长型战略的企业不仅仅在开发市场上下功夫,而且在新产品开发、管理模式上都力求具有竞争优势,因而其赖以作为竞争优势的并不会是损伤自己的价格战,而一般来说总是以相对更为创新的产品和劳务以及管理上的高效率作为竞争手段。

(4) 增长型战略鼓励企业的发展立足于创新。这些企业常常开发新产品,新市场,新工艺和旧产品的新用途,以把握更多的发展机会,谋求更大的风险回报。

(5) 与简单的适应外部条件不同,采用增长型战略的企业倾向于通过创造以前本身并不存在的某物或对某物的需求来改变外部环境并使之适合自身。这种去引导或创造合适的环境是由其发展的特性决定的：要真正实现既定的发展目标，势必要有特定的合适的外部环境，被动适应环境显然不一定有帮助。

2. 稳定型战略

稳定型战略是指企业不改变其生产性质、主要产品和为社会提供的服务，在一定时期内企业也并不准备扩大生产规模的一种战略。其核心主要以提高企业现有生产条件下的经济效益为目的。按照稳定型战略，企业目前所遵循的经营方向及其正在从事经营的产品和面向的市场领域，企业在其经营领域内所达到的产销规模和市场地位都大致不变或以较小的幅度增长或减少。

稳定型战略的优点是风险小，失败的可能性也小，企业的内部经营机制得到完善，企业的产品结构、组织结构及其他各项工作合理化，可以提高企业对外界环境变化的应变能力及抗干扰能力；稳定型战略的缺点主要是长期采用此战略，企业发展缓慢，在稳定型战略实施中，企业领导者往往把眼光放在企业内部结构调整上，而对于企业外部环境的变化及提供的机遇容易忽略，在当今行业竞争剧烈的市场中也容易被竞争者击败。

由于稳定型战略从本质上追求的是在过去经营状况基础上的稳定，它具有如下特征：

(1) 企业对过去的经营业绩表示满意，决定追求既定的或与过去相似的经营目标。比如说，企业过去的经营目标是在行业竞争中处于市场领先者的地位，稳定型战略意味着在今后的一段时期里依然以这一目标作为企业的经营目标。

(2) 企业战略规划期内所追求的绩效按大体的比例递增。与增长性战略不同，这里的增长是一种常规意义上的增长，而非大规模的和非常迅猛的发展。例如，稳定型增长可以指在市场占有率保持不变的情况下，随着总的市场容量的增长，实现企业销售额的增长，而这种情况则并不能算典型的增长战略。实行稳定型战略的企业，总是在市场占有率、产销规模或总体利润水平上保持现状或略有增加，从而稳定和巩固企业现有竞争地位。

(3) 企业准备以过去相同的或基本相同的产品或劳务服务于社会，这意味着企业在产品的创新上较少。

从以上特征可以看出，稳定型战略主要依据于前期战略。它坚持前期战略对产品和市场领域的选择，它以前期战略所达到的目标作为本期希望达到的目标。因而，实行稳定型战略的前提条件是企业过去的战略是成功的。对于大多数企业来说，稳定型增长战略也许是最有效的战略。

3. 紧缩型战略

所谓紧缩型战略是指企业从目前的战略经营领域和基础水平收缩和撤退，且偏离起点战略较大的一种经营战略。与稳定型战略和增长型战略相比，紧缩型战略是一种消极的发展战略。一般，企业实施紧缩型战略只是短期的，其根本目的是使企业捱过风暴后转向其他的战略选择。有时，只有采取收缩和撤退的措施，才能抵御竞争对手的进攻，避开环境的威胁和迅速地实行自身资源的最优配置。可以说，紧缩型战略是一种以退为进的战略。其特征主要有以下几点：

(1) 对企业现有的产品和市场领域实行收缩、调整和撤退战略，比如放弃某些市场和某些产品线。因而从企业的规模来看是在缩小的，同时一些效益指标，比如利润率和市场占有率等，都会有较为明显的下降。

(2) 对企业资源的运用采取较为严格的控制和尽量削减各项费用支出，往往只投入最低限度的经营资源，因而紧缩型战略的实施过程往往会伴随着大量的裁员，一些奢侈品和大额资产的暂停购买等等。

(3) 紧缩型战略具有明显的短期性。与稳定和发展两种战略相比，紧缩型战略具有明显的过渡性，其根本目的并不在于长期节约开支，停止发展，而是为了今后发展积蓄力量。

4. 混合型战略

混合型战略是稳定型战略、增长型战略和紧缩型战略的组合，事实上，许多有一定规模的企业实行的并不只是一种战略，从长期来看是多种战略的组合使用。

从采用情况来看，一般是较大型的企业采用混合型战略较多，因为大型企业相对来说拥有较多的战略业务单位，这些业务单位很可能分布在完全不同的行业和产业群中，它们所面临的外界环境，所需要的资源条件完全不相同，因而若对所有的战略业务单位都采用统一的战略态势的话，就有可能导致由于战略与具体的战略业务单位不相一致而导致企业的总体效益受到伤害。所以，可以说混合型战略是大型企业在特定的历史阶段的必然选择。

从市场占有率等效益指标来看，混合型战略并不具有确定变化的方面，因为采用不同的战略态势的不同战略业务单位市场占有率的变化方向和大小并不一致。所以，从企业整体市场占有率、销售额、产品创新率等指标反映出来的状况并没有一个一般的结论，实施混合型战略的企业只有在各不同的战略业务单位之间才体现出该战略业务单位所采用的战略态势的特点。

在某些时候，混合型战略也是战略态势选择中不得不采取的一种方案。例如，企业遇到了一家较为景气的行业前景和比较旺盛的消费者需求，因而打算在这一领域采取增长型战略，但如果这时企业的财务资源并不是很充分的话，可能无法实施单纯的增长型战略。此时，就可以选择部分相对不令人满意的战略业务单位，对它们实施抽资或转向战略，以此来保证另一战略业务单位实施增长型战略所需的充分资源。由此，企业从单纯的增长型战略转变成了混合型的战略态势。

（三）根据公司成长机会和制约条件划分

1. 进攻型战略

所谓进攻型战略主要是指利用企业的有利条件寻求企业成长机会的主动出击战略。进攻型战略可供选择的方式有以下六种：

(1) 追赶或超越竞争对手

在如下两种情况下，采取一定的战略抵消竞争对手的强势和能力有一定的意义。第一种情况是，公司不得不放弃竞争优势。第二种情况是，不管竞争对手拥有什么资源和强势，公司都有可能获得有利可图的市场份额。当一家公司拥有卓越的组织资源和能力的时候，攻击竞争对手的强势很可能就会取得成功。直接对竞争对手的强势提出挑战的得失取决于进攻性行动的成本以及进攻性行动的收益两者之间的平衡。如果进攻性行动不能增强公司的盈利水平，不能增强公司的竞争地位，那么，采取这种竞争性行动就是不明智的。

攻击强大的竞争对手的典型手段是以更低的价格提供同等的产品或服务。如果被攻击的目标竞争对手有着很强的理由不去采取削价的手段，而且如果采取竞争性行动的挑战者说服了购买者相信它的产品和竞争对手的产品是一样的，在这种情况下，就能够获得市场份额方面的利益。不过，只有在这种情况下才会增加总利润：产品销量上获得的增长足可以抵消降价和单位产品利润率下降所产生的影响。采取价格进攻性挑战行动的一个更为强大和持久的基础是：首先获得某种成本优势，然后用降价的策略来攻击竞争对手。有成本支持的降价行为可以无限延伸。如果没有成本优势作为支持，那么降价只有在下列情况下才会发生作用：采取进攻性行动的挑战者有着足够的财务资源，能够在这种价格消耗战中将竞争对手拖垮。

(2) 采取竞争性行动，利用竞争对手的弱势

在这种进攻策略之下，公司往往瞄准竞争对手的弱点，采取竞争行动，最终占领市场。利用竞争对手的弱势来取得竞争上的成功有很多途径：

在那些竞争对手市场份额很弱或者竞争力量不多的地理区域集中自己的竞争力量；

特别关注竞争对手所忽视的或者竞争对手不能很好服务的购买者群体；

对于那些产品质量、特色或者产品性能滞后的竞争对手，追逐他们的客户，在这种情况下，那种有着更好的产品的挑战者常常能够将那些对产品性能很敏感的客户游说过来，转向自己的品牌；

对于那些其客户服务水平低于平均水平的竞争对手，向他们的客户展开特别的销售攻势——一个以服务为导向的挑战公司赢得竞争对手的理性的客户相对容

易一些；

对于那些广告及品牌认知很低的竞争对手，向他们发动重大的竞争攻势——一个营销技巧强大和品牌被广泛认知的挑战公司常常可以从那些相比较之下不出名的竞争对手那里赢得客户；

推出新的模型或改进产品以充分挖掘和利用竞争对手产品线中的缺口，有时填补空缺的行动能够取得巨大的市场成功，进入新的细分市场。当新的产品能够满足被忽视的购买者的需求时，这种行动往往能够取得很好的效果。一般来说，利用竞争对手的弱点，采取进攻性行动，相对于挑战竞争对手的强势来说，更有取得成功的希望，特别是在这种情况下：竞争对手的弱势使一些重要的脆弱之处没有得到充分的防范，常常被“攻其不备”。

(3) 同时从多条战线出击

有时候，公司采取大型的竞争进攻性行动也有一定的优点，这种进攻性行动往往跨越很宽的地理领域，涉及多种行动(降价，加强广告力度，推出新产品，免费使用样品，发行彩票，店内促销，折扣)。如此全面出击可以使竞争对手失去平衡，措手不及，在各个方向上分散它的注意力，迫使其同时保护客户群的各个部分。如果发出挑战的公司不仅能够推出特别有吸引力的产品或服务，而且有着很好的品牌声誉来保证广泛的分销和零售，那么，四面出击的进攻性行动就有可能取得成功。然后，挑战的公司就可以利用它的广告和促销行动风靡市场，甚至有时可以引诱很大一部分购买者转向对他们的品牌产生忠诚。

(4) 终结性行动

终结性行动所追求的是避免面对面的挑战，如挑衅性的削价，加大广告力度，或者花费昂贵的代价在差别化上压倒竞争对手。其中心思想是与竞争对手进行周旋，抓住那些没有被占领或者竞争不够激烈的市场领域，改变竞争规则，并使其行动的发出者有利。终结性进攻行动的实例有：在直接竞争对手介入不深入或者没有介入的地域市场采取措施建立强大的市场地位；使推出的产品有着不同的属性和性能，能够很好地满足特定购买者的需要，从而创造出一个新的细分市场；或者加快步伐快速进入下一代的技术和产品。成功的终结性行动可以使一家公司在一个新的地区获得巨大的首先行动者的优势，迫使竞争对手追赶自己。

(5) 游击行动

游击行动特别适合小的公司，因为它们既没有足够的资源，也没有足够的市场知名度来对行业的领导者发起完全的攻击。游击性进攻行动所秉承的原则是“打一枪换一个地方”，有选择性地攫取销售和市场份额，不管是在什么地方也不管是在什么时候，只要能够出其不意的攻击竞争对手，或者抓住机会“骗取”竞争对手的顾客。

(6) 先买性行动

先买战略强调首先采取行动获得某种竞争优势,而这种竞争优势对于竞争对手来说是不可能获得的,即便想要进行复制也有很大的阻力和难度。使某项行动具有先买性的前提是这种行动的唯一性(一种只有一个)——不管是谁首先采取了行动就可以获得竞争对手很难获得的竞争资产。

2. **防御型战略**

在一个竞争性的市场上,所有的公司都会受到来自其他公司的挑战。市场上的进攻性行动既可以来自行业的新进入者,也可以来自于那些寻求改善现有地位的既有公司。防御型战略的目的是降低被攻击的风险,减弱任何已有的竞争性行动所产生的影响,影响挑战者从而使他们的行动瞄准其他竞争对手。虽然一方面防御性战略通常不会提高公司的竞争优势,但是另一方面它有助于加强公司的竞争地位,捍卫公司最有价值的资源和能力不被模仿,维护公司已有的竞争优势。

防御性战略的方式有好几种。其中一个方式是尽力堵住挑战者采取进攻性行动的一些途径,可以选择的方式有:

(1) 招聘额外的职员以扩大或者提升公司在关键领域内的核心能力,从而战胜那些模仿公司技巧和资源的竞争对手。

(2) 提高公司的资源资产和能力的灵活性,以便公司可以进行很好很快的资源再分配,或者根据变化的市场环境进行调整,从而使公司适应新的发展态势的敏捷性比竞争对手相应的敏捷性要强。

(3) 扩大公司的产品线,堵住挑战者可能进入的市场点和市场缺口。

(4) 推出新的模型或品牌,做到与挑战者的模型已有或者可能将要有的特色相匹配。

(5) 对于那些能够同竞争对手相匹配的模型要保持较低的价格。

(6) 同特约经销商和分销商签订排他性合同,使得竞争对手不能使用这些渠道。

(7) 授予特约经销商和分销商一定的销量折让利益,以阻止他们对其他供应商的产品进行试销。

(8) 给产品用户提供免费的或者低成本的培训。通过下列方式尽量阻止购买者使用竞争对手的品牌:向那些容易受试用产品诱惑的购买者提供彩票和样品免费馈赠;对即将推出的新产品或者价格变动提前宣布,以取得潜在购买者,并使他们推迟品牌的转换。

(9) 提高提供给特约经销商和分销商的融资服务。

(10) 缩短备用零配件的送货时间。

(11) 延长保险覆盖的时间和范围。

(12) 参与替代技术。

(13) 保护产品设计、产品生产技术以及其他价值链活动中的专有权。

(14) 对最优供应商提供的绝大部分或者全部产品,签订合同,增加竞争对手获得同等质量零部件的难度。

(15) 避免同那些同样服务于竞争对手的供应商打交道。

(16) 在现实需求之前购买自然资源,使它不易为竞争对手所得。

(17) 在管理程序方面对竞争对手的产品或者惯例提出挑战。

(四) 基于战略态势的划分

迈尔斯(Miles)和斯诺(Snow)将企业战略分为三种类型:防御者战略(Defender)、探索者战略(Prospector)和分析者战略(Analyzer)。①

1. 防御者战略

防御者战略寻求向整体市场中的一个狭窄的细分市场稳定地提供有限的一组产品。在这个优先的细分市场中,防御者拼命努力地防止竞争者进入自己的市场领域。

2. 探索者战略

探索者战略追求创新,其目标在于发现和发掘新产品和新市场机会。探索者战略取决于开发和俯瞰大范围环境条件、变化趋势和实践的能力,灵活性对于探索者战略的成功来说是非常关键的。

3. 分析者战略

分析者战略靠模仿生存,它们复制探索者的成功思想。分析者必须具有快速响应那些领先一步的竞争者的能力,与此同时,还要保持其稳定产品和细分市场的经营效率。

表 4-2 企业战略的分类②

分类标准	战略类型	注释
基于战略层次的划分	公司战略	整个公司和所有业务的战略
	经营战略	各个业务领域的战略
	职能战略	各个业务领域中各个具体职能单元的战略

① 方振邦《战略与战略性绩效管理》,经济科学出版社 2005 年版,第 16 页。

② 资料来源:方振邦著《战略与战略性绩效管理》,经济科学出版社 2005 年版,第 5 页。

续表

分类标准	战略类型	注释
基于公司整体方向的划分	增长型战略	扩张公司活动的战略
	稳定型战略	不改变公司现有活动的方向性战略
	紧缩型战略	压缩公司活动水平的战略
	混合型战略	以上三种战略中两者或三者同时使用的战略
基于成长机会和制约条件的划分	进攻型战略	利用企业有利条件,寻求成长机会的主动出击的战略
	防御型战略	针对企业发展的威胁,强化自身的薄弱环节的对策性战略
基于战略态势的划分	防御者战略	在有限的市场范围内,通过深入开发提高效率、维持竞争能力的战略
	探索者战略	不断探索新产品、新市场机会的战略
	分析者战略	有稳定的事业和领域,很高的市场占有率,并注意开发或引进有希望的新产品的战略

第二节 战略管理的步骤和方法

战略管理对任何企业而言,都是一项核心的、根本性的工作,从形成到实施,其系统性、有序性、科学性程度越高,企业成功的把握就越大,对企业的长远发展也就越有利。因此,从某种意义而言,任何冲动、非理性所形成的方案和决策,都有可能给企业带来巨大的、甚至是致命的损害和打击。也就是说,理想的战略管理,必须遵循合理的步骤和科学的方法,循序渐进地加以贯彻和实施,才能达到预期的目的、取得最佳的效果。下面就从四个方面介绍战略管理的步骤以及相应的方法。

一、战略评价

(一)战略形成

1. 战略制定的程序

战略制定是企业决策机构组织各方面的力量,按照一定的程序和方法,为企业

选择适宜的经营战略的过程。制定战略的一般程序是:

(1) 识别和评估企业现行的战略

在企业的运营过程中,随着外部环境的变化和企业自身的发展,企业战略亦应作相应的调整和改变。然而,要制定新的战略,首先应该判断先行战略是否已经不适应新形势。因此,识别和评估企业现行的战略是制定新战略的前提。只有确认先行战略已不适用时,才有必要制定新战略。同时,也只有在认清现行战略缺陷的基础上,才能制定出较为合适的新战略方案。

(2) 分析企业外部环境

调查、分析和预测企业的外部环境是企业战略制定的基础。通过环境分析,战略制定人员应该认清企业所面临的主要机会和威胁,觉察现有和潜在竞争对手的图谋和未来的行动方向,了解未来一段时期社会政治、经济、军事、文化等的发展动向,以及企业由此而面临的机遇和挑战。

(3) 测定和评估企业自身素质

企业通过测定和评估了解自身的各项素质,摸清自身的状况,明确自身的优势与劣势。

(4) 准备战略方案

根据企业的发展要求和经营目标,依据企业所面临的机遇和机会,企业列出所有可能达到经营目标的战略方案。

(5) 评价和比较战略方案

企业根据股东、管理人员以及其他相关利益者的价值观和期望目标,确定战略方案的评价标准,并依照标准对各项被选方案加以评价和比较。

(6) 确定战略方案

在评价和比较战略方案的基础上,企业选择一个最满意的战略方案作为正式的战略方案。有时,为了增强战略的适应性,企业往往还要选择一个或多个方案作为后备的战略方案。

2. 战略形成的方法

不同类型与规模的企业有不同层次的管理人员,战略形成的过程有不同的形式。

小规模的企业,所有者兼任管理人员,其战略一般都是非正式形成的,主要存在于管理人员的头脑之中,或者只存在于与主要下属达成的口头沟通之中。而在大规模公司中,战略是通过各层管理人员广泛地参与,经过详细繁杂的研究和讨论,有秩序、有规律形成的。

根据不同层次管理人员介入战略分析和战略选择工作的程序,可以将战略形成的方法分为四种形式:

(1) 自上而下的方法

这种方法是现有企业总部的高层管理人员制定企业的总体战略，然后由下属各部门根据自身的实际情况将企业的总体战略具体化，形成系统的战略方案。优点是企业各层管理人员能够牢牢地把握住整个企业的经营方向，并能对下属各部门的各项行动实施有效的控制。缺点是要求企业高层管理人员制定战略时必须经过深思熟虑；战略方案务必完善，并且还要对下属各部门提供详尽的指导。同时，这一方法亦束缚了各部门的手脚，难以充分发挥中下层管理人员的积极性和创造性。

(2) 自下而上的方法

这是一种先民主后集中的方法。在制定战略时，企业最高管理层对下属部门不作具体硬性的规定，而要求各部门积极提交战略方案。企业最高管理层在各部门所提交战略方案的基础上加以协调和平衡，对各部门的战略方案进行必要的修改后加以确认。优点是能充分发挥各个部门和各级管理人员的积极性和创造性，集思广益。同时，由于制定出的战略方案有着广泛的群众基础，在战略的实施过程中也容易贯彻和落实。不足之处是各部门的战略方案较难协调，影响了企业整个战略计划的系统性和完整性。

(3) 上下结合的方法

在战略的制定过程中，企业最高管理层和下属各部门的管理人员共同参与，通过上下各级管理人员的沟通和磋商制定适宜的战略。主要优点是可以产生较好的协调效果，得到的战略更具可操作性。

(4) 战略小组的方法

这种方法是指负责人与其他的高层管理人员组成一个战略制定小组，共同处理企业所面临的问题。在战略制定小组中，一般是由总经理任组长，其他人员构成则有很大的灵活性，由小组的工作内容而定，通常是吸引与所要解决问题关系最密切的人员参加。这种战略制定方法的目的性强，效率高，特别适宜指定产品开发战略、市场营销战略等特殊战略和处理紧急事件。

(二) 备选战略评价

1. 备选战略评价标准

分析评价标准，一种比较有用的方法是将它们分成三类：适用性、可行性和可接受性。

(1) 适用性

战略分析的一个主要目的是清楚地了解组织及组织所处的环境，可以用组织面临的重要机会和威胁，自身拥有的优势和劣势，以及一系列影响组织战略选择的期望来对其进行概括。

适用性是用来评估所提出的战略对在战略分析中所确定的组织情况的适应程度,以及如何保持或改进组织的竞争地位。适用性是筛选战略的一个非常有用的标准,在设计战略选择时,应提出下列一些问题:

该战略完全利用组织的优势或利用环境提供的机会了吗?该战略将在战略分析中表现的问题解决到什么程度?例如,该战略能提高企业的竞争地位吗?备选战略与企业的目标一致吗?例如,该战略是为了实现利润目标还是增长目标?

(2) 可行性

对战略可行性的评估就是分析能否成功地实施该战略。如果战略要求的资源企业无法保证,那么该战略就只能是一种空想,这也是当前我国许多企业战略制定过程中所遇到的一个较大的问题。

在此阶段,我们可以通过以下问题进行检验:

该战略有足够的资金支持吗?企业有能力达到要求的经营水平吗?该战略能实现所必需的市场地位吗?企业所要求的管理能力和经营能力都是可得的吗?具有有效地进行竞争的技术吗?

(3) 可接受性

评估可接受性是一个很难的领域,因为可接受性与人们的期望密切相关,因此,需要仔细分析"谁接受"问题,下列这些问题有助于理清这些困惑:

从利润率的角度看企业的财务状况将会怎样?财务风险(如流动性)会怎样变化?对资本结构产生怎样的影响?各部门、员工的职能变化大吗?组织与外部利益相关者的关系需要调整吗?组织的环境能接受这个战略吗?

2. 战略评价方法

关于如何评价战略的论述很多,下面我们介绍三种有代表性的战略评价方法:

(1) 伊丹敬之的优秀战略评价标准

伊丹敬之是日本管理学者,他认为人们对战略制定的程序和方法研究得过多,而很少有人关注什么是"优秀战略",这就没有抓住战略管理的实质,舍本求末。

伊丹敬之作了一个形象的比喻:研究战略管理,就如同人们作画一样,必须明确三个问题:第一,首先应该知道什么是好画;第二,应该知道它为什么好;第三,要知道怎么画好画。战略管理也是一样,首先应该知道什么是优秀的战略,然后还要知道它为什么优秀以及怎么形成优秀的战略。

伊丹敬之认为优秀的战略是一种适应战略。首先,它要求战略适应外部环境因素,包括技术、竞争和顾客等;同时,企业战略也要适应企业的内部资源,如企业的资产、人才等;第三,企业战略也要适应企业的组织结构。企业家在制定优秀的战略时应权衡下述七个方面的问题:

战略要有差别。要和竞争对手的战略有所不同。

战略要集中。企业资源分配要集中,要确保战略目标的实现。

制定战略要把握好时机。企业应选择适当的时机推出自己的战略。

战略要能利用已有成果。企业利用自己的已有成果,发动更大的攻势,扩大影响,以便增强企业的信心。实质上就是强调企业要利用自己的核心能力。

企业战略要能够激发员工的士气。

战略要有不平衡性。企业不可能保持长期的稳定,所以要有一定的不平衡,造成一定的紧迫感。现实中,超越平衡往往是一种优质状态,也是企业发展的理想前提。

战略要能巧妙组合。企业战略应该能把企业的各种要素巧妙组合起来,使各要素产生协同效应。

(2) 斯坦纳和麦纳的战略评价

美国的斯坦纳和麦纳提出,评价战略时应该考虑六方面的要素:

一、足够的适应性。主要是对外部环境而言,企业必须具备相当强的适应能力。

二、目标的一致性。所谓目标的一致性,是指企业长远和短期、整体和局部等目标的衔接和协调。

三、竞争的优势性。企业所选的战略方案应该能够充分发挥企业的优势,保证企业在竞争中取得优势地位。

四、预期的收益性。企业要选择能够获取最大利润的战略方案。需要注意的是,这里所说的战略利润是长期利润而不是短期利润。

五、资源的配套性。企业战略的实现应该有一系列战略资源作保证,这些资源不仅要具备,而且要配套;在时间和空间上,都要为战略的展开和实施做好最有力的保障。

六、战略的风险性。未来具有不确定性,战略具有风险性,这些都告诉我们,在决策时对可能产生的风险要有充分的预计。

(3) 鲁梅尔特战略评价四标准

英国战略学家理查德·鲁梅尔特提出了可用于战略评价的四条标准:一致、协调、优越、可行。协调和优越主要针对外部评估;一致与可行则主要用于内部评估。具体表述如下:

一、一致性。一个战略方案中不应出现不一致的目标和政策,即使出现了人员调整、部门调整等,也应该保持战略目标和政策的一致性。

二、协调性。协调指在评价时既要考察单个优势,又要考察组合优势。在战略制定中将企业内部因素与外部因素相匹配的困难之一,在于绝大多数变化趋势都是与其他多种趋势相互作用的结果。因此应该综合考虑这些变化因素。

三、可行性。一个好的经营战略应该做到既不过度耗费可利用资源，也不造成无法解决的派生问题。对战略最终和最主要的检验标准是其可行性，即依靠自身的物力、人力及财力资源能否实施这一战略。企业的财力资源是最容易定量考察的，通常也是确定采用何种战略的第一制约因素。

四、优越性。经营战略应该能够在特定的业务领域使企业创造和保持竞争优势。

二、战略选择

（一）影响战略选择的因素

战略选择会对企业的未来产生重大的影响，因此，决策时应该非常慎重。在实际工作中，企业管理者往往会发现好几种方案都是可以选择的，可能并不存在最优的战略方案，却存在好几种较优的战略方案。在这种情况下，有一些因素会对最后的决策产生影响，这些因素在不同的企业和不同的环境中所起到的影响作用是不同的，但了解这些因素，对企业管理者指定合适的战略方案是非常必要的。总体来说，这些影响因素有：

1. 企业过去的战略

对大多数企业来说，过去的战略常常被当成战略选择过程的起点，这样，一个很自然的结果是，进入考虑范围的战略数量会受到企业过去的战略的限制。由于企业管理人员是过去战略的制定者和执行者，因此，他们常常倾向于不大幅改动这些既定战略。可见，如果企业要彻底更新战略，需要在组织或人员上进行调整。

2. 管理者对风险的态度

企业管理者对风险的态度影响企业的战略选择。风险承担者一般采取一种进攻性的战略，以便在被迫对环境变化做出反应之前做出主动地反应。风险回避者一般采取防御性战略，只有环境迫使他们做出反应时他们才不得不这样做。风险回避者相对来说更注重过去的战略，而风险承担者则有着更为广泛的选择。

3. 企业对外部环境的依赖性

企业总是生存在一个受到股东、竞争者、客户、政府、行业协会和社会等因素的影响之中。企业对这些环境力量中的一个或多个因素的依赖程度也影响着企业战略管理的过程。对环境的依赖程度越高，企业战略选择的灵活性就越小。

4. 企业文化和内部权势关系

任何企业都存在着或强或弱的文化。企业文化和战略选择是相互影响的，在战略选择时，应该充分考虑所中意的战略方案与目前的企业文化和未来预期的企业文化相互包容和相互促进。另一方面，企业中总是存在着一些非正式的组织，由于种种原因，某些组织成员会支持某些战略而反对另外一些战略方案。这些成员的看法有时甚至能够影响战略的选择，因此在现实的企业中，战略决策或多或少的都会打上这些力量的烙印。

5. 时期性

时期性是指允许进行战略选择时间限制。时间限制的压力不仅减少了能够考虑的战略方案的数量，而且也限制了可以用于评价方案的信息和数量。有研究表明，在时间的压力下，人们倾向于把否定的因素看得比肯定的因素更重要，因而往往作出更加具有防御性的策略。战略规划时期长短也很重要，战略规划期长，则对外界环境的预测相对复杂，因而在战略选择时考虑的不确定性因素会更多，这会使战略方案决策的复杂性大大增加。

6. 竞争者的反应

在战略选择中，还应该分析和预计竞争对手对本企业不同战略方案的反应，企业应该对竞争对手的反击能力做出恰当的估计。在寡头垄断的市场结构中，或者市场上存在着一个极为强势的竞争者时，竞争者的反应对战略选择的影响更为重要。

（二）战略选择方法

企业选择什么样的战略方案，是由自身的优劣势和外部资源可运用状况两者相结合而决定的。简单归纳，大致有四种形式：

(1) 企业认为当前业务的增长机会有限或风险太大，可以采用纵向整合战略来减少原材料或顾客渠道方面的不确定性所带来的风险。企业也可以采用联合多种经营战略，既能投资获利，又不用转移对原有经营业务的注意力。

(2) 面对劣势，采用稳妥保守的方法。在保持基本使命不变的情况下，企业在内部将一种经营业务转向另一种经营业务，加强有竞争优势的经营业务的发展。企业还可以采用压缩战略，精简现有业务。如果某种业务已经成为成功的重大障碍，或者克服劣势所费巨大，或者成本效益太低，那么，就应考虑采取分离战略，把这种业务分离出去。当经营业务已经徒然耗费组织资源，有导致破产的危险时，就可以考虑清算战略。

(3) 建立获利能力并希望从内部增强竞争优势，可以选择集中型发展战略。集中型发展战略全力倾注于现有的产品与市场，力求通过再投入资源，增强优势以巩固自己的地位。

(4) 企业通过积极扩大业务范围来增强竞争优势，需要选用一种注重外部的战略。横向整合可以使企业迅速增加产出能力。以同心型多种经营业务为主，适度进行新业务开发，可以使企业平稳而协调地发展。另外一条渠道就是合资经营，合资经营是从外部增加资源能力的战略，可以使企业将优势拓展到原来不敢独自进入的竞争领域。合作者的生产、技术、资金或营销能力等可以大大减少金融投资，并增加企业获利的可能性。

三、战略实施

（一）影响战略实施的因素

影响企业战略实施的因素有很多，主要包括以下六个方面。

(1) 组织结构。战略决定结构，结构跟随战略，因此，在实施战略前，企业应该检讨现行组织结构及其运行机制能否与战略实施相适应，能否保证战略目标的达成。

(2) 企业文化。在企业内形成的成文的(企业政策、办事程序等)和不成文的(惯例、风格等)的企业文化是否与战略实施的要求相适应。

(3) 信息沟通。企业的战略是否为全体成员所知或理解？各级人员能否取得与自身有关的战略意图的信息以及在自身职责范围内为实施战略所必需的信息。

(4) 控制激励制度。控制系统能否提供及时、准确的反馈信息？报酬制度能否激励员工促进企业战略实施？

(5) 资源分配。在企业内的各个事业部和各个职能部门之间的资源分配能否使之相互协调并提供对实施企业战略足够的支持？能否在各个领域内抓住各自的实质性问题并使之得到解决？

(6) 各级管理人员。各级管理人员的素质和领导作风与战略实施要求其承担的角色是否相匹配？特别是高层管理人员，他们更多的是通过他人工作而不全是直接亲自采取行动，他们是否具有驾驭其他各项因素的能力？

（二）战略实施的基本原则

企业在经营战略的实施过程中，常常会遇到许多在制定战略时未估计到或者估计不足的问题，因此，在战略实施中应遵循以下三个基本原则。

1. 适度合理性的原则

企业在经营战略的制定过程中，受到信息、决策时限以及认识能力等因素的制约，对未来的预测不可能十分准确，所制定的企业经营战略也不可能最优，而且在战略实施的过程中由于企业外部环境及内部条件始终处于变化之中，因此只要在关键点和核心层面上基本达到了战略的预定目标，就应当认为这一战略的制定及实施是成功的。在现实生活中不可能完全按照原先制定的战略计划行事，因此战略的实施过程不是一个简单机械的执行过程，而是需要执行人员大胆创造和革新的过程。因为新战略本身就是对旧战略以及与其相关的文化、价值观念的否定，没有创新精神，新战略就得不到很好的实施。因此，在战略实施中，战略的某些内容或特征有可能改变，但只要不妨碍总体目标及战略的实施，照样是合理的。

另外，企业的经营目标和战略总是要通过一定的组织结构分工实施的，也就是要把庞大而复杂的总体战略分解为具体的、较为简单的、能予以管理和控制的各类事项，由企业内部各部门以至部门各基层组织分工去贯彻和实施。组织结构是适应企业经营战略的需要而建立的，但一个组织结构一旦建立就不可避免地要形成自己的本位利益，这种本位利益在各组织之间以及和企业整体利益之间可能会发生一些矛盾和冲突，为此，企业的高层管理者要对这些矛盾、冲突进行协调和处理，以寻求各方面都能接受的解决方法，而不可能离开客观条件去寻求所谓绝对的合理性。

2. 统一领导、统一指挥的原则

对企业经营战略了解最深刻的应当是企业的高层管理人员。通常，与企业中下层管理人员以及一般员工相比，他们掌握的信息更多，对企业战略的各个方面的要求以及相互联系了解得更全面，对战略意图体会更深，因此，战略实施应当在高层管理人员的统一领导、统一指挥下进行，只有这样，资源的分配、组织结构的调整、企业文化的建设、信息的沟通及控制、激励制度的建立等各方面才能相互协调、平衡，才能使企业为实现战略目标而卓有成效地运行。

实现统一指挥的原则，要求企业的每个部门只能接受一个上级的命令。在战略实施中所发生的问题，能在小范围、低层次解决，就不要放到更大范围、更高层次去解决。

统一指挥原则看似简单，但在实际工作中，由于企业缺少或尚不健全自我控制和自我调节等机制，因而战略往往不能得到完全贯彻和执行。

3. 权变原则

企业经营战略的制定是基于一定的环境条件假设的。在战略实施中，事情的发展与原先的假设有所偏离是不可避免的，战略实施过程本身就是解决问题的过程，但如果企业内外环境发生重大的变化，以致原定的战略的实施成为不可行，显然，这时需要把原定的战略进行重大的调整，这就是战略实施的权变问题。其关键就在于如何掌握环境变化的程度。如果环境发生的变化还不足以需要修改原定的战略，此时战略修改很容易造成人心浮动，带来消极后果。但如果环境确实已经发生了重大的变化，此时仍然坚持实施既定的战略，即有可能因为应变不足而给企业经营带来很大的负面影响。

（三）战略实施的模式与方法

在企业的战略经营实践中，具体的模式和方法很多，只要行之有效，都有其特殊的价值。但归纳起来，大致有五种。

1. 指挥型

这种模式的特点表现在企业考虑如何制定一个最佳的战略方案。在实践中，计划人员要向企业高层提交企业经营战略的报告，通常是由企业高层做出最后决定，确定了战略以后，逐层向下宣布企业战略，然后强制下层管理人员执行。

这种模式的缺点是把战略制定者与执行者分开，即高层管理者制定战略，下层管理者被动执行．因此下层管理者缺少了执行战略的动力和创造精神，甚至会拒绝执行战略。

2. 变革型

这种模式的着重点是考虑如何实施企业战略。在战略实施中，需要对企业进行一系列的变革，如建立新的组织结构、新的信息系统，变更人事，甚至是兼并或合并经营范围，采用激励手段和控制系统以促进战略的实施。一般有三种方法：

(1) 利用新的组织结构和参谋人员向全体员工传递新战略优先考虑的战略重点是什么，把企业的注意力集中于战略重点领域。

(2) 建立战略规划系统、效益评价系统，采用各项激励政策以便支持战略的实施。

(3) 充分调动企业内部人员的积极性，争取大部分人对战略的支持，以此来保证企业战略的正常展开。

3. 合作型

这种模式的特点主要反映在，企业高层或总经理考虑如何让其他管理人员从战略实施一开始就承担相关的战略责任。为发挥集体的智慧，企业高层应与其他管理人员一起对企业战略问题进行充分的讨论，形成较为一致的意见，制定、贯彻、落实战略，从而使每个管理者都能够在战略管理中起到相应的作用，负起相应的责任。

合作型模式克服了指挥型和变革型模式存在的决策大都来自上层的局限性，使上层、中层、下层的管理者能相互沟通、相互了解，共同承担、共同负责，从而提高了战略成功的可能性。

4. 文化型

这种模式关注的是，如何动员全体员工都参与战略实施活动，即运用企业文化手段，不断向企业全体人员灌输战略思想，建立共同的价值观和行为准则，使所有成员在共同的文化基础上参与战略的实施活动。由于这种模式打破了战略制定者与执行者的界限，力图使每一个员工都参与企业战略的制定和实施，因此企业的所有人员都在一个明确的战略目标下工作，战略进展无疑要迅速顺利得多。

这种模式的最大局限性在于，实施这一模式是建立在企业所有员工都有极为相近的价值观和极为类似的学识背景的假设基础之上的。

5. 增长型

这一模式主要考虑的是，如何激励下层管理人员制定和实施战略的积极性和主动性，即企业高层应该鼓励和认真对待下层管理人员提出的一切有利于企业发展的方案和想法，从而发挥出所有管理人员的热情和创新精神，以带动企业的不断发展和提升。这种模式的最大特点是，不是几个高层，也不是企业所有人员参与决策，而是以企业的管理精英为核心，这样既能做到集思广益，又能做到有所侧重，有条件的话，对于一些重大的战略规划，企业可以多采用这一类模式。

上述五种战略实施模式，在具体的运作上侧重点有所不同。指挥型和合作型更侧重于战略的制定，而把战略实施作为事后行为。而文化型和增长型则更多地在意战略的贯彻和实施。当然，在实际操作中，五种模式可能会交叉和交替运用。

四、战略控制

（一）战略控制的作用

战略控制主要是指在企业经营战略的实施过程中，检查企业为达到目标所进行的各项活动的进展情况，评估企业战略实施后的绩效，把它与既定的战略目标与绩效标准相比较，发现战略差距，分析产生偏差的原因，纠正偏差，使企业战略的实施更好地与企业当前所处的内外环境、企业目标协调一致，最终保证企业战略目标得以实现。

战略控制在战略管理中的作用主要表现在以下几个方面：

(1) 企业战略实施的控制是企业战略管理的重要环节，能保证企业战略的有效实施。战略决策能决定哪些事情该做，哪些事情不该做，而战略实施的控制好坏直接影响企业战略决策实施的效果好坏与效率高低，因此，企业战略实施的控制虽然处于战略决策的执行地位，但对战略管理是十分重要和必不可少的。

(2) 企业战略实施的控制能力与效率高低是战略决策的一个重要制约因素，它决定了企业战略行为能力的大小。企业战略实施的控制能力强，控制效率高，则企业高层管理者可以做出较为大胆的、风险较大的战略决策，若相反，则只能做出较为稳妥的战略决策。

(3) 企业经营战略实施的控制与评价可为战略决策提供重要的反馈,帮助战略决策者明确决策中哪些内容是符合实际的、是正确的,哪些是不正确的、不符合实际的,这对于提高战略决策的适应性和水平具有重要作用。

(4) 企业战略实施的控制可以促进企业文化等企业基础建设,为战略决策奠定良好的基础。

(二) 战略控制的基本特征

战略控制的基本特征与战略控制过程的基本特征不同,它是对战略控制的一些基本的要求。

1. 适宜性

判断企业战略是否适宜,首先要求这个战略具有实现公司既定财务目标和其他目标的良好前景,因此,适宜的战略应处于公司希望经营的领域,应建立在公司优势的基础上,或者是以某种可以确认的方式弥补公司现有的缺陷或不足。

2. 可行性

可行性是指公司一旦选定了战略,就必须认真考虑企业能否成功的实施,是否有足够的财力、人力或其他资源、技能、技术、诀窍和组织优势,即企业是否具备有效实施战略的核心能力。如果在可行性上存在疑问,就需要将战略研究的范围扩大,甚至可以考虑通过并购获得所缺乏的资源。

3. 可接受性

可接受性强调公司利益攸关者是否对战略满意,是否给予战略以足够的支持。一般来说,公司越大,利益攸关者就越多。要得到所有利益攸关者的支持或许不现实,但所实施的战略应该获得最主要的利益攸关者的同意或认可,至少不反对,还是至关重要的。

4. 整体利益和局部利益、长期利益和短期利益的不一致性

从理论上讲,企业整体利益和局部利益是一致的。可在具体问题上,整体利益和局部利益可能存在着一定的不一致性。企业战略控制就是要对这些不一致性的冲突进行调节,如果把战略控制仅仅看作是一种单纯的技术、管理业务工作,就不可能取得预期的控制效果。

5. 不确定性

战略具有不确定性。公司的战略只是一个方向,其目标是某一点,但其过程可能会受到各种因素的干扰,难以预设和规定,因而原先的企业战略势必在执行的过程中,根据各种相关条件的变化,时常需要作必要的调整和修订,以期战略能得以顺利地按质按量地实施和完成。

6. 弹性和伸缩性

战略控制中如果控制过度、干预过于频繁，容易引起消极反应。因而，针对各种矛盾和问题，战略控制有时需要认真处理，严格控制，有时则需要适度的、弹性的控制。只要能保持与战略目标的一致性，就可以有较大的回旋余地而具有伸缩性，所以，战略控制中只要能保持正确的战略方向，尽可能减少干预，尽可能多的授权，对小范围、低层次的问题不在大范围、高层次上解决，反而能够取得有效的控制。

（三）战略控制的方法

从控制时间来看，企业的战略控制大致可以分为以下三类：

1. 事前控制

在战略实施之前，要设计好正确有效的战略计划，该计划要得到企业高层领导人的批准后才能执行，其中重大的经营活动还应该得到企业领导人的批准同意才能实施，所批准的内容往往也成为考核经营活动绩效的控制标准。这种控制多用于重大问题的控制，如任命重要的人员、重大合同的签订、购置重要设备等等。

由于事前控制是在战略行动尚未正式开始之前，通过预测发现战略行动的结果可能会偏离既定的目标，因此，决策者需要对可能出现的足以影响战略实施的种种因素进行预测和分析。

2. 事后控制

这种控制方式发生在战略成果形成之后，重点是要明确战略控制的程序和标准，把日常的控制工作交由职能部门的人去做，即在战略计划部分实施后，将实施结果与原计划标准相比较，由企业职能部门及各事业部定期将战略实施结果向高层领导汇报，再由主管者决定是否有必要采取纠正措施。

事后控制的具体操作又可以分为两种方法。

(1) 联系行为。即对员工战略行为的评价和控制直接同他们的工作行为联系挂钩。这种方式比较容易获得员工的接受，并能明确战略行为的努力方向，使个人的行为导向和企业经营战略导向接轨；同时，通过行为评价的反馈信息修正战略实施行动，使之更加符合战略要求，从而强化员工的战略意识。

(2) 目标导向。即让员工参与战略行动目标的制定和工作业绩的评价，既可以看到个人行为对实现战略目标的作用和意义，又可以从工作业绩的评价中看到成绩与不足，从中得到肯定和鼓励，为战略推进增添动力。

3. 即时控制

即时控制又称过程控制。企业高层管理者要控制企业战略实施的全过程，特别是各个环节的关键性过程，随时采取控制措施，纠正实施中产生的偏差，引导企业沿着正确的目标和方向向前推进。即时控制不等于时时控制，主要是对关键性的环节和时段进行监控。

以上三种控制的对象和作用不尽相同，不同企业在不同的阶段应该根据各自不同的情况，选择不同的方式。

本章小结：

本章重点介绍了企业战略管理的内涵与特征，构成要素与层次体系以及企业战略管理的过程模式与理论基础等内容。

企业战略具有鲜明的特征，包括全局性、长远性、系统性、竞争性、稳定性、风险性和社会性。一个企业的战略，从其内涵看，可划分为总体战略、业务战略、职能战略等层次，其构成要素包括经营范围、资源配置、竞争优势和协同作用，这四个要素是相辅相成的，共同构成了企业战略的内核。

企业战略管理的过程模式可以分为战略评价、战略选择、战略实施、战略控制四个阶段，每一个阶段又各自包含若干个不同的步骤以及影响它们的各自不同的因素。

案例分析：

从“中国铁路通信信号上海工程公司”的案例中我们可以知道，一个企业发展要有战略规划和设想，而一个完整的战略应包括：首先，战略是一种规划，也就是说战略是应规划出企业发展的未来之路，为企业的发展方向描绘出一幅美好的蓝图，因而必须具有前瞻性。如公司从诸多矛盾和问题中确立了“立足现有企业资质，向‘专、精、特、优’专业化公司及高科技方向发展，做大做强，成为通信信息网络系统集成商和通信工程施工总承包商”的战略定位，确定公司在本行业的竞争优势和核心能力；其次，战略作为一种规划具有很强的策略性，它的目的在于赢得相对于竞争对手的持续竞争优势。而且，战略还应成为一种将企业各事业部、各职能部门、不同管理人员、不同员工的决策和行动统一为一种覆盖全企业协调一致的决策和行动方法。如公司管理体制和机制的创新等；第三，除拥有完美的一整套策略规划外，企业还应根据战略合理的配置企业的各种资源，确保在战略的指引下自始至终采取协调一致的行动，来创造和维持企业的竞争优势和核心能力。

本章思考题：

1. 具体分析明茨伯格所提出的战略管理的5P模型。

2. 什么是企业战略？它有哪些特征？
3. 企业战略有哪些构成要素？
4. 企业战略分为哪几个层次？各自的侧重点是什么？
5. 影响战略选择的因素有哪些？
6. 在战略实施中应遵循哪些基本原则？
7. 战略控制在战略管理中的作用有哪些？
8. 请综合分析一下战略管理理论流派的发展脉络。

第五章 人力资源战略与竞争优势

引导案例

AT & T公司的人力资源战略[1]

AT & T公司正在进行重大的调整并重新确定其竞争地位，以对付解除市场管制所带来的挑战。

AT & T公司的使命是，成为信息运转与管理方面的世界级领袖。它将通过保持和发展其核心业务，发展在数据网络服务方面的领导作用以及扩大在全球市场的份额，来完成其使命。该公司认为其竞争优势在于公司的资源、财务资源、产品及服务系列、研究与发展（贝尔实验室）以及质量。

该公司通过19个业务单位来经营，每个单位都专注于一个细分市场并负责从新产品到定价、营销全过程的每一件事。就整个公司而言，核心活动一直是基础研究、人力资源政策以及财务制度。

在解除市场管制的情况下，AT & T公司面临着来自其市场各方面的激烈竞争。为了保持竞争力，其消费产品业务部门将制造业务转移到新加坡，精简了组织（减少人员，将管理层次减少到四个，减轻了官僚作风），专注于成本与质量。该公司正在大举挺进国际市场以转移其在美国的竞争。

该公司的人力资源规划围绕创造变化（影响在市场上取得成功所必须的领导与管理变革）而展开。这些规划说明了为提高企业竞争力而在人力资源管理方面所进行的公司整体战略冲刺。

该公司CEO鲍伯·艾伦（Bob Allen）认为，AT & T公司的文化是美国最保守的企业文化，这种文化最终必须改变并永远改变。从剥夺了特权以来，人们一直在谈论这需求，但几乎没有做什么改变。“要在快速变化的市场上竞争（正是这个市场剥夺了AT & T公司的业务特权），这个古老的电话企业必须学会敢作敢为、适应变化，最重要的是要快速运动”（Kupfer，1989）。

---

① 案例来源：李剑锋主编《人力资源管理：原理与技术》，电子工业出版社2002年版，第257页。

因此,AT & T公司将以下问题作为其变革的重点:

- 加快领导人员开发,专注于AT & T公司不断变化的业务现实及行动。
- 与工会形成新的伙伴关系,寻求能够导致质量改进的创新机遇。
- 建设一支更加多样化的人员队伍,以改进业务发展及提高雇员士气,使雇员差异成为一种竞争优势。
- 注重人在质量问题上的作用。
- 积累国际经验,开发海外人力资产。
- 提供更加灵活的薪酬方案,随人员队伍的变化提供不同的福利。
- 改进核心人力资源服务,通过再造工程改进成本效益。

AT & T公司的使命要求该公司增加股东价值,成为技术领袖,并改进服务。这些人力资源重点问题反映出该公司需要"精简与学会弃舍"。

案例讨论题:

1. AT & T公司的战略目标是什么? 该公司目前的人力资源状况是否符合战略目标的要求。

2. 要实现公司的使命,你认为AT & T公司应具有一种什么样的文化?

3. 除了案例中提到的一些有关人力资源管理的政策外,你认为AT & T公司要想"改变并永远改变"其组织文化、其人力资源战略中还应有哪些内容?

4. 你从AT & T公司的成功中获得了什么?

第一节　人力资源战略与企业战略整合

一、人力资源战略与企业战略匹配性的研究

在企业战略的研究和制定中,特别要注意战略匹配,也就是通过战略整合保持人力资源管理战略与企业总体战略的一致。勒温和米切尔(Lewin and Mitchell,1995)指出人力资源战略与企业战略的协调,可以帮助企业利用市场机会,提升企业的内部组织优势,帮助企业达成战略目标。长期以来,许多专家和学者都对如何加强人力资源战略与企业战略之间的整合问题进行了深入地探讨和研究,并卓有成效。如:

(一) 格斯特(Guest)曾提出5种战略匹配类型

一、战略性相互作用匹配——人力资源实践与外部环境的联系与协调;

二、突发性匹配——企业内部人力资源实践能够对外部特殊因素(如市场变化)及时作出反应;

三、理想的实践组合匹配——所有企业都可以采用的"最佳实践";

四、整体性匹配——各种人力资源管理实践活动作为一个系统整体相组合;

五、互补性匹配——各种人力资源管理实践之间优势互补、有效结合。

(二) 奎因提出人力资源战略与企业基本战略、文化战略相匹配的方式,如表5-1所示

表5-1 奎因战略匹配模式①

企业基本经营战略	企业文化战略	人力资源战略
低成本、低价格战略	官僚式企业文化	诱引式人力资源战略
独创性产品战略	发展式企业文化	投资式人力资源战略
高品质产品战略	家族式企业文化	参与式人力资源战略

(三) 冯布龙·蒂契等提出人力资源管理与企业发展战略配合的战略方式,如表5-2所示

表5-2 蒂契战略配合模型②

企业发展战略	组织管理机制	人力资源战略
集中式单一产品发展战略	规范的职能型组织机构与运作机制,高度集权的控制与严密的层级指挥系统,严格的分工	家长式人力资源战略:员工招聘、选拔、绩效考核等主要从职能上评价和依靠各线主管判断;报酬方式是上司决定;培训与开发以单一职能技术为主
纵向整合式发展战略	规范的职能型组织机构与运作机制,集中进行控制与指挥,但更注重部门实际效率与效益	任务式人力资源战略:员工招聘、选拔、考绩更多依靠客观标准,事实与数据,奖励主要依据工作业绩与效率,员工发展以专业化为主,少数通才通过工作轮换培养

① 资料来源 转引自方振邦《战略与战略性绩效管理》,经济科学出版社2005年版,第59页。
② 资料来源 王先玉、王建业、邓少华著《现代企业人力资源管理学》,经济科学出版社2003年版,第54页。

续表

企业发展战略	组织管理机制	人力资源战略
多元化发展战略	事业部型或战略经营单位(SBU)式组织结构	发展式人力资源战略：员工招聘、选拔运用系统化标准，考绩以贡献为主，主客观标准并用，报酬以对企业的贡献和企业投资效益为基础，进行跨职能、跨部门、跨事业单位的培训与系统开发

二、人力资源战略与企业基本战略的整合

（一）与低成本战略的整合

所谓的低成本战略，又叫成本领先战略。它是指企业在提供相同产品或服务时，通过在内部加强成本控制，在研究、开发、生产、销售、服务和广告等领域内把成本降低到最低限度，使成本或费用明显低于行业平均水平或主要竞争对手，从而获得更高的市场占有率或更高的利润，成为行业中的成本领先者的一种竞争战略。低成本战略是通过使本企业成为本行业中成本最低的生产者而进行竞争的战略，以低成本取得竞争优势的战略。这种战略的指导思想是，要在较长的时期内在价值链的各个环节上使企业产品保持同行业中的领先水平，并按照这一目标采取一系列措施，使企业获得同行业平均水平以上的利润。

低成本战略适用于以下情况：在市场竞争中价格竞争占有主导地位的行业，例如在钢铁、煤炭、石油、水泥、化肥、木材等行业中，所有企业生产的都是标准化产品，产品差异较小，价格竞争成为市场竞争的主要手段。追求最低成本战略有其自身的途径，如建立最具规模经济的工厂；利用降低成本的先进技术；极力扩大销售和市场份额；将学习和经验曲线效应资本化；紧缩间接费用和其他行政性的固定费用；减少研究开发、广告、服务和分销等领域的浪费等等。

值得注意的是，采用低成本战略意味着企业可以通过其低成本地位来获得持久的竞争优势，从而成为行业中的高水平经营者，它与一般的削价竞争并不相同，后者往往以牺牲利润为代价，有时甚至亏本运营。

实施低成本战略的生产者在行业中具有明显的优势：第一，对于竞争者，低成本生产者可以低价为基础在竞争中处于优势地位，可以扩大销售，获得更多的利润。第二，对于客户，低成本生产者可以在竞争中面对强大的客户时能保证一定的利润。第三，对于供应商，低成本生产者能比竞争对手更具有价格谈判力。因为它更能承受原材料采购价格的上涨。第四，对于潜在的进入者，低成本的生产者不仅

可以作为潜在竞争者的进入障碍，而且可以保持已有的市场。第五，对于替代品，低成本生产者将可通过低价比其对手具有更强的防卫能力。总之，低成本在面对各种竞争力量时都为企业提供了一定的防卫能力，它可使企业获得较高的利润或承受较低的价格，可以争取较多的客户，尤其是可使企业在行业价格水平中具有较大的竞争力。

因此人力资源战略在与低成本战略配合时，由于成本领导者战略强调成为本行业中成本最低的生产者，企业内多为集权式管理，精力主要放在高效率的生产者方面，因而在人力资源战略上，企业主要追求的是员工的可靠性和稳定性，即员工在制定的工作范围内有稳定一致的表现。具体的人力资源管理方面的配合有以下几点：明确界定员工所需要的技能，并针对性地进行培训投资；以行为为中心的绩效评估系统；通常采取内部晋升，薪酬系统更多关注企业内部一致性，拉开管理人员与普通员工的工资差别；吸引员工参与并广泛听取员工意见来提高生产效率。

（二）与差异化战略的整合

所谓差异化战略是指企业向消费者提供的产品和服务在行业范围内是独具特色的（这些特色可以表现在产品设计、技术特征、产品品牌、产品形象、服务方式、销售方式、促销手段等某一方面，也可以同时表现在几个方面），这种特色可以给企业所生产的产品带来额外的加价，那么这种差异化就使企业形成竞争优势。公司形成这种战略主要是依靠产品和服务的特色，而不是产品和服务的成本。但是应该注意，差异化战略不是讲公司可以忽略成本，只是强调这时的战略目标不是成本问题。

企业要突出自己产品与竞争对手之间的差异性，主要有四种基本的途径：

(1) 产品差异化战略。产品差异化的主要因素有：特征、工作性能、一致性、耐用性、可靠性、易修理性、式样和设计。

(2) 服务差异化战略。服务的差异化主要包括送货、安装、顾客培训、咨询服务等因素。

(3) 人事差异化战略。训练有素的员工应能体现出下面的六个特征：胜任、礼貌、可信、可靠、反应敏捷、善于交流。

(4) 形象差异化战略。实施差异化战略的企业要有适用条件与组织要求，如可以有很多途径创造企业与竞争对手产品之间的差异，并且这种差异被顾客认为是有价值的；顾客对产品的需求和使用要求是多种多样的，即顾客需求是有差异的；采用类似差异化途径的竞争对手很少，即真正能够保证企业是“差异化”的；技术变革很快，市场上的竞争主要集中在不断地推出新的产品特色。

除上述外部条件之外，企业实施差异化战略还必须具备如下内部条件：具有很强的研究开发能力，研究人员要有创造性的眼光；企业具有以其产品质量或技术领先的声望；企业在这一行业有悠久的历史或吸取其他企业的技能并自成一体；很强的市场营销能力；研究与开发、产品开发以及市场营销等职能部门之间要具有很强的协调性；企业要具备能吸引高级研究人员、创造性人才和高技能职员的物质设施；各种销售渠道强有力的合作。

差异化定位就是为顾客提供与行业竞争对手不同的服务与服务水平。通过顾客需求和企业能力的匹配来确定企业的战略方向。差异化战略是以了解顾客需求为起点，以创造高价值满足顾客需求为终点。因此，在决定整体定位差异化的时候，必须要把顾客的需求、企业的核心能力以及竞争对手的服务水平三个要素综合考虑，做到三者的协调统一。

有差异化的顾客就有差异化的需求，有差异化的需求就要提供差异化的服务，因此细分市场，以满足不同顾客群的多样化需求，成了眼下企业经营的着眼点。细分市场的确定，有助于企业找准目标顾客群，并通过差异化的竞争策略来构建自身的竞争优势。同时，由于在执行差异化战略时不可避免地会遇到一些问题，使差异化战略在执行时会产生风险。如差异化的成本过高、竞争对手的模仿、消费者爱好的转移等。

人力资源战略在与差异化战略配合时，由于实施差异化战略的企业主要以独特创新的产品、服务、技术等与对手竞争，其生产技术一般比较复杂，因而人力资源战略需要培养员工具有高度的创造性与协作精神。具体的人力资源战略有以下几点：工作说明书界定比较宽泛；雇员更多从外部招募；职业通道更宽广；薪酬系统更多关注外部的公平性；绩效管理以结果为导向。

三、人力资源战略与企业发展战略的整合

（一）与集中型战略整合

所谓集中型战略是指把经营战略的重点放在一个特定的目标市场上，为特定的地区或特定的购买者集团提供特殊的产品或服务。集中型战略与其他两个基本的竞争战略不同。成本领先战略与差别化战略面向全行业，在整个行业的范围内进行活动。而集中型战略则是围绕一个特定的目标进行密集型的生产经营活动，要求能够比竞争对手提供更为有效的服务。公司一旦选择了目标市场，便可以通过产品差别化或成本领先的方法，形成集中型战略。就是说，采用重点集中型战略的公司，基本上就是特殊的差别化或特殊的成本领先公司。由于这类公司的规模较小，采用集中型战略的公司往往不能同时进行差别化和成本领先的方法。如果

采用集中型战略的公司要想实现成本领先，则可以在专用品或复杂产品上建立自己的成本优势，这类产品难以进行标准化生产，也就不容易形成生产上的规模经济效益，因此也难以具有经验曲线的优势。如果采用集中型战略的公司要实现差别化，则可以运用所有差别化的方法去达到预期的目的，与差别化战略不同的是，采用集中型战略的公司是在特定的目标市场中与实行差别化战略的公司进行竞争，而不在其他细分市场上与其竞争对手竞争。在这方面，重点集中的公司由于其市场面狭小，可以更好地了解市场和顾客，提供更好的产品与服务。

可见集中型战略就是强调企业的市场份额和运营成本。采用集中型战略最适宜的企业应具备下列四种条件：

其一，具有完全不同的用户群，这些用户或有不同的需求，或以不同的方式使用产品；

其二，在相同的目标细分市场中，其他竞争对手不打算实行重点集中战略；

其三，企业的资源不允许其追求广泛的细分市场；

其四，行业中各细分市场在规模、成长率、获利能力方面存在很大差异，致使某些细分市场比其他细分市场更有吸引力。

采取集中型战略的优点是经营目标集中、管理简单方便，精通相关技术、熟悉产品市场，生产高度专业化、达到规模经济效益。因此，集中型战略往往能够取得最好的效果：(1) 定位于多细分市场的竞争厂商很难满足目标小市场的专业或特殊需求，或者如果满足这个市场的专业化需求，代价往往极其昂贵；(2) 没有其他竞争厂商在相同的目标细分市场上进行专业化经营；(3) 一家公司没有足够的资源和能力进入整个市场中更多的细分市场，整个行业中有很多的小市场和细分市场，从而一个集中型的厂商能够选择与自己的强势和能力相符的有吸引力的目标小市场。

在现实中，采取集中型战略的企业通常具有规范的职能型组织结构、集权的层级指挥系统以及标准化的运作程序。集中型战略要求企业的人力资源战略强调企业维持组织中已经存在的现有技能；培训计划、薪酬计划的重点要集中保留这些技能；绩效考核注重行为。

（二）与内部成长战略整合

所谓内部成长战略主要是通过横向延伸企业寿命周期曲线的各种措施来实现的。企业非常关注市场开发、产品开发、创新或者合资等内容的战略。非常强调将企业所有资源组织起来以强化现有的优势。内部成长战略主要在企业的产品经营领域，是通过内部挖潜和资本积聚的方式，使企业的核心能力得以培育和巩固，其目的主要是追求渐进式、持续性成长。成长的需要要求企业必须不断的招募、调动、提升员工，面向不同的市场，不断改变雇员技能，更要注重根据市场扩展的需要为员工提供相应的培训。绩效评价要求结合行为和结果两个方面，薪酬组合强调奖励增长目标的达成，强调团队建设。

（三）与外部成长战略整合

企业外部成长战略则主要是通过纵向提升企业寿命周期曲线的各种措施来实现的。这些措施包括：组建合资和合作公司，吸收外来资本，建立战略联盟，开展技术转让，兼并与收购，长期融资等。外部成长战略则主要在企业的资本经营领域，是通过外部联合和资本集中的方式，使企业的核心能力得到创新和扩张，其目的主要是追求跳跃式、突发式成长。在资本经营领域的外部成长战略完全不同，其面对的是另外三大市场：资金市场、证券市场和产权市场，主要处理的是借贷关系和产权所有关系。

因此，在实施企业外部成长战略时，人力资源战略要充分考虑企业所实行的战略，特别是通过兼并与收购的企业，尤其要考虑两家公司合并后在何种程度上实现人力资源管理的一体化，包括技能培训，企业文化的融合与冲突解决，工资结构调整，内部一致性达成，岗位、部门、事业单位的人员调整。

人力资源战略管理焦点之一：兼并与收购①

很多企业通过兼并与收购寻求发展。他们所寻求的利益包括：规模经济、市场渗透、新产品、强化制度或管理能力，以及多样化经营。但是，也有很多兼并没能实现期望。在收购之后，由于整合过程管理不当，被收购企业的绩效通常大大恶化。

需要说明的是，兼并与收购都是两个组织的合并，必须在一定程度上实现整合。如果两个企业势均力敌，而不是其中一个占优势，则购并后的企业一般会是一种新的联合企业，很可能采取两个企业的长处。

这就表明，人力资源战略对于有效管理兼并与收购过程来说是很重要的。需要将重点放在这个过程的以下方面：

- 在进行购并评价以及制订计划的过程中，考虑人力资源因素；
- 购并计划实施前的准备工作；
- 实施购并后的管理工作。

一、购并前的计划

一次成功的购并需要有适当的目的、合作伙伴、价格、计划以及程序。这个

① 资料来源：詹姆斯·W·沃克著，吴雯芳译《人力资源战略》，中国人民大学出版社2001年版。

过程始于两个企业最高层经理之间的初步协定和意向书，这种协定和意向书是寻求适当候选者的结果。下一步，企业要进行细致的分析，研究对方企业质量、资产价值以及购并目标有关的财务优势。

在考虑财务问题时，一般要考虑人力资源因素，例如劳资关系合同的兼容性。在很多无工会企业中，可能不想或可能避免购并有限制性或昂贵的劳资协议的企业。同样，无基金资助的养老金或其他雇员福利计划义务可能会毁掉购并交易。在某些案例中，差异很大的(不公平的)激励制度、薪资水准、雇员货款协议或其他惯例可能是不可调和的。

作为这个过程的一个组成部分，或者与这个过程同时，企业可能要研究对方企业的合适性(评价该组织和人员匹配程度如何)，确定需要说明的问题。这包括评价管理人员和其他雇员(例如销售人员或技术人员)的能力，以及这两个企业的相关长处和不足，他们如何能相互运用，通过合并能得到什么好处。要研究价值观以及惯例的适应性，以便确定其是否兼容以及如何能调和差别。

购并前的这个时期一般是简短的，可能要在短时间内完成十分细致的分析。人力资源因素应与财务因素同时考虑，而不是按先后顺序进行。一旦有迹象表明是一次理想的交易，就应开始总体分析过程。通常两个企业都会很重视保密，尽可能减少破坏、流言或信息误传。在某些案例中，定性的人力资源因素可能是一种致命的缺陷。表面上看起来管理有序的企业可能人才极缺，或者掌控这个的高级管理人员可能不会留在新的企业里。人才不足或过剩可能会需要用极高的代价去弥补。价值观和态度(即文化)上的差异可能注定是难以调和的。客户服务、质量、产品管理、信息及辅助系统也可能被认为不合适。

在协商谈判过程中，必须认识那些能识别但对购并计划没有致命影响的问题，并且，在实施计划中对这些问题加以说明。

二、实施准备

一旦宣布有意合并，开始制订计划，人力资源问题就变成重要的核心问题。

至关重要的问题就是要与受影响的组织中的雇员进行有效沟通。从新闻以及金融社区中可能得到的信息往往多于公开提供给雇员的信息。雇员是“先听到”(hear it first)还是跟着公众信息跑，这个问题很重要。当管理人员“在街上”(on the street)听到有关购并的消息时，这个信息应当已经在雇员中传遍了，伴随这个信息的还有各种附加意见。要让雇员了解实情，尽可能减少分裂性流言的发展。

必须制订专门计划加以说明：

· 在转变过程中要保留人才；

· 生产率及客户关系要维护；

• 为受合并影响的职位选拔人才；制订完整的接班计划以及具体职位候选人名单；

• 薪酬、福利、招聘及其他人力资源程序和政策的整合；

• 对支撑组织目标的文化的调整和整合。

通常由指定负责具体领域的管理人员小组或特别工作组来设计和协调这个整合过程。每个小组要建立目标、工作计划以及完成所要求任务的时间表。在工作进行过程中，每个小组要跟踪并报告工作成绩以及需要注意的重大问题。

与购并计划过程一样，实施计划的时间限制一般也很累。活动要快速进行，通常是由管理人员掌握着成功的秘密。对于参与实施计划的管理人员来说，重要的是要迅速而有效地阐明关键问题。

三、购并后的管理

一旦完成了合并，就要开始执行将其整合在一起的任务了。在这时候，决策和执行行动变成最主要的任务。职位及组织的设计，人员的选拔与任用，制度及方案的整合，以及其他的整合步骤，都是极其重要的。

在收购具有相同业务的企业的情况下，管理人员可能更会力求整合两个企业并且快速做到这一点。在收购具有不同业务的企业的情况下，管理人员可能更会采取一种“不予干涉”的姿态，至少在短时间内是这样。

而且，控制期望及沟通的过程也进入高速度。在购并后的头几个月里，必须注意受到影响的雇员的担心和忧虑，让他们谈谈变化，并帮助他们建立新的关系。雇员的主要担心是：

• 由于他们的企业改变或解散而失去身份和用途；

• 失去信息，担心会发生变化但又不能确定会发生什么变化；

• 他们所控制不了的变化会对其生存和保护产生不利影响；

• 失去宝贵的同事；

• 将这种不安、焦虑、受挫折、愤怒以及加剧的竞争的结果带到家庭生活中。

通过有效的沟通以及参与管理与管理变革，可以减轻雇员的这些担忧。但是，从更广泛的角度考虑，有效地管理人员配置、文化合并、奖励制度以及组织变革具有极根本的积极作用（Marks & Cutcliffe，1988：Schweiger，Ivancevich & Power，1987）。

在某些情况下，可能需要为对管理重点达成共识而努力。这可能包括个人咨询服务、改革过程中的态度调查与反馈、群体咨询服务或对管理人员进行重点管理技能培训（Schweiger & Ivancevich，1985）。

（四）与剥离战略整合

当今世界的经济浪潮中，收购与资产剥离此起彼伏。剥离战略旨在对公司业务组合进行重新定位。企业剥离部分业务或从母公司分离出子公司的战略也称为精简战略。那么企业为什么会采取剥离战略或者说企业采取剥离战略的动机是什么？我们以为有以下几个方面的原因：

(1) 被剥离的部分或下属公司可能在运作上不及该行业其他竞争者，或跟不上剥离者组合之内的其他业务；被剥离的部分可能表现不错，但它在行业内所处的情形可能使它缺乏长期的竞争优势。母公司可能判定它获得强的竞争地位的前景不佳，或者可能需要大量的投资；

(2) 母公司的战略重点可能已经转变，而被剥离的部分与新战略不甚符合。母公司可能希望专注于最有竞争实力的领域，这个过程被称为"扬长避短"；

(3) 被剥离的部分可能因为吸收了数量不相称的管理资源，加重了管理上的不协调性，表现为失控与管理效率低下；

(4) 母公司可能涉及面过广，导致对各分部经理的表现的监控难以进行；母公司可能遭遇到财务困境需要现金缓解，以避免最终倒闭；

(5) 被剥离的业务可能曾作为被收购公司的一部分被购进，但母公司没有兴趣将它保留；

(6) 被剥离的业务可能曾作为收购的一部分被购进，但母公司可能需要筹集资金支付收购；

(7) 母公司可能觉得如果被剥离的部分是一个"独立的"实体，它在股市的估价将会更高；

(8) 因为市场会得到关于被剥离公司的更多信息，这增加了股市将该公司估价更高的潜力，从而增加剥离公司股东的财富；

(9) 被剥离的公司可能与另一公司在战略上配合更好，使得后者能够增加效益。剥离公司从而可以分享部分增加的利益，这也符合其股东的利益；

(10) 剥离也可以被用作对付恶意收购的一种防御。

剥离战略或精简战略通常伴随着企业裁减员工。因此，人力资源战略管理在企业剥离战略或精简战略中扮演着保持适度的规模、提高工作绩效的角色。这就要求人力资源战略强调要科学地评估绩效，区分绩优与绩劣的员工；要加强沟通，向企业员工公布裁员的目的，培养员工对企业的信任感与归属感。

四、人力资源战略与企业战略态势的整合

迈尔斯(Miles)和斯诺(Snow)将企业战略分为三种类型：防御者战略(Defender)、

探索者战略(Prospector)和分析者战略(Analyzer)。

防御者战略：它寻求的是整体市场中的一个狭窄、稳定的细分市场，而不是成长。

探索者战略：它通过不断寻找新产品、新市场或新服务，发掘新的商业机会，在这种战略下，企业资源主要用于鼓励创新以及获取难以在组织内部发展的能力，创新比效率更为关键。

分析者战略：它是指企业在一些稳定的产品市场上经营，但同时积极寻找和把握机会，通过快速模仿有创新能力的竞争对手来保持竞争优势。

柏德(Baird)和比奇勒(Beechler)认为，对应于企业的防御者战略、探索者战略和分析者战略，企业应当采取与之相匹配的人力资源战略。

当企业采取防御者战略时，与其相互协调的人力资源战略是累积者战略。累积者战略是基于最大化员工投入和员工技能培养，充分发挥员工的最大潜能。

当企业采取分析者战略时，与其对应的人力资源战略是协助者战略。协助者战略是基于新知识和新技能的创造，鼓励及支持能力、技能和知识的自我开发。

当企业采取探索者战略时，企业最优的人力资源战略是效用者战略。效用者战略是基于极少的员工承诺和高技能的利用，企业将雇用具有目前所需要的技能且可以马上使用的员工，使员工的能力、技能与知识能够配合特定的工作。如表5－3所示：

表5－3　企业战略、组织要求和人力资源战略①

企业战略	组织要求	人力资源战略
防御者战略 产品市场狭窄 效率导向	维持内部稳定性 有限的环境分析 集中化的控制系统 标准化的运作程序	累积者战略：基于最大化员工投入及技能培养 获取员工的最大潜能 提高员工的能力、技能和知识
分析者战略 追求新市场 维持目前存在的市场	弹性 严密和全盘的规划 提供低成本的独特产品	协助者战略：基于新知识和新技能的创造 聘用自我动机强的员工，鼓励和支持能力、技能和知识的自我发展 在正确的人员配置及弹性结构化团体之间协调

① 资料来源：转引自赵曙明编著《人力资源战略与规划》，中国人民大学出版社2002年版，第68页。

续表

企业战略	组织要求	人力资源战略
探索者战略 持续地寻求新市场 外部导向 产品/市场的创新者	不断地陈述改变 广泛地环境分析 分权的控制系统 组织结构的正式化程度低 资源分配快速	效用者战略：基于极少的员工承诺和高技能的利用 雇用具有目前所需要的技能且可以马上使用的员工 使员工的能力、技能与知识能够配合特定的工作

企业的人力资源管理是现代企业管理的核心和基础。对于企业的其他管理方法，如战略管理、财务管理、生产管理、变革管理等等，其实现必须结合人力资源的管理，而且人力资源的管理都落实在对以上问题的执行这一关键环节上。所以，人力资源管理是现代企业管理的基础和核心。

第二节 人力资源战略提升企业竞争优势

在市场竞争日趋激烈的当今社会，企业能否生存与发展，关键在于具不具有竞争优势。

一、企业竞争优势

（一）企业竞争优势的含义

企业竞争优势主要是依据企业管理学、经营学、市场营销学、经济学，以及国际贸易等理论和实践提出来的。关于企业竞争优势的概念，目前国内外学者持有几种不同观点：

（1）传统或古典经济学观点。这种观点认为企业国际竞争优势取决于该国或地区生产要素——劳动力、资金与自然禀赋等方面具有的相对优势。这种观点自亚当·斯密创立的“绝对优势理论”到大卫·李嘉图的“比较贸易理论”源远流长，其佐证是二战后的日本及近些年发展起来的亚洲“四小龙”企业，它们之所以获得竞争优势，根本原因就是其拥有丰富而优秀的劳动力资源，并且劳动力价格偏低。

（2）经济历史学或制度经济学派的观点。这种观点强调经济体制及制度在形成国际竞争力方面的重要作用，认为有力的制度形式是推动国家经济发展的动力，从而也必然促进企业国际竞争力的提高。一个国家或地区企业要增强竞争力，首要的因素是使其经济面向市场并相应缔造现代经济体制。

(3) 发展经济学的观点。这种观点认为，企业国际竞争力的提高是经济发展的自然结果，实际是以工业化来消除发展中国家现存的二元经济结构，实行经济结构的根本转变。

(4) 增长经济学的观点。这种观点认为，与自然资源相比，人力资本更能决定一国或地区的竞争优势。竞争优势来源于效率和技术创新，关键因素是技术水平和教育。

(5) 企业经济学的观点。这种观点认为，提高企业竞争优势除了提高工业的基础设施完善程度，还必须提高企业的技术水平和管理水平，使企业在生产和推销方面比别国的同类企业更强。

(6) 世界经济论坛和洛桑国际管理开发学院的观点。这两个机构认为，企业竞争优势取决于企业组织结构、战略管理、以市场为导向的营销管理、实物与价值形态的管理，以及人力资本的管理。

以上各种观点，尽管对企业竞争优势的内涵、外延、形成条件以及决定因素看法不一，但对企业竞争优势本质认识是一致的。归纳起来，企业竞争优势是一个综合概念，包括既相互联系又相互补充的两个方面：一是企业内部效率形成的竞争力，二是由环境左右而形成的竞争力。

我们以为企业竞争优势主要来自企业内部效率和技术创新，或者说来自企业价值链各环节的创新。因此企业竞争优势的实质是一国的企业设计、生产、销售产品和劳务的能力，其产品各个方面比竞争对手更具市场吸引力。当然，这并非否认企业外部环境的作用，而是说在某一个特定的时期，一国企业所处的外部环境如制度、体制、政策等是相对稳定的；而在相对稳定的外部环境中，企业与其竞争对手所处的环境是相同的，所以企业竞争优势主要取决于企业自身的经营水平。总之，企业竞争优势就是企业获取市场份额和取得利润的商务能力，其本质在于内部经营效率和技术创新能力。

（二）企业竞争优势理论的形成与发展

企业竞争优势理论的形成可追溯到 20 世纪 80 年代初世界经济论坛组织的达沃斯年会，与会的各国企业家、银行家、经济学家和政府官员就企业竞争力及企业国际竞争力的问题展开讨论。当时大家对什么是企业的国际竞争力，如何比较各国竞争力，甚至存不存在国际竞争力等问题众说纷纭。在这种情况下，为使世界各国的实业领袖、金融巨头和政界要人对世界经济的发展及实力对比的变化有综合全面的了解，并掌握更多的信息，促进各国提高各自的国际竞争力，世界经济论坛开始酝酿竞争力研究并发表专题研究报告。开始时，在理论原则、方法论、评估体系和指标数据等方面很不完善。但经过数年努力，1986 年对国际竞争力包括企业竞争力的研究初步形成了相对独立的体系。1989 年世界经济论坛与瑞士洛桑国际管理开发学院开始携手合作共同进行国际竞争力的研究，大大推进了国际竞争力研究进展。随着冷战的结束，以经济为中心内容的综合国力竞争日益加剧，各国对国际竞争力的关注日益高涨。1995 年底世界经济论坛与洛桑管理开发学院分道扬镳，各自组成研究队伍进行国际竞争力的研究。以此为标志，对国际竞争力的研究进入一个群雄逐鹿的新阶段。然而，无论哪个阶段，企业竞争力都被作为研究的重要内容。正如波特指出的那样，“竞争优势几乎不能算一个新课题，很多工商管理书都从这个或那个方面直接或间接涉及了这个问题。”①

对企业竞争优势作出最为系统的研究的是美国哈佛经济学院教授迈克尔·波特(Michael Porter)，经典之作是他的《竞争战略》、《竞争优势》和《国家竞争优势》“竞争三部曲”。前两部发表于 80 年代初，重点研究企业竞争优势；最后一部发表于 1990 年，虽然讨论的是国家竞争优势的问题，但波特仍是以产业和企业竞争优势作为核心。《竞争战略》一书确定了分析产业和竞争对手的理论框架，并阐述了获取竞争优势的三个基本战略：成本领先战略、标歧立异(即差异化)战略和目标集聚战略。《竞争优势》一书将价值链作为一种新的观察视角，阐述企业在实践中将上述三种竞争战略付诸实施的问题，核心内容是企业如何保持持久的竞争优势。

（三）企业竞争优势的基础

技术创新是企业形成竞争优势的基础。这是由技术在企业生产经营活动中的地位决定的。

第一，技术创新创造了许多在原理上和功能上有质的飞跃的劳动手段，出现了许多新的生产工具和流程，提供许多性能优异的新材料，开发强力、洁净的新能源。同时新的技术革命在对劳动资料渗透的基础上，物化于劳动人口中，在提高劳动力自然素质的同时，使其智力水平、智力结构发生崭新的变化，以构成生产力的基本因素。

第二，技术创新引起产业结构的变化。由电子工业、计算机工业、通信工业、新能源工业、新材料工业、宇航工业、生物工业等高技术工业所组成的产业群，日益兴盛，从事这些产业的企业有着显著的市场竞争优势。相反，在西方发达国家一些传统的产业部门，如钢铁、汽车、建筑等生产相对萎缩，汽车大王、钢铁大王已被电脑大王、软件大王所取代。另一方面新技术的应用还使传统的产业部门得以更新和改造。劳动、资金密集型产业逐渐被知识技术密集型产业所取代。

---

① ［美］迈克尔·波特《竞争优势》，华夏出版社 1997 年版，第 2 页。

第三，技术创新引起劳动生产方式的变化。以往的技术革命延长了人类劳动的器官，部分地代替了人的体力，大机器生产取代了手工操作，但劳动者仍不得不屈从于机器的装置和运转。由新技术革命带来的电子计算机和机器人的应用，不仅进一步解放了人的体力，也部分取代了人的脑力，使生产朝着全面自动化、科学化、智能化发展。"工人不再是生产过程的主要当事者，而是站在生产过程的旁边"，"表现为生产过程的监督者和调节者的身份同生产过程发生关系。"①

第四，新的技术革命带来生产组织、管理体制的变革。生产流程由机械化时代的大规模流水线转变为小批量、多品种的柔性生产线，产品多样化，富于灵活性。信息已成为企业发展中不可缺少的重要资源，"网络结构"逐步取代传统的"金字塔结构"，劳动的组成、生产系统、管理方式趋向分散化与小型化。总之，从人类生产实践看，科技越来越成为第一生产力。自产业革命(技术创新导致)以来，每一次技术革命(根本的创新)都引起生产工具的革命，也引起产业革命的不断升级。"工作机——动力机——传动机——控制机"生产工具的发展轨道，一方面表明技术创新的路径，另一方面表明生产工具向智能化方向发展。"智能化"的根本内涵是技术的不断创新。从世界各国企业发展来看，哪个企业能够把握这一方向哪个企业就能够发展壮大，并保持强劲的竞争优势。因此，可以认为，一国企业真正的竞争优势在于技术的优势，在于技术不断创新的能力。彼得·德鲁克说得好："任何国家，没有自己的高技术企业，就难以充当领导者的角色。"②

随着技术的不断创新，当今世界产品周期不断缩短，可以断言：随着电子技术及网络技术的发展与普及，产品开发周期和寿命周期会进一步缩短。企业要想在激烈的市场竞争中保持不败，就必须不断创新。正如塔克尔在《未来赢家》一书中指出的那样："企业的失败其实是败在拥有创新技术的竞争者手下。"

二、人力资源战略提升竞争优势的实践证据

16 种体现人力资源战略的人力资源管理实践，由斯坦福大学教授杰夫瑞·菲弗研究发现。

(1) 就业安全感：任何一个员工都不会因为工作缺乏而被解雇。企业向员工们提供一个长期承诺。这种实践导致员工的忠诚、承诺和愿意为企业利益付出额外努力。

(2) 招聘时的挑选：仔细地以正确方式挑选合格的员工。一个非常合格的员工要比不太合格的员工平均劳动率要高出两倍以上。此外，通过在招聘实践中挑

---

① 《马克思恩格斯全集》第 46 卷，人民出版社 1997 年版，第 30 页。
② ［美］迈克尔·波特《竞争优势》，华夏出版社 1997 年版，第 30 页。

选,企业向求职者发出的资讯是:他们加入的是一个精英企业,同时发出的资讯是:它对员工的绩效有高度期望。

(3) 高工资:工资高于市场所要求的工资(即:比竞争者所付的工资还要高)。高工资倾向于吸引更加合格的求职者,使流动可能较少发生,并且发出一个资讯:公司珍视它的员工。

(4) 诱因薪金:让那些导致绩效和赢利率水平提高了的员工们分享津贴。员工们认为这样一种实践既公平又公正。如果由员工们的才智和努力所产生的获益都归最高管理部门,人们将把这种情况看作不公平,将会气馁,并放弃他们的努力。

(5) 员工所有权:通过向员工们提供诸如公司股份份额和利润分享方案,把组织中的所有权的利益给予员工。如果恰当地加以实施,员工所有权可以让员工们的利益与其他股东的利益紧密地结合起来。这样的员工将可能对其组织、对其战略部门和对其投资政策抱持一种长期的信念。

(6) 资讯分享:向员工们提供有关运作、生产率、赢利率等的资讯。为员工们提供正确评价他们自己的利益与公司的利益是怎样关联的资讯基础,并因此为他们提供所需要的资讯,去做要想成功就必须去做的事。

(7) 参与和授权:鼓励决策的分散化和在控制员工们自己的工作过程中扩大员工的参与和授权。企业应当从一种层级制的控制和协调活动的系统走向这样的系统:在其中,较低层次的员工们被允许做那些能提高绩效的事情。

(8) 团队和工作再设计:使用跨学科的团队以协调和监控他们自己的工作。通过设定关于恰当的工作数量和工作质量的规范,团队对个体施加某种强烈的影响。当存在着对群体努力的奖励时,当群体对工作环境拥有某种自主权和控制权时,以及当群体受到组织严肃对待时,更有可能产生来自群体影响的正面结果。

(9) 培训和技能开发:为员工们提供完成其工作所必需的技能。培训不仅保证员工和经理们能胜任工作,而且也显示了公司对员工们的承诺。

(10) 交叉使用和交叉培训:培训员工去从事好几项不同的工作。让员工去做多项工作可以使工作变得更加有趣,并为经理们提供安排工作的更大弹性。

(11) 象征性的平等主义:平等对待员工可以通过诸如办公室大门开放等行为得以实现。减少社会类别的体现有可能减少"我们"同"他们"的对立思想,并且提供一种每个人都为一个共同目标而工作的感觉。

(12) 工资浓缩:缩小员工间工资差别的程度。当任务需要互赖以及完成工作需要协调时,薪金浓缩可以通过减少人际竞争和提高合作去导致生产率改进。

(13) 内部晋升:通过从处于较低组织层次上的员工晋升去填补职务空缺。晋升增加培训和技能的开发,提供给员工"好好干"的诱因,并且能提供一种关于工作场所的公平和正义的感觉。

(14) 长期观点：企业必须明白，通过劳动力去达到竞争优势需要花费时间，因此需要一种长期观点。在短期内，与维持就业安全感相比，解雇人也许更有利可图，减少培训经费也是保持短期利润的快捷方式。但是，一旦通过使用这些人力资源管理实践获得竞争优势，那么这种优势就很难更为持久。

(15) 对实践的测量：企业应当测量诸如员工态度、各种方案和首创精神的成功以及员工绩效水平等方面。测量能够通过指明"何者重要"而指引行为，而且它能为公司及其员工提供反馈，告诉他们，相对于测量标准，他们表现得有多好。

(16) 贯穿性的哲学：让根本的管理哲学把各种个体的实践连接成一个凝聚性的整体。

三、人力资源战略提升企业竞争优势的理论模型

1. 克雷曼理论模型

克雷曼理论模型是以人力资源实践作为分析的起点。克雷曼指出，人力资源实践直接地或间接地提升企业竞争优势。所谓直接地提升企业竞争优势主要是指贯彻某种人力资源管理实践的方法本身能够对竞争优势产生一种直接影响。间接地提升企业竞争优势是指某种人力资源管理能够通过导致某些结果去影响竞争优势。具体地说，是通过以员工为中心的结果引发以组织为中心的结果，来提升企业竞争优势。(如图 5－1 所示)

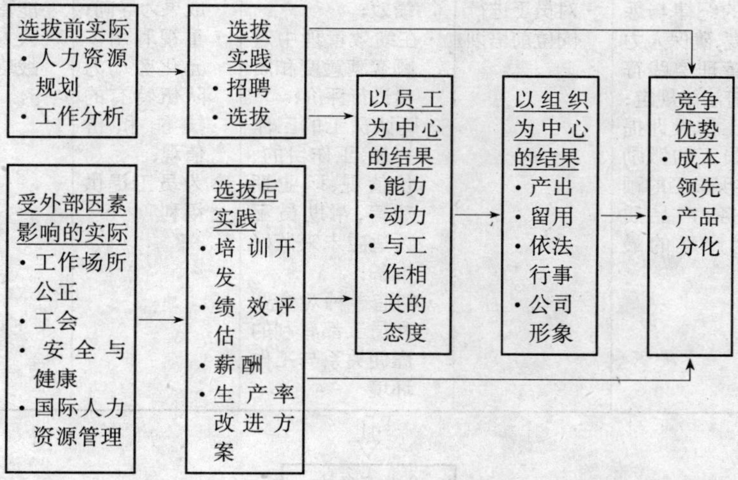

图 5－1　人力资源战略提升企业竞争优势的理论模型①

① 资料来源：[美] 劳伦斯·克雷曼《人力资源管理》，机械工业出版社 1999 年版。

该模型表明，通过人力资源管理实践所创造、获得的竞争优势更难以被模仿、复制，比其他方法与手段获得的竞争优势能够保持更为持久。其原因有以下两点：其一，竞争者很少或很难深入接触、理解一个企业的人力资源管理实践；其二，人力资源管理实践是一个多种要素相互关联的系统，竞争者只模仿一种实践（要素）很难成功。

2. 诺伊模型（如表5-4所示）

表5-4　应对竞争挑战的人力资源管理模型

全球化挑战　　满足利益相关群体需要的挑战　　高效率工作系统的挑战

↓

对企业竞争优势作出贡献的人力资源管理实践的主要领域				
人力资源环境的管理	人力资源获取与准备的管理	人力资源评价与开发管理	人力资源报酬管理	其他方面的管理
帮助企业迎接竞争性挑战的人力资源管理实践活动				
·创造一个持续学习的环境； ·人力资源战略与企业经营战略相配合； ·积极的纪律与惩戒制度，确保人力资源管理实践符合政府法律规定； ·通过工作设计提高对员工的激励性，实现员工的顾客服务、产品质量、生产率的最优化	·确定人力资源需要； ·甄选制度具有工作相关性和合法性； ·对员工进行岗位前培训	·用团队来完成工作； ·对员工的工作态度进行监测； ·衡量员工的工作绩效； ·在绩效管理中对顾客满意度和质量进行评价； ·确认员工的工作兴趣、工作目的、价值观、职业期望等，帮助员工为适应未来做好准备； ·创造一种对企业和员工都有利的雇佣关系与工作环境	·创造高激励度的报酬制度； ·薪酬制度以技能和工作成果为导向； ·重视利用多元化劳动力队伍特有的技能和价值观； ·为员工提供福利	·劳资关系管理； ·国际人力资源管理； ·人力资源职能管理； ·人力资源的战略性管理

↓

企业竞争力

此模型强调，人力资源管理实践对于企业发展极具价值，是企业的一种重要投资；人力资源管理不仅影响员工的动机、态度，而且影响员工为顾客提供满意的产品与服务的能力；人力资源管理是迎接竞争性挑战、创造企业竞争的关键活动。

四、通过人力资源战略获得持续的竞争优势

20 世纪 90 年代巴尼和沃特菲尔特等提出了"资源基础论"，是以资源为基础的企业战略管理理论，将企业资源分为物质资源、人力资源和组织资源。在该理论指导下的人力资源管理，重视人力资源的知识、技能及能力，能够理论性地说明人力资源能成为企业竞争优势的重要源泉。

巴尼(Barney,1991)分析了企业持久竞争优势的来源。巴尼认为，具有形成竞争优势潜力的企业资源必须具备五个特征：

(1) 有价值的。这种资源对于企业利用机会、减少外部环境的威胁是有价值的；

(2) 是稀缺的。这种资源在企业目前和潜在的竞争对手中是稀缺的。如果一个企业实施战略所需的资源不是稀缺的，那就意味着拥有相似资源的其他企业也可以实施这一战略，因此该企业也就毫无优势可言。一般来说，在一个行业中，如果拥有独特的有价值资源的企业数少于形成完全竞争状态所需的企业数，那么可以说这种资源就是稀缺的，而且有可能产生竞争优势；

(3) 不能被完全模仿。这种资源应该是长期积累的结果，而其他企业不可能通过短期的努力，创造出类似于该企业拥有的资源能力；

(4) 是其他资源无法替代的；

(5) 有附加价值性。也就是说，该资源可以带给企业实际的利益而不是单纯理论意义上的资源。

而综观企业所有的资源，只有人力资源才符合巴尼提出的企业保持持久性竞争优势资源的上述条件。其原因是：

首先，由于人具有能动性，能够通过学习提高自身的素质与能力，正是由于个体的能动性使人与人之间所拥有的知识和智力水平存在着差异。因此，在某一特定时期，拥有高素质的人力资源总是少数，他们成为各个企业竞相争夺的对象。也就是说，人力资源不仅是有价值的，而且具有稀缺性。

其次，每一个个体都有自身的行为准则和道德标准，并且个体一旦融入到一个企业文化中去，他就会受这个企业的经营理念的影响，打上该企业的烙印。这是其他企业难以掌握和模仿的。

第三，不管对于何种企业而言，人力资源都是不可或缺的。企业一般不会雇用不适合自己的专业人才，也不会轻易放弃对企业有用的人才。因此，可以说人力资源具有不可替代性。

最后,由于商品的"附加价值"是由劳动创造的,故而人力资源是利润的真正来源。商品的附加价值越高,企业的利润就会越大。人力资源具有显著的附加价值性。

因此,企业要取得持久的竞争优势,就必须重视企业的人力资源管理。另外从战略职能的角度看,人力资源管理的理念之一,是将企业的员工视为非常珍贵的资源,是企业各种投入中十分重要的组成部分。只要对这部分资源加以有效的管理,就能使之成为提高企业竞争力的重要推动力。人力资源至少应被视为与企业的资金、技术和其他要素具有同等的重要性。

本章小结:

伴随着经济全球化的进程,科学技术的日新月异,新的经营方式不断涌现,信息交流过程发生根本性变革,在这种超竞争环境下,越来越多的企业逐渐认识到战略管理的重要性。企业战略管理是企业高层管理人员为了企业的长期生存和发展,在充分分析企业外部环境和内部条件的基础上,确定和选择达到目标的有效战略,并将战略付诸实施和对战略实施过程进行控制和评价的一个动态管理过程。面对复杂多变、竞争激烈的环境,企业应对内部的职能加强管理,对外部环境的变化进行分析与预测,并根据自身的能力作出相应的决策,树立起竞争性的战略观念与意识,科学地制定和实施企业战略计划。而企业战略目标的实现需要依赖一系列功能性战略,其中人力资源战略最为重要。美国管理学者莱文和米切尔(Lewin & Mitchell,1995)指出,人力资源与企业战略相配合,可以帮助企业增加利用市场的机会,提升企业内部的组织优势,帮助企业实现其战略目标。

案例分析:

企业实施人力资源管理活动必须与企业战略结合起来。企业战略是企业在分析环境的基础上对企业未来发展的总体的、系统的、长远的规划。企业制定战略的目的是为了使企业在不断变化的环境中主动地驾驭环境,而不是去被动地适应环境,进而提高企业的学习应变能力。

AT & T公司正在进行重大的调整并重新确定其竞争地位,以对付解除市场管制所带来的挑战。为了保持竞争力,其消费产品业务部门将制造业务转移到新加坡,精简了组织,专注于成本与质量。该公司正在大举挺进国际市场以转移其在美国的竞争。该公司的人力资源规划围绕创造变化(影响在市场上取得成功所必须的领导与管理变革)而展开。

可见，公司将来到底如何发展，决定了组织将来需要什么类型的人才。在这个战略层面上，人力资源管理者就要结合企业目前的人员状况考虑，怎么才能把现有员工培养成未来需要的人才等问题，已经被 AT & T 公司列为重点解决的问题。所以，每当公司有重大变革时，人力资源管理部门应该是第一个开始行动的部门。

AT & T 公司提供了一个充分说明企业如何使人力资源重点与战略重点相一致的案例。

本章思考题：

1. 蒂契提出了何种人力资源管理与企业发展战略配合的战略方式？
2. 什么是低成本战略？人力资源战略与低成本战略如何整合？
3. 什么是差异化战略？人力资源战略与差异化战略如何整合？
4. 什么是集中型战略？人力资源战略与集中型战略如何整合？
5. 企业为什么会采取剥离战略？
6. 什么是企业竞争优势？
7. 为什么说技术创新是企业形成竞争优势的基础？
8. 为什么说人力资源才是符合巴尼提出的企业保持持久性竞争优势的资源？

第六章 人力资源管理与组织设计

引导案例

百年招行的人力资源管理

招商银行行长马蔚华在回顾二十年的创业历程时，由衷地发出感慨："人力资源是招行最重要的战略资源，既是招行过去快速发展的重要保障，也是招行参与未来竞争第一位的战略支撑。"1987 年 4 月 8 日，招商银行在深圳成立。它是中国第一家完全由企业法人持股的股份制商业银行，以敢为天下先的勇气，在革新金融产品与服务方面创造了数十个第一。

1995 年 7 月，推出银行卡——"一卡通"，开创我国银行业个人理财的先河；

1998 年 3 月，启动"一网通"业务，成为国内首家提供 Internet 网上支付服务的银行；

1999 年 8 月，作为国内金融机构，第一家通过 ISO9001 质量体系认证；

2002 年初，率先开通企业网上支付关税的服务——"银关通"；

2002 年 4 月 9 日在上海交易所挂牌(股票代码：600036)，是国内第一家采用国际会计标准上市的公司；

2003 年 6 月，"一网通"作为中国电子商务和网上银行的代表，登上了被誉为国际信息技术应用领域奥斯卡的 CHP 大奖领奖台，这是中国企业首次获此殊荣。

近年来，招商银行连续被境内外媒体授予"中国本土最佳商业银行"、"中国最受尊敬企业"、"中国十佳上市公司"等多项殊荣；

2005 年，在中华英才网组织的"中国大学生最佳雇主人气调查"中，闯入 TOP50 人气榜。

招商银行的招聘理念是："我们不仅提供工作机会，更提供适宜人才职业发展的氛围。"

一、招行的"131"人才培养工程

2005 年年初，招商银行启动了"131"人才培养工程，即培养 100 名优秀管理人才、300 名业务专家和 1 000 名优秀客户经理。"131"人才工程既是全行核心人才的“培养工程”，又是全行核心人才的“激励工程”和“留用工程”。100 名管理骨干的培养着眼于分行、总行部室领导班子建设。300 名业务专家是指各业务、管理条线的全行级业务专家。他们是全行各条线最优秀、最不易替代、最具发展潜力的专业骨干力量，是支撑全行各条线工作的“中流砥柱”。1 000 名客户经理是各行(部)市场拓展的中坚力量，是招行实现经营战略调整的营销人才基础。

二、职业生涯发展“双赢”

(一) 序列化——完善员工职业发展通道

招商银行依据员工综合素质、专业水平、发展潜力、所在岗位特点等因素对其职业生涯作有侧重的规划安排。对于认同招商银行企业文化、有管理能力、德才兼备、业绩突出、素质优异且具发展潜质的优秀人才，招商银行都会不拘一格地大胆提拔到各级管理岗位上来。

(二)“五个看重”——建立选拔人才的标准

(1)“重人品”：正直，廉洁，政治思想素质高。

(2)“重文化认同”：认同企业文化理念，事业忠诚，敬业。

(3)“重实际工作能力”：具有过硬的实际工作能力。

(4)“重工作实绩”：“以业绩论英雄”。

(5)“重发展潜力”：职业化人才所具备的发展潜能。

上述五个标准中人品和文化认同是前提，工作能力、业绩是基础，发展潜力是关键。

(三) 竞聘——让人才脱颖而出

目前，招商银行的人员呈现多元化态势，前线工作人员都以招聘应届毕业生为主，而管理人员多数都是行内成长起来的，少量是“海归”或外籍人员。在干部选拔上，招商银行有两种形式：一种是任命制；另一种是公开竞聘制。马蔚华说：“每年招行都要有一些岗位推出来，让全体员工进行竞聘，为一些特别优秀的人才创造脱颖而出的机会。这也是对员工的一种激励。”公开竞聘制分为报名、笔试、面试答辩、组织考察和任前公示五个工作环节。

三、人本管理与柔性管理

(一) 招商银行人本理念

第一，尊重——企业尊重员工的人格、个人需求；

第二，激励——管理者关爱员工生活和激励个人发展潜力；

第三，沟通——企业与员工、员工与员工之间互信，共同成长。

(二) 招商银行核心价值观

第一，服务——以客户为中心，提供个性化的产品和服务；

第二，创新——应对银行业的发展趋势和市场竞争态势，持续变革；

第三，稳健——有效控制风险，合规运作，稳定发展。

案例讨论题：

1. 如何理解“人力资源是招行最重要的战略资源”？
2. 招商银行的职业生涯发展道路是否具有普遍意义？
3. 人本管理的核心是什么？
4. 招商银行的成功对其他国内商业银行来说有何借鉴？

第一节　企业组织设计

如同一个人的性格一样，组织也有其鲜明的特点。这种性格称为“组织文化”，或谓之“组织氛围”。组织文化是组织在较长的实践过程中渐渐发展起来的，为本组织所特有的，是组织成员的价值观念和行为规范的集中体现。因此，在世界经济趋同化潮流指引下，企业应当选择一种最合适的组织结构与其战略规划相匹配，并共同创建优秀的企业文化。

一、组织设计的基本含义

（一）企业组织

1. 组织

在管理学意义上，组织是指按照一定的目的和程序组成的一种权责角色结构。组织既是一组工作关系的技术系统，又是一组人与人之间关系的社会系统，是两个系统的统一。它涵盖职权、职责、负责（上下级的一种关系）和组织结构四个方面。组织有整体性、适应性、有效沟通性和秩序性等特点。

2. 企业组织

企业组织是指为了实现企业的目标，以一定的层次、规则而集合在一起的具有共同利益的社会团体。从人力资源角度看，企业组织是通过对企业经营活动、企业组织结构的设计及执行企业决策所需要的资源整合的一系列管理活动。任何一个组织结构都应具有清晰的职位层次、流畅的沟通渠道以及有效的协调合作体系。

3. 职位

职位是组织结构的基本单元，指承担一系列工作职责的某一任职者所对应的组织位置，职位与任职者是一一对应的。职位也是战略执行与承担的基点，战略的转型与组织（流程）的再造必须以职位调整与再造为实现条件。如图6－1所示。

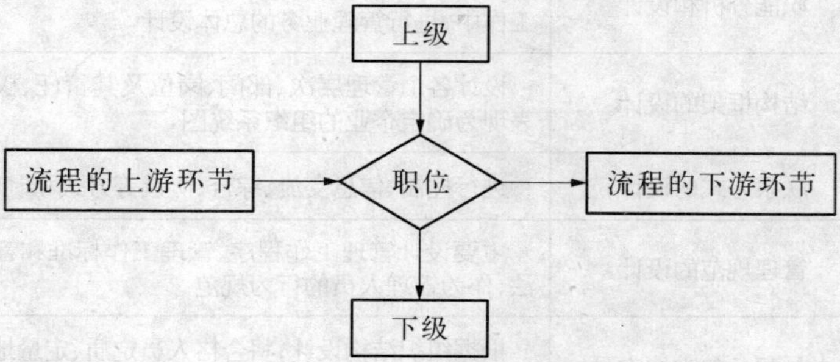

图6－1　职位在组织中的位置

（二）组织设计

它是指对组织活动和组织结构的设想计划，是将组织内的人力资源合理分配于不同的任务，并取得协调一致的战略方向。组织设计影响到工作过程中的活动、信息流及决策之间的关系。一个有效的组织结构不仅具备高效能的运作平台，而且必须具有适应环境变化能力的人员，适当的工作任务以及适当的价值理念。这里的"组织结构"意义特指最能适应迅速变革的环境，同时又兼具组织的连贯性并保持资源整合发展的一种组织结构。

（三）组织7S理论

7S理论包括组织的结构（structure），制度（system），风格（style），人员（staff），技巧（skill），战略（strategy）和共同的价值观（shared values）。其中结构、制度和战略显示管理的技术性特征；共同的价值观、技巧、人员和作风则显示管理的艺术性特征。

二、组织设计的内容与程序

组织设计的内容包括工作岗位的事业化，部门的划分，以及直线指挥系统与职能参谋系统的相互关系等方面的工作任务组合；建立职权，控制幅度和集权分权等人与人相互影响的机制；开发最有效的协调手段。如表6－1所示。

表 6-1 组织设计的程序与内容

	设计程序	工作内容
1	确定基本原则	根据企业的战略、任务、目标和特点，确定组织设计的基本方针、主要原则和主要参数
2	职能分析和设计	确定管理职能及其结构，层层分解到各项管理业务和工作中，进行管理业务的总体设计
3	结构框架的设计	设计各个管理层次、部门、岗位及其责任、权力。具体表现为确定企业的组织系统图
4	联系方式的设计	进行控制、信息交流、综合、协调等方式和制度的设计
5	管理规范的设计	主要设计管理工作程序、管理工作标准和管理工作方法，作为管理人员的行为规范
6	人员配备与定编定员	根据组织结构设计，将合格人员定质、定量地配置到职位活动过程中
7	运行制度的设计	设计管理部门和人员绩效考核制度，设计精神鼓励和工资奖励制度，设计管理人员培训制度
8	反馈和修正	将运行过程中的信息反馈回去，定期或不定期地对上述各项设计进行必要的修正

三、组织结构设计的原则

（一）西方管理学家提出的组织设计基本原则

1. 管理学家厄威克比较系统地归纳了古典管理学派泰罗、法约尔、韦伯等人的观点。

（1）目标原则；

（2）职责原则；

（3）管理幅度原则；

（4）协调原则；

（5）相符原则；

（6）组织阶层原则；

（7）专业化原则；

（8）明确性原则。

2. 管理学家孔茨在继承古典管理学派的基础上，提出健全组织工作的 15 条基本原则。

(1) 目标一致的原则;

(2) 效率原则;

(3) 管理幅度原则;

(4) 分级原则;

(5) 授权原则;

(6) 职责的绝对性原则;

(7) 职权和职责对等的原则;

(8) 统一指挥的原则;

(9) 职权等级的原则;

(10) 分工原则;

(11) 职能明确性原则;

(12) 检查职务与业务部门分设的原则;

(13) 平衡的原则;

(14) 灵活性原则;

(15) 便于领导的原则。

(二) 我国企业在组织结构的改革实践中的设计原则

(1) 任务与目标原则。组织设计要为企业的战略任务、经营目标服务,以促进企业目标的实现作为组织设计的标准。

(2) 专业分工和协调相结合原则。分工要合理,不能太细。分工太细会引起办事程序和管理的复杂化。

(3) 指挥统一原则。首脑负责部门间的协调;正职领导副职;指挥点要清晰。直线职能制组织统一指挥性最强。

(4) 管理幅度与管理层次相结合原则。管理幅度小,则层次多;管理幅度大,则层次少。要在保证有效管理幅度的前提下,尽量减少管理层次。高层管理跨距约3~6人。中层管理跨距约5~9人。低层管理跨距约7~15人。在灵活型大型组织中,从最高层到最基层,管理层次不超过6~8个。管理层次越少,表明决策越快,即意味着高层管理与基层之间的雇员关系更为密切。

(5) 责权利相结合的原则。在设计企业组织结构时,必须考虑到责、权、利的有机统一。

(6) 集权与分权相结合原则。集权与分权实际上是上下级的分工关系,现代企业更强调分权。

(7) 执行和监督机构分设原则。直线结构稳定性强,而矩阵结构适应性强。企业要根据自身情况,在稳定性与适应性相结合原则指导下选择和设计最合适的组织结构。

(8) 人才使用与人才发展相结合原则。优先选用组织内人才,按照使用、发展、招聘原则激励人才成长。

四、企业组织机构的设置

(一) 组织设计的重点

(1) 组织的目标性: 使组织内各部分在公司整体经营目标下充分发挥能力而达成各自目标。

(2) 组织的成长性: 考虑公司的业绩经营与持续成长。

(3) 组织的稳定性: 随着公司成长而逐步调整组织是必要的,但经常的组织、权责、程序变更将使员工信心动摇。

(4) 组织的简单性: 组织的简单将有助于内部协调与人力分配。

(5) 组织的弹性: 保持基本形态,又能配合各种环境条件的变化。

(6) 组织的均衡性: 各部门业务量的均衡,将有助于内部的平衡与分工。

(7) 指挥的统一性: 一人同时接受两位以上主管管理,将使其产生无所适从的感觉。

(8) 权责明确化: 权责或职责不清将使工作发生重复或遗漏、推诿现象,易使员工产生挫折感。

(9) 作业制度化: 明确的制度与标准作业可减少摸索时间,增加作业效率。

(二) 影响组织设计的主要因素

(1) 组织目标与任务。一个组织的愿景与使命决定其发展的空间。

(2) 企业环境。包括宏观经济形势、政府政策及法令、行业特点、人力资源供求状况、能源问题等。在较稳定的环境下,组织采用的是较为稳定的结构(如集权型组织结构);而快速变化的环境下的组织结构则采用适应性较强的弹性组织结构(如分权型组织结构)。

(3) 生产条件和技术特点。包括技术复杂程度和稳定性两个内容。技术复杂程度越低,稳定性越高,越适合采用机械式、相对集权的组织结构;反之,则适合采用相对分权的组织结构。

(4) 企业战略。不同的战略理念导致不同的关键职能的设计。

(5) 企业规模。组织结构的规模和复杂性随企业规模的扩大而相应增长。

(6) 现有的人力资源数量和质量及其结构也会产生重大影响。20%的核心人力资本决定整个组织的竞争力。

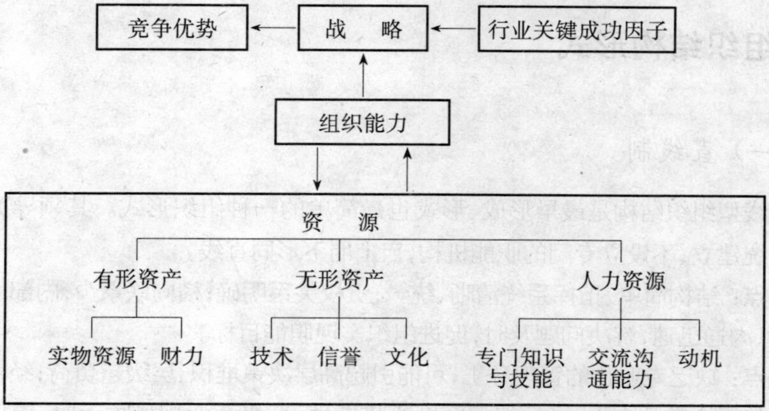

图 6-2　组织资源、能力和竞争优势之间的关系

第二节　企业组织类型与组织结构的形式

组织结构是实现公司战略目标的重要保证，是为实现目标对资源的一种系统性安排。企业组织结构设计合理与否，关键是能否体现组织管理的协同性和集中性、有效性。应对企业成长环境的不同阶段，需要适时调整企业结构，以灵活应对企业现实存在情况。

一、企业组织类型

企业组织类型取决于管理层次和管理幅度。管理层次是指自上而下的层次数目，管理幅度是指每一个管理层次中直接主管管理的下级人员的人数。管理层次与管理幅度成反比。一个管理者的管理幅度是有一定限制的。管理幅度过小，会造成资源的浪费；而管理幅度过大，又难以实现有效的控制。

决定管理幅度的主要因素有：(1) 管理工作的性质与难度；(2) 管理者的素质与管理能力；(3) 被管理者的素质与工作能力；(4) 工作条件与工作环境。

20 世纪 90 年代以后，大多数组织所面临的挑战就是要建立灵活的管理模式——一种相当大而复杂的具有高度灵敏、适应性强、富有创新精神的管理模式。比如计算机及软件公司、财务金融服务公司、高新技术公司等企业。

二、组织结构形式

（一）直线制

直线型组织结构是最早形成、形式也最简单的一种组织形式。其领导关系按垂直系统建立，不设立专门的职能机构，自上而下形同直线。

优点：结构简单、指挥系统清晰、统一；责权关系明确；横向联系少，内部协调容易；信息沟通迅速，解决问题及时，促进组织实现职能目标。

缺点：缺乏专业化的管理分工，可能引起高层决策堆积、层级超负荷；经营管理事务依赖于少数几个人，导致部门间缺少横向协调；当企业规模扩大时，管理工作会超过个人能力所限，引起对组织目标的认识有限，缺乏创新。

适用范围：规模较小或业务活动简单、稳定的企业。

（二）职能制

企业组织在各级领导下，要求行政主管把相应的管理职权和权力交给相关的职能机构，各职能部门在其业务范围内有权向下级发布命令，下级行政负责人除接受上级行政主管指挥外，还必须接受上级各职能机构的领导。

优点：能够适应企业生产技术发展和经营管理复杂化的要求，能够发挥职能机构的专业管理作用以及专业人员的专长。

缺点：易形成多头领导，命令不统一，不利于责任制的建立，容易造成生产管理秩序混乱。

（三）直线职能制

直线职能制是一种以直线制结构为基础，既设置了直线主管领导，又在各级主管人员之下设置了相应的职能部门，分别从事职责范围内的专业管理的组织形式。

特点：直线主管领导对业务和职能部门均实行垂直式领导，各级直线管理人员在职权范围内对直接下属有指挥和命令的权力，并对此承担全部责任。职能管理部门是直线主管领导的参谋和助手，对下级机构可以进行业务指导、提出建议，但无权向下属机构及管理人员发布命令。

适用范围：规模中等的企业。随着企业生产品种、规模的进一步扩大，该组织将倾向于更多的分权。

（四）事业部制

事业部制组织是一种在直线职能制基础上演变而成的现代企业组织结构。事业部制结构实行集中决策指导下的分散经营，按产品、地区和顾客等标志将企业划分为若干相对独立的经营单位，分别组成事业部。各事业部可根据需要设置相应的职能部门。

优点：权力下放，有利于高层管理人员从日常行政事务中摆脱出来，集中精力考虑重大战略问题；各事业部主管拥有很大的自主权，有助于增强其责任感，发挥主动性和创造性，提高企业经营适应能力；各事业部集中从事某一方面的经营活动，实现高度专业化，整个企业可以容纳若干经营特点有很大差别的事业部，各事业部的经营责任和权限明确，物质利益与经营状况紧密挂钩。

缺点：容易造成机构重叠，管理人员膨胀；各事业部独立性强，产品线间的整合与标准化变得困难，考虑问题时容易忽视企业整体利益。适用范围：规模大、业务多样化、市场环境差异大、要求具有较强适应性的企业。

（五）矩阵制

矩阵制是由职能部门系列和为完成某一临时任务而组建的项目小组系列组成，即在直线职能型基础上，再增加一种横向的领导关系。

优点：部门间配合好；灵活，适应力强；可加速工作进度；人员利用率高。

缺点：双重领导；对项目负责人要求高；临时性，人心不稳。

适用范围：大型协作项目；因技术发展迅速、产品品种多而创新性强、管理复杂的企业。

三、组织模式

（一）网络型组织

网络型组织是指多家自主经营的法人实体之间组成的一种联盟关系，是那种依赖外部资源和对速度有严格要求的组织。网络型组织共同承担风险，共享科研成果，一旦实现联盟目标该组织自然终结。网络型组织并不具有明显的稳定性和实体性，对管理者有特别要求，包括指导技能、合作技能和关系管理技能。

特点：该组织只注重核心经营活动，不关心其他成员企业的问题，因而组织结构有较大的松散性；该组织善于抓住市场机会，优化资源配置，组建强大的研发团队和发挥整体经营的优势，因而具备极强的竞争能力。

（二）柔性组织

彼得·德鲁克曾预言："未来的企业组织将不再是一种金字塔式的等级制结构，而会逐步向柔性式结构演进。"桑切斯（Sanchez）也将柔性定义为"组织对动态的竞争环境中不同需求的反应能力"。韦克（Weick）认为高度柔性的企业应具有"扫描环境，评估市场和竞争者，在竞争之前快速完成变型和转变"的能力。柔性组织要求管理者具备技术知识，跨职能经验、国际经验、协作的领导能力和自我管理的技能。

所谓柔性化结构的组织，是一种通过减少管理层次，压缩职能机构，裁减人员，减少组织的决策层和操作层之间的中间管理层级，以便使组织最大可能将决策权延伸至最远的底层，从而提高企业效率的一种紧凑而富有弹性的新型团体组织。组织的柔性能使企业在外部环境竞争中不断调整自己的适应能力。柔性对组织而言体现的是一种特征，在组织内部以组织可塑性为基础，而对组织外部则具有了较强的灵活反应能力。柔性化组织结构正是遵循企业未来生存管理的要求，体现变与不变特点的新型组织结构，是一种静态架构下的动态组织结构。柔性组织具有敏捷、灵活、快速、高效的优点。

（三）学习型组织

美国学者彼得·圣吉提出五项修炼的概念，即"系统思考、共同愿景、团队学习、自我超越和改变心智模式"。彼得·圣吉认为"学习型组织"，就是大家通过不断共同学习，突破自己的能力上限，创造真心向往的结果，培养全新、前瞻而开阔的思维，全力实现共同的愿景。学习型组织必须具备以下特点：组织成员有共同的愿景；组成组织的各个团队均具有独创性；组织始终处于不断的学习过程之中，更强调群体的智力开发；领导者具有责任感和使命感。

学习型组织的主要工作为标杆管理、外部信息收集和发布、企业内部问题公布和意见收集、知识共享平台的建设和维护，并且配合人力资源部进行相应的考核。建立学习型组织的目的是要有效提升企业的学习能力，并保证知识的有效利用和传承。

（四）扁平化组织

扁平化组织是指企业组织结构中的管理层次的减少和管理幅度的增加，组织结构由标准的圆锥形向圆柱形转化后形成的组织形态。扁平化组织是对层级制组织类型的进一步深化，是为适应动态的市场竞争环境应运而生的。

（五）专家型组织

专家型组织是知识经济时代的全新组织形式。知识经济是以数字网络技术为平台,以高新技术产业为主体并带动其他产业升级的经济体系。知识经济社会的发展使得产品的生命周期缩短,技术革新快、市场竞争激烈,因此,企业需要的是知识储备丰厚、知识更新能力与技能水平高、严于律己、创造能力强、经验丰富及职业道德高尚的专家型员工。

专家型组织的特点:

(1) 职务定位专家化;

(2) 专家职位扩大化;

(3) 通过内部训练和外部招募组织合格的专家型员工;

(4) 专家队伍结构合理;

(5) 使专家型员工得到更多的自治、更多的职责、更多的尊严、更多的利益;

(6) 建立专家之间交流、沟通、学习、合作、整合的组织机制。

如何构建专家型组织? 建立专家型组织,专家队伍必然结构合理。这需要从两个方面考虑,一是纵向管理层次。企业需要的专家有三类:集团管理专家,事业单位(如事业部、子公司)管理专家,职能部门管理专家。二是从横向职能分,可分为人事管理、财务、营销、研究开发等方面的专家。不同层次、不同职能的专家,其知识结构、技术结构、经验结构、职业道德结构是不同的。

建立专家型组织,应使专家型员工得到更多的自治。为此,应采取以下措施:首先,改变对专家的领导方式,放弃指导、命令、现场与过程的操纵控制、人治等做法,采取目标管理、组织协调、建立共同价值观与共同愿景、适当的授权自治、产权制度制衡、平等交流、支持服务等办法。其次,承认专家型人才的知识资本价值,通过分红、参股、期权等手段,最大限度地调动专家型员工的努力程度,留住人才。再次,帮助每个专家型人才设计和实施个人职业生涯发展计划,使其专业能力提高、职务提升与企业人力资源战略相吻合。

第三节 组织发展、变革与整合

一、组织发展

(一) 竞争力

任何一个组织的发展过程都随着内部条件和外部环境的变化而采取自我完善

的变化活动过程。组织就是一个有机体,要不断地适应环境的变化。外部环境变化主要有宏观经济政策、技术进步、市场竞争、社会价值观的变化等,内部环境变化主要有组织目标、人力资源素质、技术水平、人际关系及管理理念变化等。内部变化发展反映在改变员工的工作态度,充分调动他们的积极性,促进他们的凝聚力,进而提高他们的效能;外部变化发展在于组织的购并,或实体,或流水线,或注入资产等。适当的组织设计在很大程度上取决于该组织的战略。组织的存在有赖于组织的对内对外均衡,而组织均衡又经常面临被打破的威胁,这就需要组织不断地发展,在新的发展层次上达到高度动态平衡。

在知识经济时代,组织所依赖的不再是机器设备、资金或技术,而是员工的脑力(包括知识技能与经验),后者已成为企业竞争力的关键。人力资源管理的管理者应极其重视这种变化趋势,充分发挥人力资源管理专业的影响力。由于信息技术的发展,组织的工作和管理性质发生了显著的变革。组织的长期发展需要致力于改变组织成员的工作态度,协助员工的职业生涯发展,协调好员工之间的人际关系,加强企业文化的凝聚力,从而提高组织的效能。当今的组织结构许多已变得扁平化,更多的工作任务需要团队或项目组来完成,这方面可以通过以下几方面达到:

1. 敏感性训练

它是通过无领导小组的相互作用来改变人们行为的一种方法。在训练中,成员处于一个相对自由的环境中,互相讨论并且有专业的行为学家加以引导,为参与者创造机会,积极探讨他们关注的议题,表达自己的观点和态度。敏感性训练的目标是提高参与者对他人的移情能力,倾听能力,对个体差异的承受能力和改进冲突处理技巧,进而将个人和组织融为一体。

2. 团队建设

它是指有意识地在组织中努力开发有效的自我管理的工作小组。其优势在于:提高员工的积极性;提高生产率水平;增强员工的满足感;对团队目标的共同承诺;改善沟通状况;拓展工作技能;增强组织的灵活性。团队建设的目标是改进队员的协作能力,通过高强度的互助合作提高团队工作效率和工作业绩,以促进组织更好发展。当前团队工作方式更多地呈现出项目型的特点,其大致运作流程见图6-3。根据特定工作任务的要求,挑选合适的人员形成团队人员配备,同时提供必要的资源支持,包括一定程度内的自由调拨和自主决定工作流程的权力,在达成以共同目标为导向的共识下组建团队。以团队的方式协同工作时,要重视成员间的信息交流、技能互补以及角色分担等。成功达成工作目标后,团队解散,其成员回归原部门,待有新的工作任务时,再灵活地构建新的团队。在这一过程中,为保证团队的顺利运作,组织内各职能部门应提供必要的支持,如具备一定弹性的机构设置以给团队成员进退自由的空间，另外，如何衡量个体在团队工作中的贡献及具体的激励方式也是至关重要的。基于团队的职位分析所提出的要求如表 6－2。

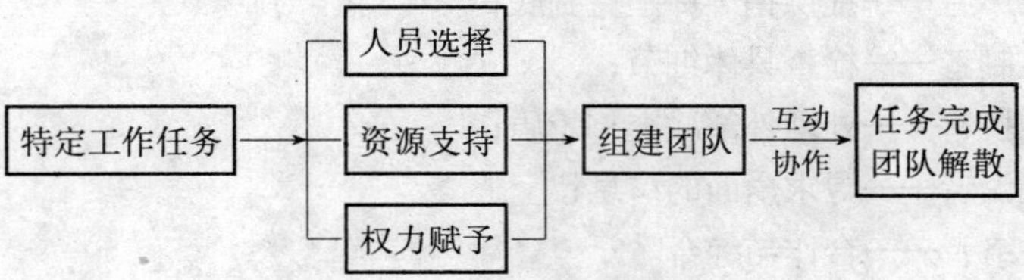

图 6－3　团队工作原理

表 6－2　基于团队的职位分析要求

团队工作分析法	具　体　含　义
用角色分析来代替职位分析	在团队中往往并不强调对成员之间的职责进行明确界定，而是更加注重团队成员之间的协调、互助与信息共享。因此在团队中，宽泛的角色定位比严格界定的职位更能满足协同的要求
用角色间分析来代替角色内分析	团队绩效依赖于协同，而协同的基础是要识别不同的角色之间在工作职责与任务层面上的相互依赖性。而对于这种相互依赖性的分析则必须通过分析角色之间的流程关系来实现
用团队素质结构分析来代替职位任职资格分析	对于团队而言，单个成员的任职资格将逐步被团队整体的素质要求所取代，即需要按照团队整体目标实现与团队绩效提高的要求去确定不同成员之间如何形成具有差异性、互补性与协调性的素质结构

一个高绩效团队的特征应该具备：

(1) 工作团队的规模要合理有效；

(2) 成员具备关键能力(技术专长、心理素质、沟通能力)；

(3) 角色分配应多样化；

(4) 有共同的奋斗目标；

(5) 建立具体目标；

(6) 对个人及团队负责；

(7) 有适当的绩效评估与报酬体系；

(8) 有相互信任的精神。

一个团队扮演的角色应该是：

(1) 革新者——产生创新思想；

(2) 倡导者——倡导和拥护所产生的新思想；

(3) 评价者——分析决策方案；

(4) 组织者——提供结构；

(5) 生产者——提供指导并坚持到底；

(6) 控制者——检查具体细节；

(7) 维护者——处理外部冲突和矛盾；

(8) 建议者——寻求全面的信息；

(9) 联络者——合作与综合。

3. 过程咨询

这是指依靠外部咨询者帮助管理者对其必须处理的事件形成认知、理解和行动的能力。咨询者帮助管理者更好地认识他的周围以及他和其他人之间正在发生什么事，咨询者不负责解决组织中的具体问题，只帮助管理者诊断哪个过程需要改进。

4. 群体发展

它是指试图改变不同工作小组成员之间的态度、成见和观念，以此来改善群体间不协调的关系，来提升工作绩效，促进组织发展。

(二) 组织规划

组织发展是在人力资源战略实现路径上对组织结构的定位，对权力体系的重新定位。这个定位是由宏观环境、产业技术、消费需求、企业规模、企业战略、企业的人力资源存量等要素决定的制度性的安排。组织发展是对组织发展或者演变过程的规划。战略决定结构，但战略不是决定结构的唯一要素，还必须要审慎人的因素：一方面是组织发展对人的要求，另一方面是人对组织发展的适应能力。

组织规划的过程主要包括以下内容：

(1) 确定组织发展的基本运营模式；

(2) 根据企业战略，确定基本运营模式在组织发展各阶段的变化方式；

(3) 确定各阶段的战略性职能分组；

(4) 确定职能增设、强化、弱化和取消的原则，并以此为基础对组织原有职能设置根据各发展阶段的需要进行调整；

(5) 确定各阶段的组织调整方案。

组织发展规划实际上是介于企业发展战略和人力资源规划之间的解析层，而对组织发展趋势的深刻把握则是进行人力资源整合的基础。例如备受房产界推崇的"颠覆、引领、共生"概念的提出是2005年万科发展史上的一个重要里程碑，它的标杆在于万科开始由"香港模式"转入"美国模式"。香港模式与美国模式的本质区别在于，香港模式注重自身资源的整合，美国模式注重行业资源的整合。而且，采取"美国模式"需要具备两个基础：一是高水平的专业化分工，二是良好的资本市场环境和丰富的金融衍生工具。万科用"万科化＝专业化＋规范化＋透明度"完成了万科的核心战略技能所寄寓其中的组织发展规划和人力资源规划，使之能够在不同的组织发展阶段满足战略实施的要求。今日万科的成功也是中国企业在知识经济时代下走出的一条适合中国国情的创新之路。图 6－4 说明一个组织的成长过程。

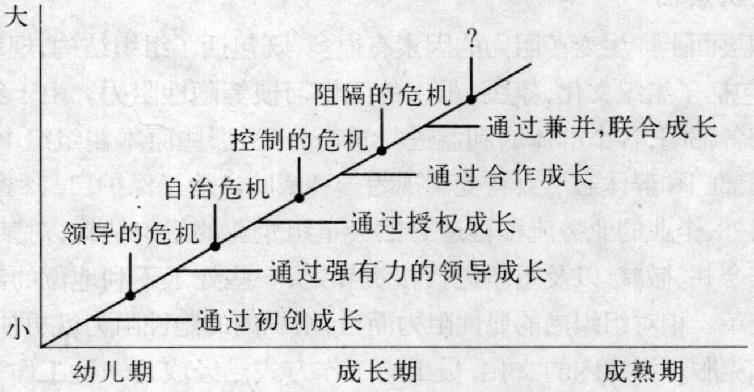

图 6－4　组织成长过程

二、组织变革

组织变革是组织形态和组织管理方式的转化和改变，是为了更好地适应环境而作出的较大范围的革新。组织发展是变革的前提，而组织变革则是达到组织发展这一目的的手段。在组织的成长过程中，企业所遭遇到的最大困惑就是优秀人才的不断流失，这些无形的智慧资产是企业的重要核心价值之一。

变革就意味着破坏，意味着打破传统。变革的这一特性，使得变革具有不同程度的风险性。组织内员工对变革的接受与否，组织变革的方向是否适应不断变化的外部环境，都直接影响着企业变革的成败。

（一）组织变革阻力的来源

组织变革就是要改变那些不能适应企业的内外环境，阻碍企业可持续发展的各种因素如企业的管理制度，企业文化，员工的工作方式，工作习惯等。这种变革必然会涉及企业的各个层面，引起企业内部个人和部门利益的重新分配。因此，必然会遭到来自企业各个方面的阻力。

1. 个人层面

人们对待组织变革的态度与其个性有十分密切的关系。那些敢于接受挑战，乐于创新,具有全局观念,有较强适应能力的人通常变革的意识较为强烈。而那些有强烈成就欲望的人,或是一些因循守旧、心胸狭窄、崇尚稳定的人对变革的容忍度较低,变革的抵触情绪较大。一些依赖性较强,没有主见的员工常常在变革中不知所措而依附于组织中群体的态度倾向。个人层面的阻力主要是来源于员工的个性心理和经济利益的驱使,变革阻力的力度较小,但却是构成组织变革阻力的基本单元。

2. 组织层面

在组织层面上产生变革阻力的因素有很多,既包括了组织结构,规章制度等显性阻力,还包括了组织文化,氛围,员工的工作习惯等隐性阻力。由于组织变革会对组织内部各部门,各个群体的利益进行重新分配,那些原本在组织中权力较大,地位较高的部门和群体必然会将变革视为一种威胁。为了保护自身利益常常会抵制变革。另外,企业的业务流程再造必然会重组企业的组织结构,对某些部门,某些层次予以合并、撤减,以及重新进行权责界定,一些处于不利地位的部门和层次就会反对变革。相对组织内的显性阻力而言,组织内的隐性阻力就更加隐蔽,而且一时间难以克服。组织内的文化,员工的工作方式已经成为一种工作习惯。在长期的工作中,员工与员工之间,员工与领导之间,员工与组织之间已经形成了某种默契或契约,一旦实行变革,就意味着改变员工业已形成的工作关系和工作方式,必然会引起员工的不满。

(二)组织变革阻力产生的原因

1. 企业员工在个人利益和整体利益上难以取舍

一般而言,企业变革的目标就是要追求企业整体利益的最大化,这与组织内各个利益主体的根本利益是一致的,但是,组织利益最大化实现需要个人利益主体的有效组合,这样就必然会对组织内的各个主体的权利和利益进行重新分配。这就要求企业的员工要有一种舍小家,顾大家的全局意识,从组织的整体利益和全局利益去看待变革的意义。

2. 员工不明变革的意义,对变革的发动者缺乏信心

在组织变革的过程中,一些员工对企业变革的紧迫性认识不足,认为会对自己的利益造成损害。更有甚者,为了维护个人利益,常常捏造事实,散布谣言。还有一些员工认为变革很有必要,但对变革发动者发动变革的动机和实施变革的能力产生怀疑,有的认为发动者的知识和能力不足以实现既定的目标。

3. 员工对变革的后果不确定

在实施变革的过程中,一些员工虽然认识到了变革的迫切要求,但却不能准确的把握变革实施的后果,他们常常会对变革产生各种猜疑,认为变革有可能达不到

预期的效果,很可能会对组织和个人的利益产生损害。这类人常常认为变革是在冒风险。因此,在变革的过程中,他们常常依附于群体的态度倾向,有的甚至公开抵制变革。

4. 员工对自己的能力产生怀疑,认为变革是对自己的一种威胁

企业的变革常常伴随着技术变革,人员变革。每一次变革的实施都对企业内的员工提出了更高的要求。新的科学技能的应用都要求员工不断的提高自己的知识和能力,以适应企业变革的需要。因此,一旦企业发生变革,员工就会担心自己被淘汰或是地位遭到挑战。这类人常常是那些墨守成规、进取心较低的员工或是企业中的高龄员工。

(三) 组织变革阻力的克服

1. 企业的人力资源要为组织变革服务

员工的个性与其对待变革的态度有着密切的关系。企业在招聘的过程中,应该运用人才测评技术,通过测评获得有较强适应能力,敢于接受挑战的员工。其次在组织变革的过程中,加强对员工的培训开发,提高员工的知识水平和技能水平。再次,在企业的日常经营过程中,企业应该树立一种集体主义观念,培养员工对组织的归属感。

2. 加强与员工的沟通,让员工明白变革的意义

在变革实施之前,企业决策者应该营造一种危机感,让员工认识到变革的紧迫,让他们了解变革对组织,对自己的好处,并适时提供有关变革的信息,为变革营造良好的氛围。在变革的实施过程中,要让员工理解变革的实施方案,并且要尽可能的听取员工的意见和建议,让员工参与到变革中来。与此同时,企业还应该时刻地关注员工的心理变化,及时与员工交流,在适当的时候可以作出某种承诺,以消除员工的心理顾虑。

3. 适当运用激励手段

一方面,企业可以在变革实施的过程中,提高员工的工资和福利待遇,使员工感受到变革的好处和希望。另一方面,企业可以对一些员工予以重用,以稳住关键员工,消除他们的顾虑,使他们安心地为企业工作。

4. 引入咨询顾问

一方面,咨询顾问通常都是由一些外部专家所组成,他们的知识和能力不容置疑。另一方面,由于变革代言人来自第三方,通常能较为客观的认识企业所面临的问题,较为正确的找到解决的办法。

5. 运用力场分析法

力场分析法是卢因于 1951 年提出来的,他认为:变革是相反方向作用的各种

力量一种能动的均衡状态,对于一项变革,企业中既存在变革的动力,又存在变革的阻力,人们应该通过分析变革的动力和阻力,找到变革的突破口。

6. 培植企业的精神领袖

在企业变革的过程中,如果企业有一位强力型的领导者,相对而言,变革的阻力就会很小。由于企业的精神领袖通常具有卓越的人格魅力和非常优秀的工作业绩。因此由他们发动变革,变革的阻力就会很小。

组织变革的目的就是要创造出“活的公司”(the living company),公司的特质可以分为公司的特质与管理者的特质两方面去探讨。在公司的特质上,包括保持对周遭世界的敏感度、对组织认同的关切、允许新的想法。在管理者的特质上,包括赋予价值的对象是人,不是资产,带领部属一起学习、塑造群体意识。多少百年企业原本都不是经营现在的事业,但他们清楚为了长久生存,必须留住更多更有能力的人才,并且给予员工更多的空间去发展新的创意。这种管理方式就在于激励员工发挥创造力,从组织变革的跟随者,转变为参与者,而且也可以减少管理者的负担,让管理者可以有足够的时间,从事传统管理以外的工作。

当然,组织的变革不是随心所欲的,一定要从组织设计的原理出发,根据组织自身的内部条件和外部环境,对组织的活动和运作方式作相适应的调整,使组织的目标更明确、符合社会发展的要求。

组织变革专家Jason认为有三个R要完成。第一个R就是重新思考(Rethink),包括典范、愿景、关键成功因素的重新探求,思考别人何以成功、自已要如何更进步。第二个R就是重新设计(Redesign)包括分析工作流程、分析整体工作情况、设计信息回馈的管道等,让员工了解目前的工作表现如何,应该如何做得更好。第三个R是重建工具(Resturcturing tools),包括员工的自主授权、善用信息科技以求更接近顾客、使用者设计的功能,让员工有决策权,能够在服务现场提供让顾客更方便的管道,为顾客量身订制他们需要的服务。

(四) 组织结构需要变革的先兆

西方组织管理学家西斯克(G. Schienstock)对组织变革的征兆做了深入的研究,当组织出现下列状况之一时,就表明该组织亟须变革:(1) 决策过于缓慢或常作出错误的判断,以致坐失良机;(2) 组织沟通不畅,人事纠纷严重;(3) 组织的主要功能效率低下,或得不到正常发挥;(4) 组织缺乏创新意识,止步不前。

因此,人力资源管理者思考的关键问题是如何快速的积累、传播与分享企业内有用的业务知识与技能以提升企业竞争力?如何有效、快速地建立拓展业务的团队?或是如何可以快速地培训更多的优秀人才且忠诚于企业?

（五）组织结构变革的类型

1. 危机型变革

如外部环境突变、企业间相互兼并、管理不善等亟须组织应变。此类变革持续时间较短。

2. 转变型变革

如组织环境发生根本性变化，组织亟须对自己的战略、目标以及决策全盘考虑并具体实施。此类变革持续时间较长。

3. 发展型变革

组织为进一步提升竞争优势而采取的一系列自觉的变革措施。此类变革持续时间较长。

（六）组织结构变革的方式

1. 变革组织结构

如让员工参加组织变革的调查、诊断计划，使他们充分认识改革的必要性和改革的责任感；整合部门、改革职位及权责范围、协调部门间的关系、调整管理幅度和管理层次、适当分权等。

2. 变革任务和技术

如改革已有的工作流程，将各层次工作任务重新调配，优化资源；采用新技术、新工艺等提高生产效率以实现组织制定的目标。

3. 变革组织人力资源

如大力推行与组织变革相适应的人员培训计划，大胆起用年富力强和具有开拓创新精神的人才，从组织方面减少阻力，通过不断培训，实现员工的知识、态度、价值观以及整个群体行为和理念的大幅度提升，从而以优质人力资本打造组织的核心竞争力。

美国劳工部专家研究结论（调查了 40 家全球 500 强美国企业）指出影响组织绩效的八大因素为：一是组织在人才培训开发方面的人力资本投资和持续的学习能力高于竞争者；二是组织内部对信息的公开、公正以及分享程度高于竞争者；三是组织内部员工对管理决策的热情参与程度明显高于竞争者；四是与人力资源战略相关的组织结构的合理性高于竞争者；五是产权关系及劳资关系的协调性高于竞争者；六是与员工绩效和受到训练相关的薪酬体系的合理性高于竞争者；七是员工工作的安全性和归属感高于竞争者；八是组织为员工所提供的工作支持高于竞争者。研究结果显示组织的高绩效 90%来自于组织环境，仅有 10%取决于员工个人的素质。因此，一个组织结构的变革所引起的组织高绩效的获得，很大程度上是来自于组织为员工所提供的满意的工作环境。

三、企业结构整合过程

（1）拟定目标阶段：组织设计人员预先制定出组织的目标，以使结构分化有所遵循；

（2）规划阶段：通过重新建立目标，或者通过改变组织成员的某些行为来达到整体目标；

（3）互动阶段：执行规划阶段；

（4）控制阶段：对不合作的倾向进行控制。

经济学家情报社和安达信咨询公司在《展望 2010 年：设计未来的组织》研究报告指出：未来的组织"更类似于一个由共同的活动、目标、价值观念和看法组成的共同体……他们能够并且确实一起分享的，是他们对所要达到的目标以及达到这个目标而必须做事的看法"。哈佛大学教授约翰 · P · 科特与德勤咨询公司的丹 · S · 科恩提出，组织的一次成功的变革必须经过危机意识的建立、变革团队的建设、目标的明确、充分沟通、授权、阶段性成效、始终坚持、巩固成果八个步骤。在组织变革的八个进程中，人力资源部门应着实扮演好以下六个角色：

第一，战略伙伴角色，参与企业组织变革，积极提供解决问题的相关方案；

第二，领导者角色，根据组织变革的现状，改善现有组织架构和实现创新；

第三，推动者角色，提升人力资源管理水平；

第四，沟通者角色，只有及时的沟通才能更好地完成组织变革任务，在完成企业目标的前提下最大限度地缩小组织与员工的矛盾；

第五，经理人角色，将已有的制度和机制作为组织变革的指导性文件，适当地推动变革的顺利进行；

第六，专家/顾问角色，切实解决员工的要求与组织的问题，更好地进行深度沟通，从而顺利实现组织的变革。

下面是一个成功的组织变革案例

香江集团下属子公司 D，因外部家居行业竞争加剧，员工满意度低、人才流失、成本控制不利等内部管理问题突现，集团考虑要加强对子公司管理的监督控制，同时准备实施组织变革，随后对 D 公司进行组织设计、人力资源和企业文化系统设计。一场系统的全面变革开始酝酿。

处理办法：先进行管理诊断，完成公司战略梳理，而后进行组织结构设计，形成了现代化的人力资源管理规范，详细设计了公司薪酬、考核、招聘、培训、人力资源规划和职业生涯管理办法，起草提炼形成了公司的文化纲领和员工手册。在实施阶段，首先，在制度设计创新方面就全面考虑了良好的利益分配机制；其次，系统制定了组织变革实施的详细规划、具体进程的时间表、实施细则和相关的配套制度；再次，系统设计了过渡阶段的风险管理和意外应急措施；然后，通过各种方式手段进行宣传讲解，一方面进行现代化管理思想和理论的系列培训，在贯彻前让员工深入参与强化互动的沟通讨论，为心理适应和变革氛围作好铺垫；最后，实施组织结构调整，操作竞聘上岗。往下才开始实施新的人力资源全套新方案。整个时间跨度约一年半。

效果：在岗的、下岗的员工都能心态平和地理解各项改革，接受程度比较高，安全、稳定、成功地完成了系统的组织变革工作，工作效率大大提高，员工满意度提高，人心稳定顺畅，公司业绩开始有良好的转变。

评价：优先在制度设计上充分考虑各方利益分配的合理性是关键，整体变革工作有规划有细则，核心内容、附属配套工作和风险防范都有良好的安排和周密的应对计划，良好的宣传贯彻和培训工作在思想观念解放方面功不可没，实施步骤上采取"夯实了前进一步，夯实了再前进一步"的思路，比较符合渐进式组织变革的规律。

本章小结：

人力资源管理职能的重要活动之一就是推动变革。组织设计是建立在企业战略规划基础上的一项十分重要的工作。如同一个人的生命，一个组织的诞生、成长、成熟乃至衰落，在每一个阶段，组织的战略规划都应不断地加以调整，将组织的所有活动与内外环境的适应能力整合起来。在信息时代，每个组织必须挖掘产生竞争优势的人力资源，必须在选人、用人、发展人等方面作出自己的规划，必须帮助组织确定何时进行变革并且对变革的过程进行管理以不断提升组织的核心竞争力。

案例分析：

在经济全球化浪潮的冲击下，人力资源犹如石油资源，成为人类最宝贵的财富。企业的发展必须将企业战略管理与人力资源紧密结合，必须为企业的未来发展勾勒一幅如何提升核心竞争力的图画。招商银行行长马蔚华上任之初就深感人力资源对于企业发展之重要性，同时他不断开拓人才渠道，内部培养和外部引进双管齐下，着力打造人才平台，合理规划员工职业生涯，创造了中国银行业的许多第一，许多创新举措已成为银行业的标杆。

招商银行的人力资源管理清晰地勾勒了百年招行的未来能够形成竞争优势的特征，以及为了实现长期目标需要努力完成的战略决策。我们从二十年招商银行的发展历程来看，无疑它是从战略全局出发，为适应不断变革的环境，在确定人力资源问题上(131工程)，在制定人力资源战略(人本理念)和人力资源规划(员工职业生涯发展)等方面构建了一系列成功决策。我们可以相信只有经历过市场竞争的洗礼，才可能迎来百年招行的辉煌灿烂的明天。

本章思考题：

1. 什么是组织设计？
2. 组织设计的内容与程序分别是什么？
3. 影响组织设计的主要因素有哪些？
4. 学习型组织的概念及其特点是什么？
5. 西斯克认为何种状况下组织需要变革？
6. 我国企业在组织结构改革实践中提出的原则是什么？
7. 一个组织成功变革的步骤有哪些？人力资源部门应扮好什么角色？
8. 谈谈你对组织变革的认识。

第七章 人力资源规划

引导案例

A公司人力资源规划

A公司是南方一家大型股份制企业的子公司，该公司以石油、天然气的勘探、开发、商业性生产及销售为核心业务，并涉足房地产、旅游、餐饮服务等行业。由于公司具有灵活的经营机制，良好的公共关系，先进的开采技术，有效的低成本运作模式，伴随着石油价格的提升，土地价格的上涨，公司的业务获得飞速发展，净利润迅速翻番，行业内外一致看好。但进入2004年以后，随着公司业务日益扩大，集团公司领导却发现管理越来越难，企业利润显现下滑。原先A公司经过多年发展建立起的一套管理制度出现问题：管理制度缺乏有效的整合，部门间缺乏合作，紧缺人才流失现象频繁，员工的集体意识不强。随着公司进一步发展壮大，集团公司领导深刻意识到，人力资源战略规划应该从重视局部功能转向重视整体开发，需要对其进行战略管理体系整合。

A公司存在一系列问题：股份上国家绝对控股，很多政策上被限制死；公司长期以来没有清晰的发展战略，更不用谈人力资源战略与规划；公司的工作分析员工普遍反映“没什么用”；公司的考核指标体系员工认同度低，其原因是只注重结果考核、忽视过程考核；而且领导者的影响在考核中影响很大；封顶式的薪酬管理办法使考核难以与薪酬充分挂钩；公司薪酬序列单一，基本薪酬一块仅采取岗位定薪；公司每年在培训上投入近800万人民币，但这些只是当作福利送给员工；公司的招聘程序严格，但招聘选拔的效率不高；公司缺乏人员退出机制。从以上现象得知该公司缺乏整个人力资源规划体系。为此，该集团公司领导决定采取措施以保持A公司的竞争力。为了保证企业人力资源规划的实用性和有效性，人力资源规划将更加注重对关键环节的陈述；对人力资源规划中的各项计划明确化、细致化，并将它们提炼成具体的可执行的计划，并且有相应的评估策略。由于人力资源市场和企业发展的变化周期增快，A公司更倾向于关键环节的数据分析和量化评估。

首先，制定A公司的人力资源战略。集团决策层认为，国家长期控股势必会对

A公司长远发展有所影响，需要改善股权结构，增加股票期权激励机制，也可通过民营方式走多元化道路。结合A公司内外部实际环境，结合石油行业和房地产行业的分析，得出公司在未来十年中的战略规划：公司目标做到行业前五十名，力争三年上市；人力资源的数量、质量和人才结构匹配合理；员工满意度与公司发展双赢。

其次，定位公司业务战略。由业务战略主题提取出人力资源战略主题，这是明确人力资源系统要做的“正确的事”，这些主题涵盖有关业务深化和业务拓展的能力和机制的内容，并就“怎样正确地做这些事”提出正确的导向、准确的原则和关键的过程方式。人力资源规划也是一个“从战略到业务，从业务到人力需求，从人力需求和现有人员盘点到人力资源缺口，从缺口到解决办法”的过程。

然后进行工作分析，成立项目组与A公司各部门的领导及业务骨干共同头脑风暴。

最后，建立有影响力的企业文化，加强与员工的充分沟通。

案例讨论题：

1. A公司的人力资源规划对我国企业管理有何现实意义？
2. A公司人力资源管理存在什么问题？
3. 你是如何认识人力资源规划的？
4. 国家长期控股会对A公司长远发展带来怎样的影响？

第一节　人力资源规划的概念

一、人力资源战略规划的基本理念

1. 以人为本

(1) 造就既有职业道德操守，又有敬业精神的人才个体，且着重培育人才团队，发挥人力资源团队规模效应；

(2) 既要发挥人力资源劳动密集型功能，更应发挥智力密集型功能，形成良好的组织决策结构；

(3) 不仅要发挥人才自身潜能，吸纳成熟型人才、成长型人才，更要充分协调与其连带的社会关系网络功能，打造新经济时代的人才数据库；

(4) 努力开发组织内的头脑风暴,形成激励机制,更要利用外脑以保持持续的竞争力。

2. 企业多方拓展与经营人才渠道

(1) 巩固区域合作,主动与咨询公司沟通,充分利用本地人才的主渠道影响;

(2) 面向全国,吸纳高层次管理与技术等人才;

(3) 加强与国际接轨,利用猎头公司,尽可能获得留学生或外籍管理者、专家的支持。

3. 加强人力资源开发与培训

(1) 形成企业职业化智囊团队,应对可能的环境变化以迅速决策;

(2) 实施企业内部多层次培训,加强企业文化影响;

(3) 树立企业形象,正面影响客户、公众以吸收新鲜血液。

4. 倾力构建员工职业生涯发展规划与企业战略目标相互匹配的共赢平台

(1) 培育优秀人才:以德为主,富有敬业、奉献精神;

(2) 保留优秀人才:理解人、尊重人,信任人,着重人力资本开发;

(3) 发展优秀人才:营造公开、公平、公正的竞争环境,形成灵活的激励晋升机制。

二、人力资源规划的含义

20 世纪 70 年代之后,人力资源规划成为人力资源战略管理过程中的一个重要环节。大量企业开始意识到人力资源规划在人力资源管理中发挥的作用越来越重要,并将其作为制定人力资源战略最关键的部分。但是从企业人力资源管理的实际情况看,大多数企业的人力资源规划往往成了一种短期的、应急式的人员需求计划,不少企业面临人才结构性失衡,常常感叹"我们不缺人,但缺可用之人"。企业的人力资源管理一直在被动的应对,人力资源规划或是考虑了"选才",或没有考虑好"用才和育才",或规划了"育才",但又没有规划好"保留和输出"。因此,作为未来或正在从事人力资源管理的人员都必须认识到在新的环境下,人力资源管理者必须专注并有效地确定对企业真正重要的人力资源管理问题,仔细研究并部署人力资源战略会形成一个更加灵活、更加合适的组织,最终实现其战略目标。这些问题包括:

第一,人力资源部门为企业的发展提供了怎样的远景规划?

第二,在员工招聘方面,是否及时招募到有效的人力资源?

第三,人力资源部门对企业的利润增长做了什么工作?

第四,是哪些因素导致本企业员工的流失率低于同行业?

第五,在企业有计划开始战略转移时,本企业应当采取什么样的人力资源战略?

第六,如何在员工身上获得人力资本投资的有效收益?

第七,从竞争对手身上如何汲取更好的对策以提高人力资源管理的有效性?

第八,针对未来多变的环境,本企业能够进行的最大创新工作是什么?

迈克尔·波特提出人力资管理是获取竞争优势的重要动力源。人力资源管理是指影响员工的行为、态度以及绩效的种种政策和管理制度。人力资源管理实践包含确定人力资源规划、招聘和甄选人员、培训和开发员工、向员工提供薪酬、对员工绩效管理以及建立一种良好的工作氛围。更多的人已经意识到在经济全球化、科技创新、人口状况变化、劳动价值观差异的不确定性环境下,人力资源规划是通过人员管理来获得和保持企业竞争优势。战略性人力资源管理正渐渐地与战略规划制定融为一体。战略性人力资源管理涉及地是一个整合适应的概念,它包含三个层面:一是人力资源管理必须适合企业战略需求;二是人力资源政策必须涵盖政策本身和各个层次;三是人力资源实践必须加强领导与员工的沟通且不断得到调整、运用。

人力资源规划的概念,概括起来大致有以下几种:

(1) 美国人力资源管理学者詹姆斯·W·沃克认为,人力资源规划是从一个人员配置需求的狭义过程发展成一个阐明较广泛的与人有关的企业问题的过程。人力资源规划是管理人员对组织或企业正在出现的问题的反应,是阐明通过人员管理获得和保持竞争优势机会的计划。

(2) 美国人力资源管理学者劳埃德·拜厄斯提到以下两个定义:一是人力资源规划使恰当数量的合格人员在合适的时间进入合适的工作岗位;二是人力资源规划是把人员的供给——内部的(现有的员工)和外部的(要雇佣或在寻找的员工)——在给定的时间范围内与组织预期的空缺相匹配的系统。

(3) 中国人民大学彭剑锋教授提出,人力资源规划有广义和狭义之分,狭义的人力资源规划是对具体的人员需求、供给情况作出预测,如招聘计划、培训计划、职业生涯发展计划、退休计划等;广义的人力资源规划是指根据组织的发展战略、目标及组织内外环境的变化,预测未来的组织任务和环境对组织的要求,以及为完成这些任务和满足这些要求而提供人力资源的过程(如预测组织未来的人力资源供求状况、行动计划的部署和控制与评估实施结果等过程)。

(4) 南京大学赵曙明教授指出,人力资源规划就是预测企业未来发展前景和环境变化,对于适应组织结构的要求而制定的人力资源管理的规划方案的动态过程。

仔细阅读、分析、理解这些概念,可加深人力资源从业者对人力资源规划的清楚认识。上述概念大体包含了以下四方面的含义：

（1）人力资源规划随组织的环境发展变化而变化。人力资源规划就是要对这些动态变化进行科学的预测和分析，以满足组织近期、中期和长期对人力资源的需求，并得到有效配置，保证组织可以在数量和质量以及人员结构方面获得充足的人力资源。

（2）人力资源规划的核心内容是保持人力资源供给与需求的平衡，即系统评价人力资源需求。为保证在适当的时候有适当的人在适当的岗位上，需要人力资源管理对其他系统的支持和配合，人力资源规划是对人力资源进行调整、配置和补充的过程。

（3）人力资源规划可以保证组织制定的必要的人力资源政策和措施的如期完成。政策要透明、公正，如对涉及内部人员的调动补缺、晋升或降职、外部招聘和培训以及奖惩等都要有切实可行的措施保证。人力资源规划就是要分析组织在环境的变化中对人力资源的需求状况并制定必要的政策和措施以满足这些要求。

（4）人力资源规划既要达到组织利益的目标，同时也要兼顾员工个人福利的目标，而且组织的人力资源规划还要创造良好的条件，充分激发员工个人的主观积极性和创造性，使人力资源的供给和需求动能发挥达到最佳的平衡，使组织和员工的价值目标最大化。

综上所述，人力资源规划就是在战略性人力资源管理体系中，根据组织内外环境的变化和组织发展战略，把组织的规划和目标具体化为未来的对员工数量和质量的需求，并最终通过人力资源管理活动实现组织战略目标的过程。

三、人力资源规划的发展地位

（一）人力资源规划的发展

美国人力资源管理学者詹姆斯·W·沃克认为人力资源规划的发展历史也仅几十年而已。自现代工业组织产生以来，人力资源规划就是一种管理活动。20世纪初人力资源规划的焦点在小时生产工人。“通过工作过程和早期工业心理学改进效率的目的正好与提高生产率以及建立更大人事活动目标的需要一致。”第二次世界大战期间及战后随着工业技术发展，人力资源规划进一步加强了对员工生产率的关注。

20世纪60年代对高级人才的大规模需求直接导致了人力资源规划的重点放在管理人才、专业以及技术人才的供求平衡上，30岁至40岁的男性和特殊技工人才最为短缺。这个期间的人力资源规划的重点是管理人员应当确定组织如何由现在发展状态过渡到未来的人力资源状态的过程。由此产生了“使组织与个人双方获得最大的长期利益”的五个步骤：确定组织目标、预测人力资源需求、评价企业内部人员技能状态和其他内部供给特征、确定人力资源需求以及制定行动方案。

20世纪70年代，人力资源规划的活动开始升温，人们的转变是对以下两种变化作出的反应。即一方面需要遵守就业机会平等的法律；另一方面人们意识到人力资源对企业业绩与盈利能力的实际重要性。正是因为较好的预测，人力资源规划从此被广泛用于大企业和政府组织的一系列活动。

1977年，美国成立了人力资源规划学会（Human Resource Planning Society）。1978年，亚特兰大第一次人力资源规划学会进行了多项议题的讨论（如环境，预测与规划，职业计划与发展，工作绩效，组织设计及其他主题）。

进入20世纪80年代及以后的经济发展过程，人力资源规划被用来协助企业重新设计自身以满足未来发展的需求，如对消费者偏好做出反应、提供更好的产品质量、迅速处理危机、提高成本竞争优势等。面对日新月异的全球化发展，人力资源规划的焦点更加强调管理接班人计划、人员裁减计划、兼并与收购计划、企业文化建设以及业务创新计划等。人力资源规划更加倾向于短期化和实效性。

（二）人力资源规划的地位

1. 现阶段企业人力资源管理存在的问题

一是人力资源管理较多处于人事管理模式阶段。目前多数企业的人力资源管理还处于传统行政性人事管理阶段。其主要特点是以“事”为中心，只见“事”，不见“人”，不见人与事的整体性、系统性，把人视为一种成本，当作一种“工具”，注重的是使用和控制。

二是人力资源管理职能部门责任不明确。按照美国著名管理学家彼得·德鲁克对管理者的定位，国内很多企业的部门负责人都是不合格的。在不少企业里一提到人力资源管理，基本就是人力资源部的事。

三是忽视人力资源部门的规划作用。目前很多企业的人力资源部门定位较低，专业人员缺乏，无法统筹管理整个公司的人力资源。比如，人力资源部无法将公司和部门战略与人力资源战略统一结合；各项人力资源管理理念和方法之间也难以达成有效的切合；现在国内一些企业的人力资源管理想引进员工职业生涯规划技术，但是在引入员工职业生涯规划时，对于原有的人才选拔机制、培训体系和人才储备计划没有很好的结合，导致各种方法在企业内部互相冲突，难以推行。

四是人力资源现行的缺陷。在具体的管理效果上，中国企业人力资源管理的问题主要表现在：“开发、培养人才不够，重使用、轻开发”；“人才流失严重，薪酬分配不公”；“考核不合理、不科学”；“激励不够，难以调动员工积极性”；“人员流动受到一定限制”；“人、事不匹配”；“人治现象严重、论资排辈”；“基本制度不健全，且观念落后”等。

2. 人力资源规划的必要性

一个组织的生存和发展取决于该组织的总体战略规划。人力资源规划是组织为适应动态的环境变化而作出的灵活的应对措施，它能不断调整人力资源管理的政策以实现各种资源的供求平衡。人力资源规划的必要性主要表现在以下方面：

(1) 人力资源管理活动是一个复杂的系统工程，由于缺乏人力资源规划(如招聘、培训、绩效考核、薪酬激励、职业生涯发展等)而导致现有人力资源开发不足，从而不适应企业战略发展要求，应当将人力资源规划与人力资源管理活动紧密结合，组成一个强有力的活动纽带；

(2) 在不同的企业发展生命周期中，由于环境的变化导致某些职位空缺或人员过剩，需要有计划并灵活地加以调整；

(3) 改变已有的人力资源结构的不合理性(如年龄结构、知识结构、地区分布、性别结构等)。当人力资源流动率较高时，会因短期内匆忙招聘，而导致标准降低和人力资源素质下降；

(4) 由于环境的不断变化给企业的决策带来了较大的不确定性，因此，人力资源规划的制定可以减少企业未来发展的不确定性，人力资源规划可以对人力资源的数量、质量和结构作相应的调整，内部人力资源的及时补充也需要制定人力资源规划。

3. 人力资源规划的地位

人力资源规划是一种战略性人力资源。人力资源规划的实质是战略问题。一般情况下，战略规划与战略同时确定，即具有战略性目的并服从于组织整体规划的活动。

(1) 人力资源规划是一种决策的表达形式；

(2) 人力资源规划是执行人力资源管理决策的依据；

(3) 人力资源规划是一项系统工程，涉及企业各类要素和方面，反映人力资源管理服务的总体性质；

(4) 人力资源规划是一个行动性的动态过程，即行动计划。战略需要有一个具体的执行计划以帮助一个组织完成目标；

(5) 人力资源规划是诊断人力资源管理效果的核心标准，可以通过四个基本问题的回答来诊断：

第一，本企业现在的情况怎样？根据组织本身、员工个人等因素的状况来确定组织当前的人力资源管理状况；

第二，本企业的目标是什么？重在衡量组织目标与现状之间的差距，进而把其中最大、最重要的差距作为人力资源管理的具体目标；

第三，本企业如何才能实现目标？重在选择最优化的手段、方法、资源并加以整合，建立人力资源管理运作系统；

第四，本企业做得如何？重在考察是否达到了既定目标，并及时加以成果评价与反馈，重新制定新的人力资源计划。

第二节 人力资源规划的类别和内容

一、人力资源规划的类别

人力资源规划是企业战略与其整体性人力资源管理职能之间联系的纽带。人力资源规划就是企业如何使用它的人力资源。它既影响企业的整体战略规划，又受到整体战略规划的影响。人力资源规划的类别较多，根据实际情况可灵活运用。

（一）按人力资源规划的时间跨度分类

按人力资源规划的时间跨度来分，人力资源规划可分为长期规划、中期规划和短期规划。人力资源规划的短期规划是 6 个月～1 年，这种计划要求任务明确、具体，操作性较强；中期规划是 1～3 年，该计划有一定的任务和较强的运作周期，一般以战略来制定战术，但不及短期规划那样具体；长期规划是指 3 年以上，主要是对组织的未来发展指明方向的纲领性政策。一般来说人力资源规划要与企业生命周期及总体规模相一致。通常，经营环境不确定、不稳定，或人力素质要求低，从而随时可以从劳动力市场上补充时，可以以短期规划为主；相反，若经营环境相对确定和稳定，而对人力素质要求较高，补充比较困难就应当制定中长期规划。人力资源规划的期限与经营环境的关系如表 7－1 所示。

表 7－1　人力资源规划的期限与经营环境的关系

短期规划：不确定／不稳定	长期规划：确定／稳定
组织面临层出不穷的竞争者	组织拥有很强的市场竞争力地位
社会、经济迅速发展变化	渐进的社会、政治、技术变化的影响
不稳定的产品／劳务市场需求	有效的信息管理系统

续表

短期规划：不确定／不稳定	长期规划：确定／稳定
变化的政治和法律环境	卓有成效的管理实践
企业规模发展有限	稳定的产品/服务市场需求
管理水平落后	

（二）按人力资源规划的性质分类

按人力资源规划的性质来分，人力资源规划可分为战略层人力资源规划、战术层人力资源规划和作业层人力资源规划三类。长期规划属于战略性规划，中、短期规划属于策略性规划。

(1) 战略层人力资源规划，指与企业长期战略相适应的人力资源规划，内容包括人力资源的需求和供给预测，人力资源相关政策变化，组织发展的愿景等。它的作用是决定组织的基本目标及基本政策，属于方向性性质。

(2) 战术层人力资源规划，指将战略层规划中的愿景确定为具体的行动方案，并规定组织将要完成的预期时间，属于行动层性质。

(3) 作业层人力资源规划，即对一系列操作实务的规划。它涵盖了员工招聘与录用、培训与发展、绩效与考核、薪酬与福利等具体细节，属于实践性质。

（三）按人力资源规划的范围分类

按人力资源规划的范围来分，可分为整体人力资源规划、部门人力资源规划、项目人力资源规划。

(1) 整体人力资源规划，指企业具有多个目标和多方面内容的计划。总体规划关联到整个组织的所有人力资源管理活动，具有全局性特点。

(2) 部门人力资源规划，指各业务部门的人力资源管理活动，包括各种职能计划，如人员培训计划、人员招聘、薪酬设计、工作分析、职业生涯规划等。它的内容专一，是整体计划里的子计划。

(3) 项目人力资源规划，指某项具体任务或工作的规划。它涵盖了人力资源管理活动的某项特定课题而作出的决策。

二、人力资源规划的内容

人力资源规划是将组织的战略规划转化成特定的人力资源数量与质量的计

划，它要回答以下问题：

(1) 企业战略要完成什么目标？

(2) 企业战术要如何完成，怎么做？

(3) 人力资源战略需要怎么样的人力资源？

(4) 人力资源匹配体系于何时、何处完成？

人力资源规划的内容包括两个层次，即总体规划及各项业务计划。

(一) 人力资源总体规划

人力资源总体规划，即有关计划期内人力资源开发利用的总目标、总政策、实施步骤及总的预算安排。它是构建人力资源战略和人力资源具体行动的不可缺少的桥梁。人力资源总体规划的工作内容包括以下内容。

1. 收集信息

(1) 外部环境信息，主要包括宏观经济形势和行业经济形势、技术、竞争、人才和劳动力市场、人口和社会发展趋势、政府管制情况。

(2) 企业内部信息，主要包括战略、业务计划、人力资源现状、辞职率和员工的流动性。

2. 人力资源需求预测

(1) 短期预测和长期预测

(2) 总量预测和各个岗位需求预测

3. 人力资源供给预测

(1) 内部供给预测

(2) 外部供给预测

4. 所需要的项目规划与实施

(1) 增加或减少劳动力规模

(2) 改变技术组合

(3) 开展管理职位的接续计划

(4) 实施员工职业生涯计划

5. 人力资源规划过程的反馈

(1) 规划是否精确

(2) 实施的项目是否达到要求

(二) 人力资源业务计划

人力资源业务计划指企业根据对未来面临的外部人力资源供给的预测，以及企业的发展对人力资源的需求量的预测结果而制定的具体应对方案，包括职务编制计划、人员配置计划、人员使用计划、晋升计划、教育培训计划、退休计划、劳动关系计划等等。这些业务计划是总体规划的展开和具体化，每一项业务计划都由目标、任务、政策、步骤及预算等部分构成，这些业务计划的执行结果应能保证人力资源总体规划目标的实现。人力资源规划内容如表 7-2 所示。

表 7-2　人力资源规划内容一览表①

计划类别	目　标	政　策	步　骤	预　算
总规划	总目标：（绩效、人力资源总量素质、职工满意度等）	基本政策：（包括扩大、收缩、保持稳定等）	总步骤：（包括按年安排，降低人力资源成本等）	总预算：以多少万元来计
人员补充计划	对人力资源素质结构及绩效的改善等	人员素质标准、人员来源范围、起点待遇等	拟定补充标准，发布信息、设定选拔方法、录用、上岗教育	招聘选拔费用
人员分配计划	人力资源结构优化及绩效改善、人员能岗匹配、职务轮换幅度等	任职条件，职位轮换范围及时间	略	按使用规模、差别及人员状况决定的工资、福利预算
人员接替和提升计划	后备人才数量保持，提高人才结构及绩效目标	选拔标准、晋升比例、为提升人员安置等	略	职务变动引起的工资变动
培训计划	提高素质、技能、改善技巧、转变态度和作风等	培训时间的保证，培训效果的评估等	略	培训投入及脱产培训的工资费用
薪酬激励计划	人才流失减少，提高士气，绩效改进等	工资政策，激励政策，激励重点等	略	增加的工资奖金总额预算
劳动关系计划	降低非期望离职率，劳资关系改进，减少投诉，提升员工参与等	鼓励员工参与管理，加强沟通	略	法律诉讼费
退休解聘计划	编制合理，降低劳务成本，提高劳动生产率	退休政策及解聘程序	略	退休人员安置费，人员重置费

① 资料来源：赵曙明编著《人力资源战略与规划》，中国人民大学出版社 2002 年版，第 78 页。

三、人力资源规划的特点

（一）人力资源规划的层次性

人力资源规划在五个层次上表现其特征。

1. 环境层次

环境层次，即一个组织的人力资源管理决策既会对其所处环境产生特定影响，也会影响自身在社会环境中的地位与形象。例如，美国金融市场会对大公司的人力资源管理决策作出反应。研究表明该层次人力资源重在环境分析活动，并有如下标准：财务标准，如股票价格、债券评级等；政府的机构评级；社区的态度与评价等。

2. 组织层次

组织层次，即由组织最高管理层制订的组织整体性计划，如营销计划、技术、产品开发计划、人力资源管理计划等，其中，人力资源计划的指标则有：组织结构、组织文化、管理理念、利润、市场份额、产品/服务质量等。例如，如何在特定时期（一年、两年……）内使员工接受公司的文化、理念，使组织结构与产品战略、市场战略相适应，使公司利润增长×%，开发×种新产品等。其计划活动包括业务方向、范围选择、市场定位、工艺/技术选择、组织结构设计等。

3. 人力资源管理部门层次

人力资源管理部门层次，即人力资源管理部门自身的工作计划的目标，主要是确定人力资源管理的战略计划，使组织整体目标在人力资源管理活动中具体体现出来，具体化为人力资源计划。它包括的主要决策活动有：人力资源管理如何为企业业务发展服务、使用多少其他资源、奋斗方向与目标等。例如，在一年内对高层管理者进行两次培训与考核；在半年内安排一次招聘；设计相应政策鼓励员工提前退休等。该层次的计划指标有：人力资源管理部门的预算、活动、客户评价与要求等。

4. 人力资源数量层次

人力资源数量层次，即人力资源的任用计划，主要考虑三个问题：分析人力资源的需求，分析人力资源的供给，协调人力资源的供需缺口。主要决策包括对人力资源的需求预测和缺口弥补等，如在一年内把员工数量裁减15%等。

5. 人力资源管理活动层次

人力资源管理活动层次，即把人力资源计划具体化为特定的人力资源管理活动，包括确定实施什么活动及其特征、范围等。例如，年底前使每位参加培训的员工获得×级技术等级证书等，其指标有：涉及的员工数量、活动成本与活动结果、收益、效用等。

（二）人力资源规划的整体性

人力资源规划的整体性，即人力资源规划必须整合各种企业资源要素，并使企业内外各方面协调一致。在具体操作上，一般包括三种报表：人力资源供给报表——内部每个重要员工在今后3年内晋升的可能性，外部人力资源市场供给预测；人力资源需求报表——企业各部门由人力资源流动或新职位的产生（消失）、外部需求拉动等引起的今后3年内需要补充的员工或职位；人力资源报表——把人力资源供给报表与需求报表整合后的实际人力资源计划方案。

（三）人力资源规划的一致性

人力资源规划是战略与操作计划之间的中间环节，要具体转变为各项业务计划才能执行，包括两个方面：内部一致性，指组织的人员招聘、选拔、配置、培训、绩效评价等各种人力资源管理计划的设计要彼此配合，即人力资源规划的各个分计划之间一致。外部一致性，指人力资源规划必须是企业总体计划的一个不可分割的部分，且紧密配合，即人力资源规划与企业总体战略计划一致。

（四）人力资源规划与员工职业生涯发展的相关性

企业人力资源规划与员工个人职业发展活动密切相关，从而要求人力资源规划的各个构成部分要形成一个良好的系统，把组织计划与人力资源规划、员工个人发展计划衔接起来。

（五）人力资源规划的确定性

根据约瑟夫·M·普蒂的观点，人力资源规划的确定性包括：确定获取、满足人力资源计划的预算与成本等。战略目标的实现取决于实施过程的有效性，人力资源规划要强调过程管理。

四、人力资源结构分析

所谓人力资源结构分析就是对企业现有人力资源的调查和审核，只有对企业现有人力资源有充分的了解和有效的运用，人力资源的各项计划才有意义。人力资源结构分析主要包括以下几个方面：

（一）人力资源存量分析

人力资源存量分析包括企业的外部人力资源状况和内部人力资源状况的分

析。人力资源规划对人力资源存量的分析,其重点在于了解外部人力资源数量、质量、结构是否与企业的人力资源战略和规划相匹配以及内部人力资源的数量、质量、结构是否符合企业的发展战略。

1. 外部人力资源状况分析

人力资源数量是指构成劳动力人口的那部分人口数量。我国现行的劳动年龄规定为:男子16～60岁,女子16～55岁。从根本意义上讲,人口的状况决定了人力资源的数量。据有关部门估计,我国的人力资源数量在2015年前不会出现劳动力短缺现象。由于地区经济发展的不平衡,人口的流动可能引起人力资源数量上的增减和人力资源总体布局的改变。如发展中国家的人口流向发达国家。

人力资源质量是指人力资源具备的身体素质、道德水准、智力、知识与技能水平。人力资源的质量的优劣,直接影响一国或地区的社会经济发展,人力资源开发的目的就是培育更多的优秀人才以适应高效率的社会发展。

人力资源结构主要指一个国家或一个地区的人力资源总量在不同方面的分布,包括年龄、性别、质量、地区、城乡等方面。人口因素是影响人力资源结构及其变动的最基本因素。随着未来我国2020年人均GDP达到翻两番的目标的实现,可以预见城市化进程中经济社会的发展水平越来越高,人口的综合素质也必将达到较高的层次。

2. 内部人力资源状况分析

内部人力资源状况的重点主要在人力资源配置标准的方法运用上,通常有以下几种:

(1) 动作时间研究。动作时间研究指对一项操作动作需要多少时间(这个时间包括正常作业、疲劳、延误、工作环境配合、努力程度等因素)定出一个标准,再根据业务量多少,核算出人力的标准。

(2) 业务审查。业务审查是测定工作量与计算人力标准的方法,该方法又包括两种:

① 最佳判断法。该方法是通过运用各部门主管及人事、策划部门人员的经验,分析出各工作性质所需的工作时间,再判断出人力标准量。

② 经验法。该方法是根据完成某项生产、计划或任务所消耗的人事纪录,来研究分析每一部门的工作负荷,再利用统计学上的平均数、标准差等确定完成某项工作所需的人力标准。

(3) 工作抽样。工作抽样又称工作抽查,是一种统计推论的方法。它是根据统计学的原理,以随机抽样的方法来测定一个部门在一定时间内,实际从事某项工作所占规定时间的百分率,以此百分率来测定人力通用的效率。该方法运用于无法以动作时间衡量的工作。

（二）人员类别分析

经过对企业人员类别分析，可了解一个企业组织的业务重心所在。它包括以下两种方面的分析：

1. 工作职能分析

一个组织内人员的工作能力大致归纳起来有四种：业务人员、技术人员、生产人员和管理人员。这四类人员的数量和配置代表了企业内部劳力市场的结构。有了这项人力结构分析的资料，就可研究各项功能影响该结构的因素，这些因素可能包括以下几个方面：企业处在何种产品或市场中，企业运用何种技能与工作方法，劳力市场的供应状况如何等。

2. 工作性质分析

按工作性质来分，企业内部工作人员又可分为两类：直接人员和间接人员。这两类人员的配置，也随企业性质不同而有所不同。通常直接人员占60%，间接人员占40%。

（三）人员素质分析

人员素质分析就是指现有工作人员的受教育程度及所受的培训状况对企业生产力的影响。一般而言，受教育与培训程度的高低可显示工作知识和工作能力的高低，但事实上，人员受教育程度与培训程度的高低，应以满足工作需要为前提。因此，为达到适才适用的目的，人员素质必须和企业的工作现状相匹配。其解决方法有以下几种：

1. 提高人力资源的集体意识和协作精神，建立企业文化。
2. 运用培训等方式提升员工的知识水平与技能水平，强化现职人员的工作能力。
3. 关注员工的心理健康，实现员工的全面发展。

（四）年龄结构分析

分析员工的年龄结构，在总的方面可按年龄段进行，统计全公司人员的年龄分配情况，进而求出全公司的平均年龄。一般来说，年龄是能力的标尺。了解年龄结构，旨在了解下列情况：

(1) 组织人员是否年轻化还是日趋老化；

(2) 组织人员吸收新知识、新技术的能力；

(3) 组织人员工作的体能负荷；

(4) 工作职位或职务的性质与年龄大小的可能的匹配要求。

以上四项反应情况,均将影响组织内人员的工作效率和组织效能。

企业的员工理想的年龄分配,应呈三角形金字塔为宜。顶端代表 50 岁以上的高龄员工;中间部位次多,代表 35～50 岁的中龄员工;而底部就业人数最多,代表 18～35 岁的低龄员工。

(五) 职位结构分析

根据管理幅度原理,主管职位与非主管职位应有适当的比例。分析人力结构中主管职位与非主管职位,可以显示组织中管理幅度的大小,以及部门与层次的多少。如果一个组织中,主管职位太多,可能表示下列不当的结果:

(1) 组织结构不合理,管理控制幅度太狭窄,而且部门与层次太多;

(2) 显示工作程序繁杂,增加沟通协调的次数,浪费很多的时间,并容易导致误会和曲解;

(3) 由于本位主义,造成相互牵制,势必降低工作效率。

第三节　人力资源规划的原则与目标

一、人力资源规划的原则

1. 适应性原则

人力资源规划必须充分考虑内外环境的变化,对可能出现的情况作出预测,有面对风险的应对策略,才能真正做到为组织或企业的发展目标服务。内部环境变化主要指组织自身和员工个人方面的变化因素;外部环境变化包括组织所处的政治、经济、科学技术、有关人力资源政策、行业环境因素等的变化。人力资源规划的战略方向必须适应未来国家经济发展以及全球化浪潮的改革趋势,将其置于整个社会发展系统之中以实现组织的使命。

2. 科学性原则

人力资源规划要从人力资源现状出发,以人力资源需求和供给预测为基础进行科学客观的人力资源规划,全面统筹与均衡发展,最终保证完成企业的战略目标。

3. 人员保障性原则

完善组织或企业的人力资源保障问题是人力资源规划要解决的核心问题。

它包括人员的双向流动预测(可不断改善员工的素质、结构,实现人力资源队伍的整体优化)、社会人力资源供给状况动态分析、国家政治经济政策、绩效、薪酬影响等。只有有效地保证了人力资源供给,才能实现人力资源更深层次的开发与管理。

4. 整合协调原则

人力资源规划是制定人力资源战略最关键的部分,是人力资源管理的战略性纲领,在其编制与执行过程中始终与其他职能相平衡。需要处理好以下关系:整体和局部的关系、眼前和未来的关系、必要和可能的关系、数量和质量的关系、速度和效益的关系。

5. 整体利益原则

人力资源规划有益于企业良性发展和员工职业生涯发展,它们是互为依托、互相促进的融合关系。如果单方面考虑企业的发展需要,而忽视了员工的职业生涯发展,则在一定意义上阻碍企业发展目标的实现。及时地沟通,良好的人力资源管理,一定能够促进企业和员工共同发展。

6. 弹性发展原则

为使人力资源运用具有灵活与弹性,人员培训应使其具有第二、甚至第三项专长,如各部行政助理除专职事务性工作之外,也可通过适当评估程序,纳入部室内专业性工作的助理职责,以提升人力资本水平及拓展个人发展空间。

二、人力资源规划的目标

人力资源规划是一种战略规划。它确保组织或企业在发展过程中人力资源的有效供给和需求(包含数量、质量和结构层次等)的满足。人力资源规划的目标是根据组织所处的环境、企业战略与战术、组织目前工作结构与员工工作行为的变化而不断改变的。

人力资源规划所考虑的是整个人员的发展规划与其相适应的组织或企业的未来发展。因此,在某种程度上人力资源规划的关键任务就是规划核心人员。核心人员是一个组织或企业持续增长的关键因素。20%的少数核心人员对企业产值的贡献很可能占80%的份额。在人力资源管理时代,企业竞争力往往需要核心员工创造不断增加的附加价值。

1. 防止人员配置过剩或不足,提高人力资源利用率

人力资源的供求关系永远处于一个动态的发展过程中。在稳定发展的条件下,组织一般不需要人力资源规划。而对于一个非静态组织(生产经营领域、所采用的技术、组织的规模随时发生变化,对人力资源的数量、质量和结构均需随时调

整)来说，人力资源的需求和供给存在必然的差异，两者的平衡不可能自动实现，这就要采取适当的预测方法来调整人力资源的供求矛盾。人力资源规划能够确保组织在生存发展过程中对人力资源的需求。

2. 建立人力资源管理信息系统，促进组织管理的有序化

人力资源规划在大型和复杂结构的组织中，其作用特别明显。确定人员的需求量、供给量、调整职务、人员以及培训任务，均可通过人力资源信息管理实现。因此，人力资源规划是组织管理的重要依据，它会为组织的录用、晋升、培训、人员调整以及人工成本的控制等活动，提供准确的信息和依据。当前中央企业的改革，要改善人力资源分配的不平衡状况，增加绩效考量，加强责任感，以促使人力资源管理与我国经济的新一轮发展需要相协调。

3. 有效控制人工成本，得到和保持一定数量具备特定技能、知识结构和能力的人员

确保组织在适当的时间、地点拥有适当数量并具有必备技能的员工，能够有效控制人工成本。人力资源规划对预测中、长期的人工成本有重要的作用。当一个组织年轻的时候，处于低职务的人多，人工成本相对便宜，随着时间的推移，人员的职务等级水平上升，工资的成本也就增加。如果再考虑物价上升的因素，人工成本就可能超过企业所能承担的能力。因此，人力资源规划有助于预算出人力资源计划的实施成本及效益，并有计划地逐步调整人员的分布状况，把人工成本控制在合理的支付范围内，降低人力资源在成本中所占的比率。

4. 减少企业在关键技术环节对外部招聘的依赖性，确保组织对环境变化能作出适当的反应

组织总是在不断的生存和发展壮大之中，其动力来源是人力资源的获得与运用。如何应对现代科学技术以及社会环境等因素变化，如何适时、适量使组织获得所需的各类人力资源，对人力资源规划具有极为深远的影响。

5. 有利于人事决策的公平、公正

人力资源规划有利于人事决策的公平、公正，将业务管理人员与职能管理人员的观点结合起来。采取什么样的招聘策略、运用什么样的晋升政策、制定什么样的报酬政策对组织管理的影响是非常大的。例如，一个企业需要一名基层经理，是晋升组织内某类有经验的员工，还是从外部招聘？如果在没有确切信息的情况下，决策是难以客观的。准确的信息是至关重要的，提升内部员工有利于稳定人才，提升组织的竞争力。

6. 有助于调动员工的积极性

有助于调动员工的积极性，为所有的人力资源活动和体系提供方向和一致标准。人力资源规划对调动员工的积极性也很重要。因为只有在人力资源规划的条

件下,员工才可以看到自己的发展前景,从而积极地努力争取。人力资源规划有助于引导员工职业生涯设计和职业生涯发展。

为达到以上目标,人力资源规划需要关注以下焦点问题:

(1) 所处环境如何;

(2) 需要多少人;

(3) 员工应具备怎样的技术、知识和能力;

(4) 现有的人力资源能否满足已知的需要;

(5) 对员工进行进一步的培训开发是否必要;

(6) 是否需要进行招聘;

(7) 何时需要新员工;

(8) 培训或招聘何时开始;

(9) 面对裁员反应,应采取怎样的应对措施等;

(10) 为缩小现状与目标之间的差距,需要整合各种行动方案,最终评定成果。

第四节 制定人力资源规划程序

一、人力资源管理信息系统

(一) 人力资源管理信息系统(Human Resource Information System, HRIS)

人力资源管理信息系统是按照组织人力资源规划所预定的目标和要求,应用各种科学的方法,有组织、有计划地收集、分析和保存人力资源信息的一系列过程。通过人力资源管理信息系统(HRIS),组织对现有员工的数量、素质和结构分析将变得更加方便。人力资源信息系统作为对人力资源规划监控、评估及调整信息的重要来源,已成为当今组织人力资源规划的一个重要工具。

完整的人力资源管理信息系统数据,能使战略管理者在进行管理决策时做到心中有数,而不是仅依据经验和直觉作出判断,这就极大提高了组织的人力资源科学管理水平,并使组织的人力资源规划和控制管理定量化更具有客观性。在人力资源管理信息收集过程中,组织应遵循准确性原则、及时性原则和系统性原则。

（二）人力资源管理信息系统的内容

1. 基本人力资源信息

基本人力资源信息包括员工姓名、性别、年龄、健康状况、身份证号码、专业学历水平、工作经历、婚姻状况、家庭住址、联系方式等情况。

2. 人力资源分析信息

人力资源分析信息包括员工自身的主观性因素和员工工作所处的客观环境因素两类。前者主要是指员工的活力（工作状态或工作积极性与主动性）、素质、技能和创造能力，后者则是指组织为员工工作提供的内部客观环境条件（含物质性和非物质性的各种条件），以及组织外部的客观社会环境条件（诸如社会政治与经济状态、社会风气、市场竞争程度等）。

该信息分析主要用于对员工工作职责和内容、工作绩效进行管理和评价，对绩效要素进行定量化，形成综合评价数据，为薪酬、奖惩、培训开发提供依据。比如在收集培训需求信息方面，调查信息的主要来源渠道有：领导层的主要信息；各部门的主要信息；外部的主要信息；组织内部个人的主要信息。在收集的主要信息内容方面有：组织决策者的指导性文件；培训信息库的外部培训信息；专业培训顾问的培训信息；市场营销部门的顾客反馈信息；人力资源部门的人员招聘、调动等信息；财务部门的经营损耗信息；生产制造部门的生产情况信息；新事业开发部门的信息；组织决策者的组织目标和战略规划资料；人力资源部门关于各部门内工作职能和每个岗位工作职能的描述；人力资源部门关于员工绩效考核报告；各部门的具体工作计划；培训部门备存的关于以往培训情况的记录性资料；关于员工行为评估的备存资料。

3. 人力资源定量信息

人力资源定量信息包括员工进入本企业以前的受教育情况及在岗培训情况。具体项目有：员工学生时代所在的学校名称、学习的起止时间、学习的专业类别、取得的学历、授予的学位、奖惩情况、参与社会活动情况及评价、承担校内职务情况等；工作后参加的在职教育及企业培训记录，如教育培训时间、项目、学时数、学习科目、各门考核分数等；员工第二学历、第二专业情况。人力资源定量信息还包括收入发放的类别（月薪制、年薪制、计件制、工时制等）、每个月的基本工资数、根据业绩考核确定的奖惩比例、工资调整情况、保险、集体福利、各类公积金金额及类别，上缴所得税情况等。

根据人力资源计划以及职位信息，对编制招聘计划、发布招聘信息、采集应聘信息、甄选、面试、录用全过程进行自动化管理。运用人员素质测评系统软件，对应聘人才的品德素质、身心素质、能力素质等进行测评，并建立人才数据库，记录人才的背景、生平资料、工作经历、专业技能、主要业绩、目前状况以及相关的素质测评数据。

（三）构建人力资源管理信息系统

一般来说，组织建立的一套人力资源管理信息系统，需要有几个子系统组成。人力资源管理信息系统如图 7-1 所示。

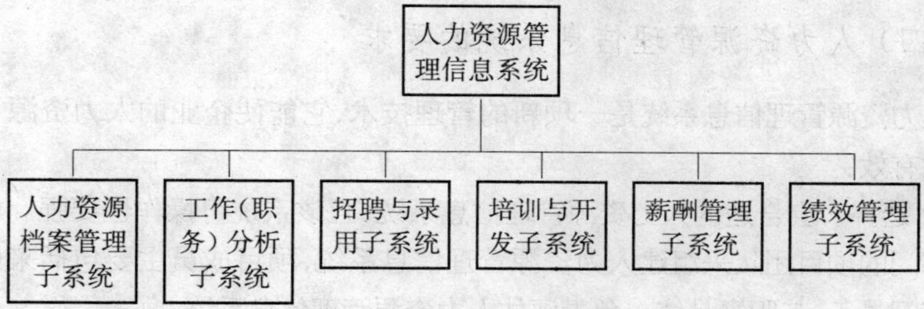

图 7-1　人力资源管理信息系统

1. 人力资源档案管理子系统

人力资源档案管理子系统，包括员工姓名、性别、年龄、健康状况、文化专业水平（学历、职称）、工作经历（经验和奖惩状况）、收入情况、婚姻状况、家庭住址、联系方式等情况。该子系统大体完成对人力资源档案的输入、增删、查询、分类统计和报表打印。

2. 工作（职务）分析子系统

工作（职务）分析子系统，包括工作分析描述和工作说明书，如职务名称、职务编号、工作部门、工作摘要、工作范围、工作设备及工作流程、工作场所、职业病、工作时间等。该子系统大体完成工作（岗位）描述的输入、增删、查询、分类统计和报表打印。

3. 招聘与录用子系统

招聘是为应聘者进行的若干活动，包括招聘计划、招聘信息发布、招聘测试、人事决策、员工入职和招聘报告。录用是对甄选人员的安置、适应性培训、试用和正式录用。该子系统处理由于人力资源供求矛盾而触发的各子系统数据的变化。

4. 培训与开发子系统

开展培训需求调查，包括制订培训计划，组织、实施在职培训与能力开发，并评估培训开发效果。对高层管理者培训应侧重于企业战略、理念方面，对中层管理者应侧重于沟通能力、执行力方面，对基层管理者应侧重于业务技能、实践操作方面。

5. 薪酬管理子系统

开展薪酬调查,包括薪酬方案设计、报批、调整,定期研究薪酬方案以适应企业战略发展需要,开展考核并根据考核确定薪酬。

6. 绩效管理子系统

制定绩效考核制度,包括记录、整理、保存员工工作数据(如员工考勤、员工绩效),做好沟通,为实施薪酬分配和员工职务升降提供依据。

(四) 人力资源管理信息系统的要求

人力资源管理信息系统是一项新的管理技术,它能使企业的人力资源管理工作更加有效:

1. 选择一套合适的人力资源管理信息系统,且该系统可操作性要强。成立一个跨部门的项目团队来组建人力资源管理信息系统,项目成员主要包括来自人力资源部门员工,其职责是统一负责评估人力资源管理信息系统。

2. 对相关人员进行培训。人力资源管理信息系统的培训分为两个不同的层次:一是对企业人力资源管理人员进行系统应用和简单维护的培训;二是对企业中所有有机会接触系统的员工进行系统操作方法的培训,这种培训必须以授权访问系统权限的高低来加以区别。

3. 加强人力资源管理信息系统的安全性建设。一是网络技术的安全保障;二是要求企业提供适合于本企业员工绩效考核、薪酬和福利管理等工作的一系列指标,修正的权限仅限于有关管理者,这为最终的计划执行奠定良好的基础。

4. 建立人力资源管理信息系统,应该定期根据企业人力资源信息的变化对系统内容进行更新,以真正起到节省人力资源成本、减少人力资源部门工作压力的目标。

二、人力资源规划的四个阶段

保持和提高企业竞争力,这是人力资源规划的终极目标。制定人力资源规划不仅要熟知企业现状,更要透彻认识企业战略发展方向与所处环境趋势的变化,明确认识到企业人力资源的潜力和焦点问题。人力资源规划的程序可分为四个阶段。

(一) 调查、收集和分析有关人力资源信息资料

调查、收集有关人力资源信息资料是人力资源规划的首要步骤,它的质量如

何对整个人力资源管理工作影响显著，必须高度重视。在组织建立的人力资源信息系统里，人力资源信息的内容十分广泛，主要有人员调整情况，人员的知识、技能、经验的要求，员工的培训和教育等。在这一部分中一项重要的工作就是进行职务分析。职务分析(又名工作分析)是指全面收集某一职务的有关信息，对该职务的设置目的、工作内容、承担责任、工作环境和条件，以及员工为承担该职务所需具备的资格条件等方面进行系统分析和研究，并制定职务说明书和职务规范的过程。

当新的组织建立时，由于目标的分解，组织结构设计与员工招聘需要进行工作分析；当组织战略发展时，工作内容、工作性质的变化需要进行工作分析；当企业技术革新，劳动生产率提高时，需要进行岗位定编；当企业进行绩效考核、晋升、培训时，需要进行工作分析。因此，工作分析的过程就是对工作进行全方位评价的过程，一般分为三个阶段，即准备阶段、调查阶段、分析阶段。

1. 准备阶段

(1) 对参加工作分析的岗位代表宣传工作分析的作用、意义；

(2) 对有工作关系的员工建立良好的人际关系；

(3) 成立工作小组，明确分工，制订工作进度表；

(4) 考虑调查和分析对象的样本的代表性；

(5) 确定工作难度系数。

2. 调查阶段

(1) 编制各种调查问卷和提纲；

(2) 根据具体的对象进行调查，如面谈、观察、参与、实验等，比较方便的是通过电脑问卷；

(3) 收集有关工作的特征及需要的各种数据，如规章制度、员工对该岗位的认识等；

(4) 重点收集被调查员工对各种工作特征和工作人员特征的重要性和发生频率等所作出的等级评定。

3. 分析阶段

(1) 仔细审核已收集到的各种信息；

(2) 创造性地分析、发现有关工作和工作人员的关键成分；

(3) 归纳、总结出工作分析的必须材料和要素。

需要关注的是，在第一阶段组织对内外人员流动的状况需要作特别分析。例如，对劳动力市场的结构变化，市场供给与需求状况，劳动力择业心理等有关影响因素，需要作专门的深入调查分析。工作分析包括的信息如表7-3所示。

表 7－3　工作分析包括的信息①

一、工作行为：
1. 整体工作目标或任务 2. 工作/操作流程或步骤 3. 工作记录 4. 个人职责 5. 个人工作目标或任务 6. 任职人员必须进行的与工作有关的活动 7. 任职人员执行工作中每一项活动时的步骤 8. 执行这些活动的原因 9. 执行这些活动的具体时间安排
二、工作中的个人行为：
1. 个体行为(包括认知、决策、体力活动、交流沟通等) 2. 对承担工作的人的要求
三、工作中相关的实体与非实体：
1. 使用的机器、工具、设备和其他辅助作用工具 2. 使用的原材料 3. 生产的产品 4. 提供的服务 5. 接触这些实体与非实体时需运用的知识
四、工作绩效的标准：
1. 工作质量标准 2. 工作数量标准 3. 工作所消耗原材料的标准 4. 工作所消耗时间的标准 5. 允许的工作误差标准 6. 其他方面的标准
五、工作背景：
1. 工作的物理环境(如工作场所的温度、噪音等) 2. 工作计划(如工作作息表和工作日程表等) 3. 组织情况(如组织背景、发展规划等) 4. 相关的社会情况(如组织内的人际关系) 5. 工作回报(包括经济的和非经济的激励)

① 资料来源：王玺主编《最新人力资源规划、招聘及测评实务》，中国纺织出版社 2004 年版，第 13 页。

续表

六、工作要求：
1. 相关的知识要求 2. 相关的技能要求 3. 相关的能力要求 4. 相关的其他特征

（二）进行人力资源供给和需求的预测

根据组织战略规划和内外环境的变化，对人力资源供给与需求可以采用主观经验判断和各种统计方法及预测模型预测。预测人员需求能形成一个标明有员工数量、招聘成本、技能要求、工作类别，及为完成组织目标所需的管理人员数量和层次的分列表。人员供给预测是分析未来某个特定时刻的供给情况，其预测结果能显现出组织现有人力资源状况以及未来在流动、退休、淘汰、升职以及其他相关方面的发展变化情况。

人力资源供给和需求预测是人力资源规划中技术性较强的工作，由于影响因素较多，其预测的准确程度直接决定了规划的成败。它是整个人力资源规划中最困难、最关键的工作。

（三）制定人力资源战略的总体目标及实施各项业务计划

根据人力资源战略制定总体规划，在战略发展上制定出相应的业务计划以及相应的人事政策。人力资源规划的出发点和终结点就是人力资源管理的动态平衡。编制人力资源规划，一定要保持各项计划和政策的一致性，方案执行阶段的关键问题在于，必须有实现既定目标的组织保证。除分派负责执行的具体人员外，还要保证实现这些目标所需要的必要权力和资源，确保通过计划的实施使人力资源战略目标得以实现。

（四）对人力资源规划的监督、分析与评估

人力资源规划不是一成不变的，它是一个动态的过程。对其过程和结果必须进行监督、评估，并在信息反馈中不断调整供给和需求平衡，确保人力资源规划的实施及完成企业的整体目标。人力资源规划的过程可以概括成一个人力资源模型，如表 7－4 所示。

人力资源规划是人力资源管理工作的关键枢纽。如果人力资源规划制定缺乏应变能力，或由于政策变化、企业转型、缺少足够的员工、员工过多而不得不大量的裁员，将由此遭受到各种问题的困扰，最终影响企业的利益。因此，人力资源规划

表 7-4　人力资源规划模型①

Ⅰ. 收 集 信 息
A. 外部环境信息 1. 宏观经济形势和行业经济形势 2. 技术的变化 3. 竞争 4. 劳动力市场 5. 人口和社会发展趋势 6. 政府管制情况 B. 企业内部信息 1. 企业战略 2. 业务计划 3. 人力资源现状 4. 离职率和员工流动性
Ⅱ. 人力资源需求预测
A. 短期预测和长期预测 B. 总量预测和各个岗位预测
Ⅲ. 人力资源供给预测
A. 内部供给预测 B. 外部供给预测
Ⅳ. 具体项目的计划与实施
A. 增加或减少劳动力规模 B. 改变技术组合 C. 开展管理职位的接续计划 D. 实施员工职业生涯计划
Ⅴ. 人力资源计划的反馈
A. 计划实施是否符合环境与战略的需要 B. 实施的项目是否达到要求

制定得好，就会获得相当好的受益：

（1）管理者可以更多地了解经营决策中与人力资源有关的问题，加深对人力资源规划重要性的认识；

（2）管理层可在人力资源费用变得难以控制或过度花费之前，采取措施来防止各种失调，并由此使劳动力成本得以降低；

（3）由于在实际雇用员工前，已经预计或确定了各种人员的需要，企业就可以有充裕的时间来培养与挖掘人才。

---

① 资料来源：Cynthia D. Fisher，Lyle F. Schoenfeldt and James B. Shaw：Human Resource Management，Houghton Mifflin Company，3rd edition。

三、制定人力资源规划的八个步骤

人力资源规划包括人员总规划、职务分析规划、人员配置规划、人员需求规划、人员供给规划、人员补充规划、人员考核规划、薪酬规划、人员职业生涯规划、人力资源管理政策规划、投资预算规划等。由于各组织的具体情况不同，在制定人力资源规划时的步骤也不尽相同。以下是在年度或季度结束时编制相应人力资源规划体系的步骤。

1. 制订员工配置计划

根据组织的发展规划，结合组织各部门的人力资源需求报告进行盘点，摸清人力资源需求的大致情况。人员配置情况包括一个组织的员工数量、职务变动、职位空缺的临时补充办法等。

2. 编制职务计划

根据组织规划和工作分析，在原有的职务外，还会逐渐有新的职务诞生，因此，在编制职务计划时要充分做好职务分析，综合职务分析报告的内容，详细陈述企业的组织结构、职务设置、职位描述和职务资格要求等内容，制定未来的组织职能规模和模式。

3. 预测人员需求

依据人员配置和职务计划，运用合理的技术方法，预测各部门的人员需求概况。要清楚标明预测中需求的职务名称、人员数量、希望到岗时间等，使其勾画出一个标明有员工数量、招聘成本、技能要求、工作类别以及为完成组织目标所需的高、中、基层管理人员数量和层次的计划表。

4. 确定人员供给状况

内部提升和外部招聘是人员供给的主要方式。内部提升有利于组织内的优秀员工不易流失，且招聘成本低，更易激励其他员工工作的热情和积极性。内部提升是一种比较好的人才培养的模式。从外部招聘优秀人才并留住人才，在组织局面不理想的情况下有时能够取得意想不到的作用。如果对人才运用得当，将使组织的结构发挥极大的能量。

5. 制订员工培训计划

对新员工的上岗培训和老员工的再培训，已成为当前企业发展必不可少的内容。提升企业现有员工的基本素质、经营理念、职业化精神是为了适应企业发展的需要，特别要重视核心员工的培养，这是能决定一个组织未来的发展前景的焦点问题。当然在计划实施过程中要强调实效性、重培训质量，绝不能囿于形式。

6. 制订人力资源管理政策应变计划

宏观政治、经济政策的出台,加上微观行业环境的影响,促使人力资源管理政策的调整趋于灵活,包括招聘政策调整、绩效考核制度调整、薪酬和福利调整、激励制度调整、员工职业生涯规划政策调整。应当明确计划期内的人力资源政策的变化因素、调整步骤和调整范围等,适时地制订好相应的应变计划,更能确保实现人力资源管理的目标。

7. 编制人力资源费用预算

费用预算包括招聘费用、培训费用、薪资费用、福利费用、奖励费用以及人力资源开发的相关费用等等。制定详细的费用预算,显示该组织决策层的人力资源战略管理水准。

8. 提高风险管理意识,建立应变对策

环境的不确定性(如新的人力资源政策导致员工情绪不满、内部提升遇到阻力、外部招聘失败等因素),对一个组织的正常运行影响非常大。因此,加强风险识别、风险评估、风险监控,成为人力资源管理的一个重要职责。在编写人力资源计划时应结合公司实际,综合职务分析和员工情绪调查表,通过提出可能存在的各种风险及应对办法来防范风险的发生。

本章小结:

从20世纪70年代起,人力资源规划已经与企业战略发展相互交融。作为人力资源管理的重要职能,制定好人力资源规划越来越受到组织的重视。人力资源规划的实质就是组织确定目标(愿景),并在此基础上确定需要什么样的人力资源来完成该组织愿景的决策过程。本章旨在说明人力资源规划"是什么"和"为什么"的基础上,解答"做什么"和"怎么做"的问题。在人力资源管理活动中,人力资源规划不仅具有先导性和战略性,而且还决定了组织的总体发展方向,它能不断适应环境的变化以实现组织的、员工的目标。人力资源规划是人力资源战略管理过程中的一个关键枢纽。

案例分析:

面对环境的日益变化,仅仅依靠陈旧的管理理念来迎接行业挑战,势必会造成A公司经营困境。为了摆脱压力,A公司的人力资源规划在集团公司管理层的策划下最终得以实施,其目的是为了适应环境的需要,在新经济时代下完成企业的管理理念的转型,提升企业的可持续竞争力。A公司的人力资源规划明确了企业发展的目标及其思路，对可能需求的人力资源数量、质量和结构变化作了充分的预测，共同谋求员工职业生涯发展与企业发展双赢，在充分沟通的前提下创建A公司的企业文化氛围。

本章思考题：

1. 什么是人力资源规划？
2. 人力资源规划的内容与类别各是什么？
3. 人力资源规划的原则有哪些？
4. 人力资源规划的特点是什么？
5. 如何看待人力资源规划的发展？
6. 人力资源规划的目标是什么？
7. 人力资源规划模型的内容是什么？
8. 制定人力资源规划的八个步骤是什么？

附：企业人力资源职能效力水平调查表-1

第一部分 人力资源活动													
职能类别	职能内容	未来重要性						目前实际能力					
		0	1	2	3	4	5	0	1	2	3	4	5
参与经营	1. 帮助管理人员阐明经营计划中的人力资源内容和进一步的经营需求												
	2. 帮助管理人员预测人力资源需求(具备必要的技能的雇员)												
	3. 帮助管理人员进行组织重构或工作设计												
	4. 帮助管理人员改进质量/服务												
组织建设	1. 确定与保持各方面雇员的关系												
	2. 吸引/招募合适的人												
	3. 提供所需要的合格候选人												
	4. 训练管理者进行有效的人才招募、评价和选拔												
能力开发	1. 帮助管理人员确定其组织中的培训与开发需求												
	2. 提供符合需求的培训方案(内部和外部的)												
	3. 为管理人员提供在岗职员培训的工具和技能												
	4. 推动管理人才开发评价会												

续表

第一部分　人力资源活动													
职能类别	职　能　内　容	未来重要性						目前实际能力					
		0	1	2	3	4	5	0	1	2	3	4	5
绩效管理	1. 帮助管理人员确定绩效目标/标准												
	2. 帮助管理人员制订和实施改进下属人员工作绩效的计划												
	3. 促进绩效反馈、教练指导以及强化活动												
	4. 帮助管理人员解决下属的工作绩效问题												
管理人力资源流程	1. 帮助管理人员保持积极的职员关系(员工关系或者工会环境)												
	2. 帮助管理人员处理职员关系和沟通问题(例如政策解释,与工作相关问题)												
	3. 帮助管理人员管理职员队伍的多样性/差异												
	4. 帮助管理人员了解和遵守法定条款												

附：企业人力资源职能效力水平调查表-2

第二部分　企 业 知 识													
职能类别	职　能　内　容	未来重要性						目前实际能力					
		0	1	2	3	4	5	0	1	2	3	4	5
企业观点	1. 人力资源了解企业的所有要素,包括目标、目的和业务等												
	2. 人力资源处理问题具备企业全局观点												
外部关系	1. 人力资源了解外部影响力/规则和不断变化的客户/经营关系需求												
	2. 人力资源能有效地展示本企业												
战略观点	1. 人力资源具备和实施战略思考												
	2. 人力资源从长期利益出发考虑决策与行动												
	3. 人力资源思考在动态环境中获得与保持竞争优势的方式												

续 表

第二部分 企业知识													
职能类别	职能内容	未来重要性						目前实际能力					
		0	1	2	3	4	5	0	1	2	3	4	5
财务观点	了解本企业经济状况、包括成本、定价、资产管理及其财务因素												
信息管理	有效地了解和利用数据和计算机技术												

附：企业人力资源职能效力水平调查表-3

第三部分 变化管理													
职能类别	职能内容	未来重要性						目前实际能力					
		0	1	2	3	4	5	0	1	2	3	4	5
愿景	有未来方向、目标和重点顺序的愿景，并对此作出承诺和努力												
规划/组织	1. 建立职能和/或其他行动方针，以实现目标												
	2. 适当地分配时间和资源												
	3. 建立制度和程序以保证跟踪和监督其他人的活动												
决策	1. 保护来自不同渠道的相关信息，准确地评价关系和问题												
	2. 根据实际信息、逻辑推理以及多种选择思考，作出合理而实际的决策												
	3. 承担合理风险												
责任/创新	1. 特殊情况下承担决策和行动的责任												
	2. 负责领导前进												
	3. 积极推动实现目标												
沟通	有效倾听、表达、书面表达，与同事、高级管理人员、下属及客户互动												
影响	1. 采取适当的人际关系模式和沟通方法获得同意、接受或解决问题												
	2. 在没有直接权利的情况下使问题得到解决												

续表

第三部分 变化管理													
职能类别	职能内容	未来重要性						目前实际能力					
		0	1	2	3	4	5	0	1	2	3	4	5
关系/团队	1. 建立和维护与他人的工作关系												
	2. 协商与解决问题												
敏感性	对他人表现出真诚的兴趣，对他们的需求作出敏感的响应												
适应性	1. 在不断变化的、通常模糊不清的环境中保持效益												
	2. 随时准备接受新思想和向他人学习												
	3. 在压力下作出适当的决定												
自我意识/自我开发	1. 清楚地了解自己的长处和不足												
	2. 采取行动改进技能和工作绩效												

第八章 人力资源需求预测

引导案例

证券行业的人才大战

没有人想到2001—2005年的证券市场走势会一路跌跌不休，也没有人想到各大证券公司的人才大战会在2005年伊始的牛市行情中一下子被引爆。截至2008年1月11日，沪深两市证券开户数已超过1.4亿。面对蜂拥而至的投资者，各大证券公司的人才大战风生水起。

中信建投证券有限责任公司人力资源总监张纪元在接受《中国新时代》采访时如是说："股市不好的时候，证券公司各方面的业务都会出现不同程度的下降，出于成本考虑，许多公司都会采取相对紧缩的人才战略，通过核定编制、业务整合、离职补偿等方式降低人员规模，即使出现必须补充人员的岗位空缺也大多通过内部调剂解决。"张纪元说，"2007年，各方面人才出现全面紧张，首先经纪业务、然后是研究、投资银行，甚至出现人力资源等方面人员的短缺，人员流动比较频繁。"

银河证券有限责任公司人力资源总监陈静对《中国新时代》如是说，"由于市场低迷，再加上受体制制约，我们不能提供有竞争力的薪酬，一些关键岗位的人才流失，我们还是很心痛的，在这种情况下，我们更多地运用银河的品牌以及情感留人。"陈静坦言，"人员流失主要集中研究人员和技术人员。"但是，"我们积极地参与国家留学基金委举办的一些出国培训项目，我们虽然不太可能打破一些薪酬等方面框架的约束，所以积极地为员工寻找其他的机会。""应届毕业生招聘，我们要控制在一定的比例范围内。企业发展要形成一个人才梯次，希望招聘一些有工作经验，尤其是有证券公司工作经验的熟手，可以很快进入工作的角色。"

证券行业市场人才供应稀少的原因主要是：第一，行业内人才的外流比较严重，在短时间很难及时的回流补充；第二，各家公司为了挽留人才，在市场条件好的时候，调整了薪酬待遇，使得一部分人才稳定，没有参与到流动中；第三，各大公司都在进行大规模招聘，这在一定程度上造成人才选择的分流。低迷的熊市，给证券公司造成的影响，不仅仅是收入和利润的减少，更重要的是显现一个行业乃至一个地区、国家金融人才高地的建设问题(国家金融人才的匮乏)。作为金融开放前沿的上海要打造世界金融中心,其金融人才储备必须紧跟国家战略需要,大规模培养金融行业的人力资源已迫在眉睫。2007年下半年将允许合资证券公司在华业务扩展到包括证券经纪业务、自营业务和基金管理业务,加上随时呼之欲出的证券期货业务,QFII及私募基金、基金公司迅速扩大和成长,资产管理公司背景的新券商的成立,将使证券业人才需求面临更严峻的挑战。

中信建投的人才战略布局则采取"广积粮"战术。对于高校学生主要通过校园招聘、毕业前实习等方式,及早锁定招聘对象。而对于需求量较大的熟手,则是通过猎头公司、金融专业媒体、员工推荐等比较有效的方式。员工推荐,公司会给予一定的奖励。而银河证券为了在一些新兴业务中避免人才短缺,也在积极地预先培养人才,"比如股指期货,我们就要做前瞻性的人才储备,人力资源部门会同业务部门选择一些合适人才参加培训。今年股指期货培训班我们已经做了三期,一旦这个业务开展我们就可以马上跟上"。张纪元认为,第一,要注重核心骨干队伍的稳定,提供有竞争能力的薪酬待遇,逐步建立股权激励等金手铐激励措施;第二,建立良好的执业能力的培训制度,长期不断的人力投入,企业与员工共同成长;第三,为员工制定清晰的职业生涯发展规划,推行国际投资银行通行的晋升机制,保障优秀人才发展通道的畅通;第四,制定高效的绩效管理制度,业绩优良的员工要及时激励,业绩差的员工要及时淘汰;第五,建立多渠道人才选聘渠道,及时补充新鲜血液等。

尽管2007年以来所遭遇的金融人才紧缺,短期会对证券公司的业绩发展有一定的影响,但从长远来看,经历一场人才大战之后,对于尚在发展摸索阶段的中国金融业未尝不是一件好事。

案例讨论题:

1. 银河证券的人才储备工作有哪些?
2. 证券行业的人力资源状况给你哪些启示?
3. 如何理解"金融人才储备必须紧跟国家战略需要"?
4. 如何培养证券行业的紧缺人才?

第一节 人力资源需求的影响因素

人力资源需求预测是人力资源规划中一个不可缺少的环节。它是制订人力资源计划,实施培训与开发方案的基础。人力资源需求预测是依据企业的战略发展规划、组织能力及岗位要求为出发点，综合考虑各种因素，对未来人力资源的类型(数量、质量和结构等)进行盘点，有计划、有目的地协调组织人力资源，使其适应管理者的目标的活动。它的准确性对人力资源规划的成败具有决定性的影响。

一、人力资源预测内容

为了确保组织或企业战略目标和任务的实现，企业必须重视对人力资源的预测。

(一) 人力资源预测内容

(1) 人力资源存量与增量预测。前者指企业人力资源的自然消耗(如自然减员)和自然流动(如专业变动)引起的人力资源变动，后者指企业规模扩大、行业调整等发展带来的人力资源新需求。

(2) 人力资源结构预测。由于人力资源结构和经济结构的变动，必然引起企业人力资源结构的变化。人力资源需求预测就是为了保证在任何情况下，企业都将具备较好的人力资源配置，避免出现不同层次人力资源组织的结构失衡，保持企业在产业调整、新技术发展以及竞争力方面胜人一筹。

(二) 人力资源预测应注意问题

(1) 人力资源政策在稳定企业员工上所起的作用；
(2) 人才市场人力资源的供求状况和发展趋势；
(3) 行业本身所涉及的企业人力资源概况；
(4) 行业本身的发展趋势和人力资源需求趋势；
(5) 行业本身的人力资源供给趋势；
(6) 企业的人员流动率及原因；
(7) 员工个人职业发展规划状况；
(8) 企业员工的工作满意度状况。

企业人力资源一方面与外部的经济、社会、政治、法律环境和技术发展有关，另一方面又与内部战略规划、经营现状、管理水平、员工素质相联系，因此，影响人力资源需求的因素很复杂，主要因素大体分为企业外部环境和企业内部环境两类。

二、企业外部环境

(一) 经济发展水平对人力资源需求的影响

在经济全球化的发展环境里，各国经济的发展水平的高低直接影响到对劳动力的需求。在经济发展景气周期内,企业的人力资源需求相对旺盛;而在经济相对增长缓慢时期,企业的人力资源需求则相对不足。"十一五"期间,我国人力资源依然丰富,但是人的整体素质并不高,从长远看,这不但会影响经济社会发展,而且也会影响个人择业的机会。

(二)产业结构对人力资源需求的影响

这种影响对企业而言是至关重要的。因为企业是生存在行业之中。影响具体表现为以下几点。

(1)产业结构状况对人力资源需求结构状况和比例的影响。顾客的需求变化、生产需求、劳动力成本趋势变化及高科技产业的增加,会导致对营销人才、科技人才和管理人才的需求增加,也会影响到这类人才现有的比例结构。

(2)产业结构以及行业构成的变化对人力资源需求变化的影响。第一产业比重的降低,第三产业比重的上升,会导致不同技能的人才过剩或短缺。目前许多行业中出现的人才结构性比例失调就是一个佐证。

(3)产业结构变化引起的行业之间工作技能的转移对人力资源需求结构的影响。由于产业结构的政策性变化,导致连带关系行业工作技能的转移,并由此影响人力资源需求的结构。比如,制造业对高科技技术的运用,势必会影响到其他与高科技有关的行业向制造业转移,继而引起现有人力资源结构的变化。

(4)产业和行业结构变化引起的现有员工队伍结构的变化对人力资源需求的影响。新技术革命催生了许多行业,行业中的人员首当其冲地会受到影响,导致行业队伍结构发生分化。比如,会展业的发展,物流的快速扩展,对能胜任这些岗位的人才数量、追加培训的需求也提出了更高的期望。

(三)技术变革对人力资源需求的影响

现代社会的发展,科技的进步力量正在改变社会的方方面面。技术革新与进步使生产效率大大提高,同时大大减少对劳动力的需要,技术的创新直接影响了企业的人力资源需求。互联网的高速发展催生了许多行业人才的整合发展便是明证。

(四)国家对人力资源需求的总体发展规划

国家宏观经济发展政策总体上会给行业的发展和规划带来影响,从而也会直接影响到行业对人才的开发和利用。比如,生命科学、环保技术等列为优先发展的行业,使社会上对这类人才的需求增加。2007 年 11 月在上海浦东举办的"中国人才服务业博览会"的展板上有一行字格外醒目:"预计到 2010 年,全市各类人才总量达到 2 400 000 人，来沪工作创业留学人员 80 000 人，常驻上海外国专家达 150 000 人，向外省市辐射输送人才 250 000 人，为全国各地区至少培训 20 000 名各类人才。”这正验证了“中国人才服务业博览会”的标语——“人才服务，服务全国”。因此，2008 年的北京奥运会、2010 年的上海世博会的人才需求将极大地考验国家的人才政策，那是一次空前的全方位的人力资源总量的检验，更是一次在战略意义上全面协调整个国家的人力资源管理的活动。

（五）竞争对手对人力资源需求的影响

竞争对手之间永远会引发对人才的争夺战。对劳动力，尤其是高端的人力资本的需求的争夺，加速了企业人才政策的变化。人力资源的增值效应更为显著地影响企业战略目标的实现。

（六）社会、政治和法律环境对人力资源需求的影响

社会政治方面，稳定的社会环境自然促进经济的良性发展，提升企业的管理水平；反之，则影响企业的人力资源规划，阻碍经济的健康发展。法律法规方面的变化也会影响人力资源需求。比如，社会保障法规的变更，环境保护法规的变革，劳动合同基础上的雇佣关系也会受到政策法规的影响等。总之，在和谐社会里各方面更加要体现人力资源的管理水平，使人尽其才，物尽其用。

三、企业内部环境

（一）企业战略的变化

企业战略对于人力资源需求的影响极其关键。企业的战略目标决定了其发展方向和高度以及所需要的人才数量、质量。战略一旦实施，就会对企业的人力资源配置产生重大影响。比如，联想的奥运计划、购并 IBM 的 PC 业务等计划促使它向更高的目标发起冲击，但随之而来的购并业务中的关键问题——美国公司人员整合等对联想管理层来说绝非易事，种种矛盾恐怕与当初想实施的企业战略有不少的距离。因此，企业战略对人力资源的配置提出了更深层次的要求。

（二）企业人员素质和流动的变化

当企业的人力资源素质相对其发展而言大体相符时，合理地使用现有人员对于企业产能、效率的匹配是至关重要的。企业人力资源的素质应与市场竞争的程度相符合，对其培训、开发也要适应企业的战略发展。核心员工的跳槽在业界尤其

IT业司空见惯,对于企业来说,人员频繁离职,加上重新招聘人员的成本肯定是越来越高。因此,人员流动性对于先前的人力资源预测的合理性提出了更高的要求。当然退休、辞职、辞退人员的多少,合同期满后终止合同员工的数量,人员突然死亡也会影响企业的人力资源需求。

(三)企业经营方向的变化

企业的经营效率是影响人力资源需求的重要因素。在不同的生命周期,企业对于人力资源的需求状况是不同的。必须认识到人力资源预测所涉及的变量与一个企业运作经营过程所涉及的变量是共同的。这些与人力资源管理、人力资源计划相关的变量包括:

(1) 顾客的需求变化;

(2) 生产需求;

(3) 劳动力成本趋势;

(4) 可利用的劳动力(失业率);

(5) 每一工种所需要的雇员人数;

(6) 追加培训的需求;

(7) 每个工种员工的移动情况;

(8) 旷工趋向(趋势);

(9) 政府的方针政策的影响;

(10) 劳动力费用;

(11) 工作小时的变化;

(12) 退休年龄的变化;

(13) 社会安全福利保障。

综观近30年的改革开放,每当企业超常规模发展之后,就会引起企业人力资源结构的变化,因此要保证企业在不断变化的环境中都具有较好的人力资源结构的最佳配置,在明确企业雇员(包括一线员工和管理者)的技能和数量需求时,必须根据企业的特殊环境,认真考虑上述变量,应该把预测看成是完善人力资源需求决策的一个工具。提高人力资源水平,就意味着提升企业的竞争力,提升国家的综合竞争实力。

以下从人力资源管理功能之一的招聘来谈谈对人力资源需求预测的影响。招聘是人力资源管理模块之一。招聘的成功取决于许多因素,既受外部环境的制约,也受组织内部环境的影响。

1. 招聘的外部环境分析

(1) 经济条件。经济环境的变化会影响组织对人员的需求;随着社会经济的发展，人们对某些产品服务的需求会增加或减少，因而会影响到提供相应产品或服务的组织对人员需求的变化。

(2) 技术的变化。技术的变革与新技术的采用会引起人员需求的变化，这种变化表现在数量和质量两方面：一方面，技术的革新会使人均劳动生产率提高，对人员数量的需求可能会减少；另一方面，技术的变革也使得需要运用新技术进行工作的岗位出现人员空缺，需要招聘能够掌握新技术的人员。

(3) 产品/服务市场状况分析。市场状况对用工量的影响；市场预期对劳动力供给的影响；市场竞争状况对工资的影响。

(4) 劳动力市场状况分析。劳动力市场状况是影响招聘计划设计的一个主要因素；劳动力市场对招聘主要从两个方面产生作用：一是市场的供求关系。二是市场的地域范围。

(5) 竞争对手分析。在人员招聘领域，竞争对手情报主要包括如下信息：

竞争对手正在招聘哪些人员？招聘的条件是怎样的？

竞争对手采取什么样的招聘方法？

竞争对手的薪资水平怎样？

竞争对手有什么样的用人政策？

(6) 法律法规。组织在制订招聘计划和实施招聘录用工作中，必须充分考虑现行法律、法规和政策的有关规定，防止出现违背相关政策法规的行为，也避免产生法律纠纷，以免组织人力、物力、财力的不必要损失。

2. 招聘的内部环境分析

(1) 组织战略分析

组织战略对招聘和配置工作的影响非常巨大。根据组织的生产/服务方法的不同，可以将战略分为防御型、探索型和分析型三种类型。不同的战略类型对员工招聘与配置的要求不同。如表 8-1 所示。

表 8-1 组织战略对招聘与配置的影响

战略类型	战略表现	战略执行	对招聘与配置的影响
防御型	其生产——市场战略表现为有限的、稳定的生产范围，以及可预测的市场	其生产过程主要强调效率和过程管理，其市场环节主要局限于销售工作	在招聘时应该注意那些有财政金融和生产制造背景的人才，以利于稳定市场份额。在低层次的职位上，尽量采用招聘新手的方法，对于高层次的职位，则采用从内部提拔的方法

续 表

战略类型	战略表现	战略执行	对招聘与配置的影响
探索型	其生产——市场战略表现为广阔的、变化的生产范围，以及变化的市场	其生产过程主要强调效率和产品设计，其市场环节主要集中于市场研究	在招聘时应该特别注意那些有工程研究和市场开发背景的人，以利于单位开发新产品和新市场，而且倾向于在所有层次的职位上都聘用有经验的员工，这样应重视从外部招聘人员
分析型	其生产——市场战略表现为稳定的、变化的生产范围，以及可预测的变化的市场	其生产过程主要强调过程管理，其市场环节主要表现为广泛的市场活动	在招聘中应该注意发掘那些具有应用研究才能、市场开发才能和创造才能的人，这样在招聘中必须既注重内部招聘，也重视外部招聘

(2) 组织人力资源配置状况分析

人员需求的变化也可能是由于组织内部人力资源自身的因素造成的。一方面，是员工的自然流失带来的人员需求；另一方面，还可能是内部员工的数量和素质不能满足现有工作岗位的需要而引发的招聘需求。

人员配置指的是人与事的配置关系，目的是通过人与事的配合以及人与人的协调，充分开发利用员工，实现组织目标。目前，人员合理配置成为组织人力资源管理状态是否良好的标志之一。

人员配置分析涉及人与事的关系、人自身的状况等要素，形成五个方面的配置内容。

1. 人与事总量配置分析

人与事的总量配置涉及人与事的数量关系是否对应，即有多少事要用多少人去做。分析出人力过剩或人力不足或两者兼而有之的情况之后，应该更关注如何合理配置人力供给与需求。在人员短缺时内部调剂或外部补充。在人员多余时利用多种渠道妥善安置。

2. 人与事结构配置分析

组织人员配置的一个重要目标就是把各类人员分配在最能发挥他们专长的岗位上，做到人尽其才、才尽其用。人与事的结构配置是指事总是多种多样的，应该根据不同性质、特点的事，选拔有相应专长的人去完成。

按照组织现有人员能力特点进行分类，考察现有人员的使用情况，并列出矩阵表，从中可以分析组织现有人力资源的实际使用情况和使用效果。如表8－2所示。

表 8-2 企业岗位与人员配置表

使用类别		非熟练工	熟练工	技工	职员	技术人员	专业管理人员	管理人员	待分配
资源类别	人数	88	674	208	90	40	70	25	5
非熟练工	50	50	—	—	—	—	—	—	—
熟练工	700	38	662	—	—	—	—	—	—
技　工	210	—	10	200	—	—	—	—	—
职　员	90	—	—	—	90	—	—	—	—
技术人员	50	—	2	8	—	40	—	—	—
专业管理人员	70	—	—	—	—	—	70	—	5
管理人员	25	—	—	—	—	—	—	25	—

3. 人与事质量配置分析

某些企业在人员招聘上存在着“人才高消费”的倾向，但能够做到“量才适用”才是人力资源管理和开发的根本所在。

人与事质量配置是指人与事之间的质量关系，即事的难易程度与人能力水平的关系。人与事的质量配置不符主要有两种情况。一是现有人员素质低于现任岗位的要求；二是现有人员素质高于现任岗位的要求。

4. 工作负荷合理状况分析

人与事的关系还体现在事的数量是否与人的承受能力相适应，使人力资源能够保持身心健康。工作负荷分配的原则：既形成一种压力与动力，又要保持员工身体健康和心理健康。

5. 人员使用效果分析

人与事的配置分析最终还要看对在岗位上的员工的使用情况，这是动态衡量人与事关系的重要内容。一般来说，人员使用效果经常用绩效的好坏与自身能力的强弱做比较。如图 8-1所示。

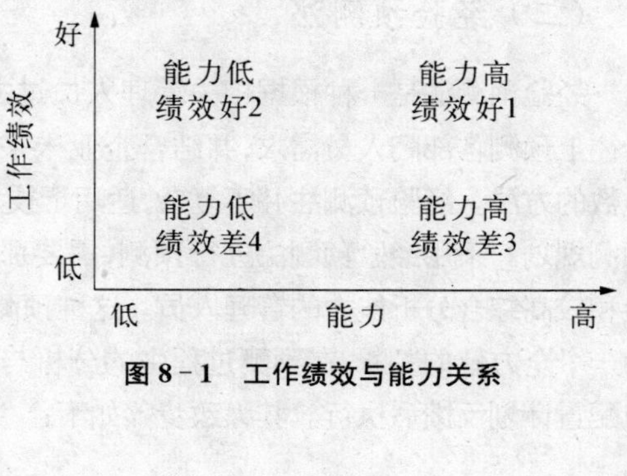

图 8-1 工作绩效与能力关系

第二节 人力资源需求的预测方法

人力资源预测方法受到不确定因素的影响较大,预测方法多种多样,分类也不尽相同,常见的有以下两类。

一、定性预测法

定性预测法又称“自下而上”法。这种方法根据员工的兴趣、能力和职业发展前景,结合企业未来战略目标的需求变化,充分开发和利用员工潜在能力,提升人力资源的管理水准,在最大限度上实现人力资源的增值。

(一) 零基预测方法

常有这样一种现象:在员工跳槽之后,当人力资源经理问及一线主管何时需要人时,一线主管往往说“越快越好”,甚至会说“这人昨天就需要了”。事实上一线主管真的有百分之百的理由需要人员吗?空出的岗位一定要补充吗?零基预测方法就是对人力资源的真实需求进行详细分析,是以现有员工的数量为基础来预测该组织对未来员工的需求状况的方法。组织必须进行详尽分析,确定是否有必要补充新人。假如因组织的发展需要设置新职位时,同样要进行详尽分析。采用零基预测方法需要及时了解组织目前的人员状况,并根据职位的空缺进行评估,审慎处理该职位存在的必要性,在得到授权后合理配置每年每项预算的调整,最终确保组织人力资源规划的科学性、经济性和可行性。

(二) 经验预测法

经验预测法是一种根据相关管理人员过去的工作经验,由组织中的最底层开始往上预测各部门人员需求,并结合企业未来业务量的变动情况来预测人员需求总数的方法。经验预测法并不复杂,适用于技术较稳定的企业的中、短期人力资源预测规划。采用经验预测法进行预测,需要那些熟悉业务、了解情况、且有丰富经验和较高综合分析能力的管理人员。这种预测是企业管理者对收集到的所有信息的一个全方位的判断,在预测过程中的分析与评估的最终调整结果将作为核定人员配置计划反馈后执行。其大致步骤如下:

(1) 底层的管理者依据本部门情况，根据以往经验估计部门未来人员需求状况；

(2) 各级部门对其上级部门层层汇总预测结果；

(3) 根据本企业的发展目标，人力资源部门通过判断、评估收集到的信息，制定出总的预测方案；

(4) 预测经最高层核准后正式公布，将预测层层分解，作为人员配置计划下达给各级管理者。

预测的效果取决于管理者的经验，因而在经验预测法中，管理者的个人素质和能力受到极大关注。高层管理者对企业发展运筹帷幄，则企业的上升空间被大大拓展。例如，联想的柳传志，他发现并培养了杨元庆、郭为等人，认为将来的计算机行业一定有更大的发展空间，应该由他们两人各自承担一个企业来完成联想事业，由他们组建自己的人力资源，创造他们的新联想。正是由于柳传志的智慧以及领导能力，现在的联想才经过国际化的洗礼，跻身世界 IT 行业的前三强。在特定情况下形成的成功经验，由于环境改变太快以及经验的滞后效应，此时此地的经验不一定在彼时彼地被复制。纵览世界 500 强企业，成功的 CEO 们的管理经验很少在另一个企业中重复显现，只有不断创新，定期对人力资源需求进行规划，人力资源的预测才有效力。

此方法的预测过程主要依据企业管理者的主观判断以及参与预测人员的知识水平。在这个预测过程中，问题的询问和发现要考虑以下因素：

(1) 新职位的需求数量；

(2) 撤换不需要补充的岗位；

(3) 已有职位的变动情况；

(4) 预期的闲散人员的培训和加班协调；

(5) 人员需求的成本变动等。

(三) 工作负荷分析法

用该方法进行短期人力资源需求预测的基本步骤是：

(1) 由销售预测决定工作量；

(2) 按工作量制定生产进程，然后决定所需人力的数量；

(3) 再从工作力分析入手，明确企业实际工作力和需要补充的人力。

1. 销售预测

销售预测的一般方法为：

(1) 将企业过去的销售记录制成统计表，依次设计未来的销售形式；

(2) 由营销单位和销售人员对自己未来的销售情况进行预测或估计，然后将结果按地区和产品种类综合起来，形成一个总的销售预测数字；

(3) 对消费者购买力进行估计也是销售预测的一种方法；

(4) 对市场和经济趋势进行分析解释，也可以作为判断未来销售情况的重要因素。企业在销售预测时，一般将上述方法交叉运用。

2. 生产进程分析

所谓生产进程是指将规划生产的产品排定生产日期。根据产品设计与过去生产的实际记录，以及时间研究的结果，可以计算出各单位所需的员工数，各单位的人力之和，就是企业总进程所需的人工时或劳动力。企业职能部门人员或非直接生产单位人员在企业业务性质和组织结构不变的情况下，一般是一个常数。因此，全部生产人员与全部非生产人员就构成企业总的资源，或称为企业的工作力。

3. 工作力分析

企业必须明确现有人力究竟有多少可以参与实际的工作，这就是工作力分析的内容。企业可以从人事到各种考勤记录的统计中，明确事、病假或缺勤的趋势；从退休人员和辞职的记录以及各单位人员的动态记录中，明确企业近期内离职的人数。在此基础上，确定企业实际的工作力。

（四）德尔菲法

德尔菲法(Delphi)是利用有经验专家的知识和综合分析能力，对组织未来的人力资源需求进行预测的方法。这种预测方法起源于20世纪40年代的兰德公司，其预测精度取决于预测者的经验和判断能力，也称“专家征询法”或“集体预测法”。德尔菲法是一种在实际中得到普遍应用的人力资源中、长期的规划方法。

在实施此方案的过程中，专家们是由企业外部和内部对所研究问题具有发言权的人员组成，专家们是“背对背”的交流，即不能直接知道其他专家的想法，而是通过中间人反馈每一轮的预测结果及预测理由。交流往往是通过书面形式，专家间无需见面，一般经过两三轮的反馈，意见渐渐趋同。根据专家的最终意见进行最后预测。在经济预测领域中，德尔菲法的使用率及影响相当广泛，是专家预测法的典型代表。其大致步骤为：

(1) 在组织内外广泛选择人力资源问题的专家，约20～30人，并成立一个研究小组，将人力资源需求预测设计成若干专题问题；

(2) 将人力资源需求预测的背景资料和问题寄给各位专家，请专家独自判断；

(3) 由专家单独提出意见，在第一轮将单独预测意见归纳，并加以整理以匿名形式反馈给各位专家；

(4) 继续重复这一循环2～3轮，直到专家有机会修改他们的预测并说明理由，使其意见趋于一致；

(5) 根据专家们的最终预测,制订人力资源需求预测方案。

在运用德尔菲法进行人力资源需求预测时,为提高预测效果,企业的人力资源部门应注意以下原则:

(1) 专家应有较强的代表性;

(2) 提供的资料要充分完备,背景资料应包含所有与人力资源需求预测有关的重要信息;

(3) 设计的问题在措辞上应准确,不能引起歧义,一次设计的问题也不能太多,征询的问题之间不应相互包容;

(4) 进行统计整理时,将其结果进行归纳。应该给予不同专家的答案以不同的权数(对较权威的专家给予较高的权数,对他们的建议给予更多的关注)。在观点趋于一致后,组织者就可根据专家的意见编写人力资源需求预测。

(五) 描述法

所谓描述法是指组织的决策者依靠人力资源部门通过对本企业组织在未来某一时期的影响组织发展诸因素进行假定性描述、分析和综合,从而预测人力资源需求量的一种预测方法。这种假定性的描述可对多种人力资源需求方案进行描述,但这种方法对于长期的预测有一定的困难,因为时间跨度越长,对环境变化的各种不确定因素就难以进行描述和假设。

假如对上海张江高科技园区某一电脑芯片企业今后三年发展情况的变化作如下描述或假设: 第一种是在三年内,同类 B 产品可能稳定地增长,由于同行业中没有新的技术创新,同行业中的竞争对手也只能望其项背;第二种可能是同行业中出现了几个新的竞争对手,同行业中技术创新也有较大的突破;第三种是 B 产品可能跌入低谷、市场疲软、生产停滞,但在技术方面可能会有新的突破。人力资源规划部门就可以根据对上述不同的描述和假设的情况预测制订出相应的人力资源需求备选方案。当然,组织的决策者事先对企业的发展计划有非常清晰的认识。任何一个计划能否实现,要受到诸多因素的影响。为了降低可能的风险,组织应尽可能地分析各个与预测相关的因素,假设这些因素会如何变化,组织可能会面临哪些情况。一旦组织对未来的发展假设以后,根据每种具体假设情况,分别预测与之相应的人员需求。在这些可能出现的情形中,组织应该重点关注两种情形: 一种是其中最有利的情形;另一种是最不利的情形。只有加强组织适应环境的应变能力,才能增强组织的生命力。

(六) 驱动因素预测

这是一种依据与企业本质特征相关的因素主导企业的活动或业务量,进而决定人员的需求配置数量的预测方法。驱动因素预测法就是要找出这些驱动因素，并根据这些因素预测人力资源需求。影响人力资源需求的驱动因素很多，如企业扩张、购并、使用新设备、组织结构变动等。由于企业性质不同、生命周期不同，每个企业的驱动因素会有差异。例如，传统制造型企业的人员需求与产量密切相关，而新型服务型企业的人员需求则与客户质量相关。影响人员需求的因素可以是产能的变化、客户的质量与数量的差异、风险投资资本的介入与撤退、技术创新等等，具体哪些因素是主要的驱动因素，视企业发展状况而异。

驱动因素预测法在 21 世纪经济全球化时代运用非常广泛。驱动因素预测方法简单，预测时间短，所以是一种比较实用的方法。当然，由于操作人员、事务岗位的人员需求与驱动因素的关系显著，而管理专业或技术人员等与驱动因素的关系模糊，所以该预测法常常用于预测对操作人员和事务岗位人员的需求，而很少用于预测对管理、专业或技术人员的需求。

二、定量预测法

定量预测法又称“自上而下”法。根据管理层的角度，将员工演化为一系列理性数字，把员工的性别、年龄、学历、技能、任职期限、工资水平等设计为指标，运用统计原理和数学方法，预测企业未来人力资源的需求状况，其目的是使人力资源的需求尽可能适应企业战略的发展。

（一）趋势外推预测法

趋势外推预测法又称时间序列预测法，是定量预测技术的一种。其实质是将人力资源的历史资料和现有数据按时间顺序排列成一序列，运用数学工具对该序列加以延伸，即根据时间顺序所反映的一个组织的人力资源需求的发展过程、方向和趋势，将时间顺序外推或延伸，从而达到预测人力资源需求未来可能达到的水平的目的。趋势外推预测法通常只涉及有关人力资源问题中能够量化的那部分内容，它的可靠性与其历史和现状的资料时间长短以及外推时间的长短有关。趋势外推预测法的一个重要假设前提是预测对象的发展变化具有稳定性和渐进性。该法用于人力资源需求预测的基本思路是：确定企业组织中究竟哪一种因素与人力资源的数量和结构的关系最紧密，然后找出历史上这一因素随员工数量变化而变化的趋势，由此推测出将来的趋势及对人力资源的需求量和需求结构。其步骤为：

(1) 确定恰当的与员工数量有关的因素；

(2) 对所确定的因素和员工数量的历史变化记录作出相关分析，并作出两者的相关图；

(3) 计算每年每人的平均生产量,以确定劳动生产率;

(4) 确定劳动生产率的变化趋势;

(5) 对过去和将来的变化趋势进行必要的调整;

(6) 对预测年度的情况进行推测。

根据需求曲线可以预测企业在未来某一时期的人力资源的需求数量。最简单、最直观的方法是绘图法。即以人力资源需求量为纵轴,以时间为横轴,在坐标图上描出各年的历史数据,得到人力资源需求曲线。将这些点连接一条直线或曲线,循此线的发展趋势,延长趋势线就可在图上找到未来各年对应的人力资源需求。以下列举某制造企业年末在岗人数,如表 8-3 所示。

表 8-3　某制造企业年末在岗人数

年　份	2001 年	2002 年	2003 年	2004 年	2005 年
员工总数	5 000 人	4 800 人	4 250 人	4 005 人	3 852 人

从表 8-3 可知,某制造企业的人力资源需求量逐年下降,所以它的趋势线是一条斜率为负的直线。但事实上,该公司由于管理水平和生产技术的提高,其规模和业务量则逐年上升。由此可推测到 2006 年人力资源需求趋势线上的对应点也应是下降趋势,但斜线趋势应有所收敛。

这种方法的不足在于过于简单,只能预测人力资源需求的大概状况,对人力资源的质量状况所知有限。其优势在于务实,对人员需求变化有较明确的认识,能够清楚地判断人员的工作总量。

(二) 回归分析法

回归分析法是一种定量预测技术,是通过建立人力资源需求及其影响因素之间的函数关系来推测人力资源需求量变化的一种数学方法。常用的是简单的单变量预测模型(一元线性回归)和复杂的单变量预测模型(多元线性回归)预测技术。

(1) 一元线性回归仅考虑人力资源需求本身的发展情况,不考虑其他因素对人力资源需求量的影响,它以时间或产量等单个因素作为自变量,以人员数为因变量,且假设过去人员的增减趋势保持不变,一切内外影响因素也保持不变。在应用一元线性回归分析进行预测时,预测模型为:

$$y=a+bx+\$$$

其中: y 是人员数量; x 是时间; a、b 是常数; \$ 是随机变量。

(2) 多元线性回归是指一个因变量与多个自变量之间的线性关系。模型的一般形式为:

$$y=a+b_1x_1+b_2x_2+\cdots+b_nx_n$$

其中：y 是因变量；$x_1,x_2,\cdots,x_n$ 是自变量，a 是常数，$b_1,b_2,\cdots,b_n$ 是回归系数。

影响企业人力资源需求的因素变化总是与某一个或几个因素有关，通常都是通过考察这些因素来预测人力资源的需求情况。首先应找出与人力资源需求量有关的因素作为变量，如销售量、生产水平、人力资源流动比率等，然后找出历史资料中的有关数据以及历史上的人力资源需求量，要求至少 20 个样本，以保证有效性。对这些因素利用 EXCEL、SPSS 等统计工具中的多元素回归计算来拟合出方程，利用方程进行预测。

在人力资源需求预测的实际活动中，几乎所有组织都偏向于运用线性回归方程分析问题，由于回归预测法涉及许多数学公式，在此不作细解。

（三）员工定额法

员工定额法，是指员工在单位时间内应完成工作量的规定，在已知企业计划任务总量及制定员工定额的基础上，运用员工定额法能较准确地预测企业人力资源需求量。计算公式：

$$N=W/q(1+R)$$

其中：N 为人力资源需求量；

W 为计划期任务总量；

q 为企业现行定额；

R 为部门计划期内生产率变动系数。

$$R=R_1+R_2+R_3;$$

其中：R_1 为企业技术进步引起的劳动率提高系数；

R_2 为经验积累导致的劳动率提高系数；

R_3 为由年龄增大及某些社会因素引起的生产率降低系数。

（四）计算机模拟预测法

计算机模拟预测法是人力资源需求预测中最复杂同时也是最精确的一种方法。此预测法能在一个虚构的模拟环境中，针对企业可能面临的外部环境变化以及自身状况的动态分析，综合推测未来需求的人力资源配置方案。随着现代科技的迅猛发展，电脑充分推广，这种方法已普遍运用。具体步骤为：

(1) 明确影响人力资源需求的各种缘由；

(2) 考量这些缘由与人力资源需求之间的相互联系；

(3) 通过计算机勾画人力资源需求预测模型；

(4) 模拟环境变化之后,由计算机直接输出组织的人力资源需求预案。

人力资源管理的信息化是大势所趋,越来越多的企业已经在其内部开发出了完善的人力资源信息系统,并建立起综合的计算机预测系统。

企业在进行人力资源需求预测时,选择适合本企业的需求预测方法是最为重要的。具体说来,应遵循以下两个原则。

1. 定性与定量方法优势互补

当企业规模较大,对人力资源需求影响因素较多时,单凭经验和个人判断来预测企业的人力资源需求是不明智的;而机械地套用定量方法模型而无视企业的具体因素,则会出现脱离实际的预测结果。而灵活地将定性和定量方法相结合常常会产生合力优势。

2. 定量方法的应用要经过严格的考量

由于定量方法的模型往往会涉及众多的指标和参数,其指标的选择和参数的制定必须经过多次的试验,才能确定其正确有效,从而保证整个模型的科学性。

总的来说,对于每一个企业,其人力资源需求预测模型的合适与否,关键在于该模型对于这个企业是否真正有效。就人力资源规划而言,应将定性和定量方法在实践操作中结合起来使用,这样才能为人力资源规划提供一个充分的信息平台,从而更有利于组织的战略决策。

表 8-4、表 8-5 显示的是在战略规划明确之后,企业在解决劳动力过剩或短缺时采用的方法。

表 8-4 减少预期出现的劳动力过剩的方法①

方　法	速　度	员工受伤害程度
裁　员	快	高
减　薪	快	高
降　级	快	高
工作轮换	快	中等
工作分享	快	中等
退　休	慢	低
自然减少	慢	低
再培训	慢	低

① 表 8-4,表 8-5 资料来自《人力资源管理:赢得竞争优势》美国,雷蒙德·A·诺伊等,中国人民大学出版社 2001 年版。

表 8-5　避免预期出现的劳动力短缺的方法

方　法	速　度	可回撤程度
加　班	快	高
临时雇员	快	高
外　包	快	高
再培训后换岗	慢	高
减少流动数量	慢	中等
自然减少	慢	低
技术创新	慢	低

第三节　人力资源需求预测的步骤

为了企业的发展规划，人力资源需求预测必须在企业内部环境和外部环境的基础上，选择适合的预测技术，对人力资源需求的数量、质量和结构进行预测。人力资源需求预测要充分遵循科学性、经济性和可行性原则，不仅要知道目前的企业对人力资源的需求状况，更要预测到企业未来的人力资源需求状况，其预测的结果能体现企业与环境发展的趋势。

一、影响需求预测的关键因素

（一）预测技术

在发达国家的人力资源规划中，大型企业往往采用比较复杂的德尔菲法、计算机模拟预测法，中小型企业一般采用比较简单的经验预测法、驱动因素预测法。在制定短、中期人力资源规划时，企业大多采用简单的预测法以精确估算随着时间推移之后，不同岗位上的人员流动的比率。这种预测的准确性越高，未来的人力资源的价值也就越大。

掌握人力资源需求预测技术，按其精确程度分为四个等级：一级最为简单，二级、三级次之，四级最为复杂。如表 8－6 所示。

表 8－6　人力资源需求预测技术登记表

一　级	二　级	三　级	四　级
短期内(3～5个月) 经营目标及人力资源需求	1. 年度预算计划：人才需求的数量和质量； 2. 行动的局部或全部问题	检索人才流动的趋势	1. 数学模型或其他电脑仿真模型来预测人员流动； 2. 建立人力资源信息系统

（二）时间周期

短、中期人力资源需求数量一般可从工作负荷分析中得到，通过工作负荷包括销售预测、工作进展和生产企业产品所需员工数量等方法分析，可得到担任该项目负荷的标准人力资源需求数量。长期人力资源需求预测具有较大的不确定性。比如市场的变化趋势，技术与产业结构的调整，组织的变革以及员工的需求变化等。

（三）人力资源流动率

(1) 人力资源流动率是衡量企业员工队伍稳定的重要指标。适当的人员流动有助于保持企业的新陈代谢。

员工离职率是指某一单位时间的离职人数(一般以月为单位)与工资表上的月平均人数的比率。公式为：

离职率＝离职人数÷工资表平均人数×100％

离职人数包括辞职、免职、解职人数。离职率可用来测量人力资源的稳定程度，常以月为单位。

(2) 员工新进率是指新进人员数与工资表平均人数的比率。公式为：

新进率＝新进人数÷工资表平均人数×100％

(3) 净人力资源流动率是指补充人数(为补充离职人员而雇用的人数)与工资表平均人数的比率。公式为：

净流动率＝补充人数÷工资表平均人数×100％

对于成长性企业环境，净人力资源离职率等于离职率；对于收缩型企业环境，其净流动率等于新进率；对于成熟型企业环境，其净人力资源流动率、新进率、离职率三者相同。选择企业适当的人力资源流动率，应视企业性质、人力资源政策、业务发展、企业历史以及商誉等具体情况而定。一般而言蓝领员工的流动率可能大些，中层管理者的流动率要小些。企业维持较长的稳定性，足以说明该企业工作环境具有较强的吸引力。

二、人力资源需求预测的步骤

人力资源需求预测分为现实人力资源需求预测、未来人力资源需求预测和未来流失人力资源需求预测三部分。具体步骤：

(1) 根据职务分析的结果来确定职务编制和人员配置；

(2) 进行人力资源盘点，统计出人员的缺编、超编及是否符合职务资格的要求；

(3) 将上述统计结论与部门管理者进行讨论，修正统计结论；

(4) 该统计结论为现实人力资源需求；

(5) 根据企业发展规划，确定各部门的工作量；

(6) 根据工作量的增长情况，确定各部门还需要增加的职务及人数，并进行汇总统计；

(7) 该统计结论为未来人力资源需求；

(8) 对预测期内退休的人员进行统计；

(9) 根据历史数据，对未来可能发生的离职情况进行预测。

将(8)、(9)统计和预测结果进行汇总，得出未来流失人力资源需求。

三、胜任能力模型

对于企业各类人员素质的需求，在人力资源规划时须建立胜任能力模型作为支撑。胜任能力一般分为三类，操作时按照公司各岗位序列的不同进行分析和评价：

首先，岗位序列专业技术胜任能力：在某个特定角色或工作中所需的特殊的、独特的技能。

其次，岗位序列通用胜任能力：在多个角色中都需要的技巧和能力，但重要程度和精通程度有所不同。

最后，全员核心胜任能力：是公司价值观，文化及业务需求的反映，应在全体员工身上表现出来。

胜任能力(Competency)又称“素质”、“资质”等，这一概念最早是由美国著名心理学家麦克利兰(David. C. McClelland)于1973年提出的。

胜任能力是驱动员工产生优秀工作绩效的各种个体特征的集合，它反映的是可以通过不同方式表现出来的员工的知识、技能、个性与内驱力等。胜任能力是判断一个人能否胜任某项工作的起点，是决定并区别绩效差异的个体特征。

员工素质模型(Position Competency Model)就是为完成某一岗位的工作,达成某一绩效目标所要求的一系列不同素质要素的组合,主要包括不同的动机表现、个性特征、自我形象与社会角色特征,以及知识与技能水平。

素质模型通常由4～6项关键素质要素构成,并且是那些与工作绩效密切相关的内容。

合适的素质(适合做什么)＋有效的行为方式(应该怎么做)＝高绩效(做了什么)

员工素质模型的开发流程。如图8－2所示。

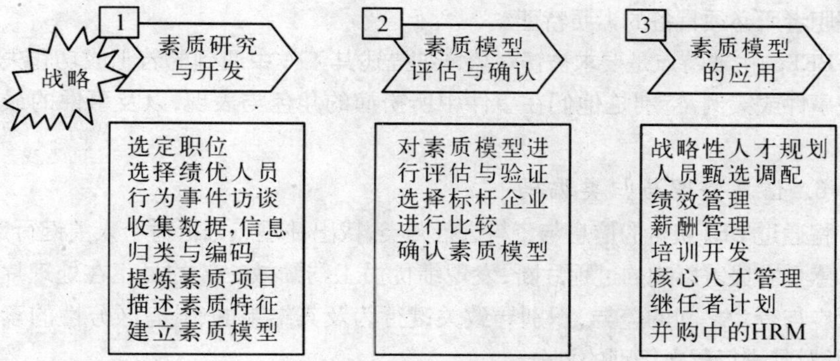

图8－2　员工素质模型的开发流程

(一)素质研究与开发阶段

1. 对职位进行职类职种划分

由于素质与绩效之间有着内在驱动关系,因此,要依据对于企业战略目标实现的价值贡献度,确立员工素质模型的基本框架,即对职位进行职类职种划分,寻找联系员工、部门和团队的绩效与企业战略目标实现之间的接口与落脚点。

2. 选定岗位/职位

要建立一套完整的素质模型通常要花费较长的时间,这对企业而言既不划算,又没有抓住重点。因此,必须首先确定哪些是企业的关键职位,是值得企业对此进行投入的。一般可以通过收集分析组织结构图、战略计划执行记录或对企业高层进行访谈的方式进行。

3. 明确所选职位的绩优标准

制定一些客观、明确的标准和规则,用来确定和衡量什么样的绩效是优秀的,什么样的绩效是较差的,从而为该职位所需素质的研究提供基础。

根据多数企业日常绩效考核的实践经验,有些职位的绩效标准是显而易见的,并且比较容易衡量。

根据绩优标准与企业员工的实际考核结果，甄选该职位的素质模型研究样本：一组为具备胜任能力但是业绩不够突出的员工(2～3名)；另一组为绩优员工(3～6名)。

4. 任务要项分析

依据工作分析的方法，将职位的绩优标准分解细化为一些具体的任务要项，以此来发现并归纳驱动任职者产生高绩效的行为特征。

5. 行为事件访谈(BEI)

采用结构化的问卷对优秀和一般的任职者分两组进行访谈，并对比分析访谈结论，发现那些能够导致两组人员绩效差异的关键行为特征，继而演绎成为特定职位任职者所必须具备的素质特征。

BEI的主要特点是要求被访对象详细描述其工作中遇到的若干成功和失败的典型事件或案例，特别是他们在事件中所扮演的角色与表现，以及事件的最终结果等。

6. 信息整理与归类编码

将通过BEI获得的信息与资料进行归类，找出并重点分析对个人关键行为、思想和感受有显著影响的过程片断，发现绩优员工与绩效一般的员工在处理片断时的反应与行为之间的差异，识别导致关键行为及其结果的、具有区分性的素质特征，并对其进行层次级别的划分。

7. 提炼素质项目

研究人员对照关于特定素质的解释，通过对绩优员工以及绩效一般的员工的BEI资料进行分析，提炼并确定相关的素质内容。

8. 描述素质特征

在上一步的基础上，研究人员采用统一的语言(包括用词、语式、语气等)完成素质的概念化。建立素质模型，采取统计分析等方式，对初步归纳的所有素质要项进行论证与筛选，确认素质项目是否能将绩优员工和一般员工区分开来。

9. 初步形成研究职位的素质模型框架

其中包括特定的素质要项、每项素质的定义、级别划分以及各个等级特点的描述，并附以详细解释。

(二) 素质模型评估与确认阶段

1. 对素质模型进行评估与验证

一方面，通过与相应职位的任职者及其上级进行讨论，确认素质模型中的素质要项是否为驱动任职者达成高绩效的关键因素，同时对素质要项的界定与划分是否准确，是否还有其他重要的素质被遗漏等问题进行梳理。

另一方面，通过素质模型的实践运用来检验素质模型的有效性，通常运用以下两种方法：

一是同步交叉检验法：选取一组绩优员工与一般员工为样本，检验该职位的素质模型对其行为差异以及未来绩效的预期意义。

二是预测检验法：将素质模型与企业的培训职能乃至其他管理职能相结合，预测其能否帮助员工产生高绩效。

(1) 选择标杆企业进行比较。"标杆基准法"是对员工素质模型进行评估和确认的一种有价值的方法。通过选取标杆企业，进行员工素质模型基准化的过程，对于保证员工素质模型与企业构筑核心能力的意图相吻合是非常重要的。

(2) 确认素质模型。经过以上方法的检验和修订，员工素质模型最终得以确认，并在企业人力资源管理的相关领域加以运用。以上方式是建立员工素质模型最常见与最通用的方式，其他两种方式包括：

成立专家组，依据问卷调查、访谈、头脑风暴等多种手段集中开发、评审与确认素质模型（该种方式花费的时间不长，适合面向较少职位的素质模型的开发）。

面向未来尚不存在的职位，或者没有太多的任职者可以提供优秀以及一般工作绩效的样本的职位，主要采取专家组论证、分析目前类似工作状况的方式进行员工素质模型的开发。

某人力资源总监素质模型如表 8－7、表 8－8 所示。

表 8－7　某人力资源总监素质模型

核心职位胜任特征	测评维度	维度定义
职业素养	亲和力	感觉亲切，易于接近和沟通的职业形象
	成就动机	成就动机是指一个人乐意去做自己认为是重要的、有价值的事，并力求成功的一种内在动因
核心管理能力	★全方位的人际沟通能力	全方位有三层含义：1. 善于与高层领导人研讨企业人力资源战略；2. 善于与各部门沟通交流，协助他们达成目标；3. 作为员工利益代言人，善于与员工进行沟通交流
	√决策能力	充分利用各种信息，迅速作出最优决断的能力
	★知人善任能力	具有识别、判断人的眼光，能够为企业找到适用的优秀人才
	√激励与感召力	充满对事业的激情，有效激励士气，起到表率作用，一言一行能对他人产生影响
	√应变能力	对突发、紧急事件的应对和处理

表 8-8

核心业务能力	★战略规划能力	能从宏观把握，制定发展战略
	✓推进与实施能力	将公司正确的决策、工作思路、规章制度、改革措施合理地贯彻执行，落实为行动计划、进行监控实施
	★资源整合能力	能合理配置、整合各种资源，重点在人力资源的整合上
	★实务操作能力	实务操作侧重 4 个方面：人力资源会计、相关法律或法规、薪酬设计、人才引进
	✓团队建设能力	能将各种人员进行很好的搭配，组成具有战斗力和凝聚力的团队，懂得将工作委任给最合适的人
	学习适应能力	能根据需要不断更新知识，全面提升自身的综合素质和管理水平，迅速适应新的环境
心理素质	性格倾向	考察乐群性、聪慧性、兴奋性等与工作岗位相适应的性格倾向；根据测验给出 4 种分数
	管理风格	考察与工作岗位相适应的工作风格
超前创新意识	具有超前、创新的意识，能注重企业外部形势的发展变化，并根据企业实际情况不断地进行调整创新，使企业具有竞争力	

附人力资源职位结构、年龄结构、专业能力、人力资源数量分析表。

表 8-9 企业人力资源职位结构分类工具

序号	经营/管理类					生产/研发类				
	部门名称	权威职位	高级职位	中级职位	一般经管	部门名称	权威职位	高级职位	中级职位	一般生研
01										
02										
03										
04										
05										
06										
07										

续 表

序号	经营/管理类					生产/研发类				
	部门名称	权威职位	高级职位	中级职位	一般经管	部门名称	权威职位	高级职位	中级职位	一般生研
08										
09										
10										
11										
12										
13										
14										
15										
16										
17										
18										

表 8－10　企业人力资源年龄结构分析工具——部门维度

年 份	部 门	青少年	青年	青壮年	中青年	中年	壮年	老年	部门人数合计
		18～25	26～35	36～40	41～45	46～50	51～60	61～70	
年度 1	部门 1								0
	部门 2								0
	部门 3								0
	部门 4								0
	部门 5								0
年龄维度数量总计		0	0	0	0	0	0	0	公司人数总计
年龄分布率									0

表 8-11　企业人力资源年龄结构分析工具——产品维度

年份	部门	青少年	青年	青壮年	中青年	中年	壮年	老年	部门人数合计
		18～25	26～35	36～40	41～45	46～50	51～60	61～70	
产品 1	部门 1								0
	部门 2								0
	部门 3								0
	部门 4								0
	部门 5								0
年龄维度数量总计		0	0	0	0	0	0	0	公司人数总计
年龄分布率									0
产品 2	部门 1								0
	部门 2								0
	部门 3								0
	部门 4								0
	部门 5								0
年龄维度数量总计		0	0	0	0	0	0	0	公司人数总计
年龄分布率									0

表 8-12　企业人力资源年龄结构分析工具——职位维度

年份	部门	青少年	青年	青壮年	中青年	中年	壮年	老年	部门人数合计
		18～25	26～35	36～40	41～45	46～50	51～60	61～70	
年度 1	经管-权威								
	经管-高级								
	经管-中级								
	经管-一般								

续 表

年份	部门	青少年	青年	青壮年	中青年	中年	壮年	老年	部门人数合计
		18～25	26～35	36～40	41～45	46～50	51～60	61～70	
年度1	经管合计								
	分布率								
	生研-权威								
	生研-高级								
	生研-中级								
	生研-一般								
	生研合计								
	分布率								
年龄维度数量总计		0	0	0	0	0	0	0	公司人数总计
年龄分布率									0

表 8-13　企业人力资源专业能力分析——部门维度

年度	部门	受教育程度					本行业工作经历						
		大学以下	大专	本科	研究生	博士	0～5	6～10	11～15	16～20	21～30	31～40	41～50
年度1	部门1												
	部门2												
	部门3												
	部门4												
	部门5												
专业能力数量总计		0	0	0	0	0	0	0	0	0	0	0	0
专业能力分布率													

表 8－14　企业人力资源专业能力分析——职位维度

年度	部门	受教育程度					专业工作年限						
		大学以下	大专	本科	研究生	博士	0～5	6～10	11～15	16～20	21～30	31～40	41～50
年度1	经管-权威												
	经管-高级												
	经管-中级												
	经管-一般												
	经管合计												
	分布率												
	生研-权威												
	生研-高级												
	生研-中级												
	生研-一般												
	生研合计												
	分布率												
专业能力数量总计		0	0	0	0	0	0	0	0	0	0	0	0
专业能力分布率													

表 8－15　企业人力资源专业能力分析——产品维度

年度	部门	受教育程度					本行业工作经历						
		大学以下	大专	本科	研究生	博士	0～5	6～10	11～15	16～20	21～30	31～40	41～50
产品1	部门1												
	部门2												
	部门3												
	部门4												
	部门5												
专业能力数量总计		0	0	0	0	0	0	0	0	0	0	0	0
专业能力分布率													

表 8－16 企业人力资源数量分析——职位维度

年度	部门名称	年初人数	期间增加		期间减少			年末人数	年平均人数
			外部流入	内部流入	外部流出人数		内部流出		
					主动流出	被动流出			
年度1	经管-权威								
	经管-高级								
	经管-中级								
	经管-一般								
	经管合计								
	分布率								
	生研-权威								
	生研-高级								
	生研-中级								
	生研-一般								
	生研合计								
	分布率								

表 8－17 企业人力资源数量分析——部门维度

年度	部门名称	年初人数	期间增加		期间减少			年末人数	年平均人数
			外部流入	内部流入	外部流出人数		内部流出		
					主动流出	被动流出			
年度1	部门1								
	部门2								
	部门3								
	部门4								
	部门5								

表 8-18　企业人力资源数量分析——产品维度

年度	产品名称	年初人数	期间增加		期间减少			年末人数	年平均人数
			外部流入	内部流入	外部流出人数		内部流出		
					主动流出	被动流出			
	产品 1								
	产品 2								
	产品 3								
	产品 4								
	产品 5								

本章小结：

人力资源需求预测是人力资源战略规划过程中的一个核心内容。为了有效地制定人力资源规划，进行精确的人力资源管理决策，组织必须正确评价外部的经济、社会、政治、法律环境等影响因素，清楚地了解其内部的实际需求以及未来需求，确保未来人力资源总量、专业结构、年龄结构和技能结构等的合理配置，实现人力资源需求预测和企业战略的整合。本章着重阐述在制定人力资源规划之前，组织必须细致分析影响人力资源需求预测的内外因素，借用科学的预测方法，解决企业在人力资源需求过程中的各种疑难问题。只有在科学的人力资源需求预测基础上进行的人力资源规划，才能认识人力资源的发展规律，真正实现人力资源管理目标。

案例分析：

证券市场的蓬勃发展，在一定程度上折射了中国经济持续发展所面临的问题：高端人才匮乏。证券行业的人力资源需求表明，人力资源需求预测是一个复杂而又难度极大的过程，这种复杂性所涉及的因素很多，任何企业的经济活动都要从宏观上和微观上研究影响人力资源的需求因素。中信建投证券有限责任公司、银河证券有限责任公司的人力资源管理者深知，如果本企业在核心管理人才、技术人才队伍建设上跟不上证券市场的大发展，面对境外强有力的竞争对手，其结果必然被兼并收购。因此，本案所采取的有效人力资源需求预测措施，完善并实施的企业人才培训与开发方案，对正处于国家金融市场建设中的人才高地的打造具有重大意义。

本章思考题:

1. 人力资源需求预测的影响因素有哪些?
2. 人力资源需求预测的方法有哪些?
3. 人力资源需求预测的内容是什么?
4. 上海 2007 年“中国人才服务业博览会”的人才数据说明了什么?
5. 影响人力资源需求预测的关键因素是什么?
6. 什么是员工素质模型?其开发流程如何?
7. 企业在解决劳动力过剩或短缺时采用的方法各有哪些?
8. 某人力资源总监素质模型的内容是什么?

第九章 人力资源供给预测

引导案例

"刘易斯拐点"

在人口学中,通常把劳动人口由供过于求向供不应求(即短缺状态)的转变称为"刘易斯拐点"。长期以来,中国一直是劳动力资源极为丰富的一个国度,但随着社会经济环境的不断发展,对劳动力现状的评估出现了另一种状况。有资料表明2015年之后中国将步入劳动力短缺的时代。

有专家认为我国正面临着"刘易斯拐点"最重要的一个因素,就是最近三十多年来我国人口增长率的不断下降。另一原因是农村可供转移的劳动力正面临枯竭的危险。根据有关部门的资料统计,仅在珠江三角洲地区,每年的民工短缺总量就在200万人以上。而国务院发展研究中心在2006年对全国13个省的1 600多个行政村进行的问卷调查也表明,中国乡村剩余劳动力以中、老年为主,而城市需要的是青年民工。民工供求年龄与性别结构的不匹配,使得中国出现了青年民工短缺与乡村中、老年劳动力剩余并存的局面。从本质上来说,"民工荒"现象的出现也是劳动力供求关系失衡的一个重要信号。统计显示,从2001年的9 629万,到2005年的12 578万,中国民工总数4年增加2 949万,平均每年增加712万,平均年递增6.9%。民工供给增加得不慢,但民工需求增加得更快。

我国在未来几年出现劳动力短缺的可能性还是相当大的。劳动力数量和结构的变动,势必对整个国民经济产生重要而深远的影响。劳动力供求关系的逆转,无疑会对中国经济的进一步发展产生重要影响。当然,随着中国劳动力日益逼近"刘易斯拐点",中国的劳动成本、消费结构、产业结构等,都发生了很大的变化。这主要表现在:

一是从劳动力成本因素来看,劳动力数量从供大于求向供求平衡转变,再向供不应求发展,其结果就是劳动力成本的不断上升。统计数据表明,20世纪90年代末以来,制造业、餐饮业、建筑业等是主要吸收普通劳动者就业的行业,其从业人员的平均工资水平都呈现出上升的趋势,尤其是中国制造业工资的增长速度异常迅速。这表明，随着劳动力短缺的出现，中国的低工资成本特征正在发生改变。

二是在消费结构方面，随着人们收入水平的不断提高，消费能力和消费结构都有了质的飞跃。2006 年我国人均 GDP 已突破 2 000 美元。据测算，随着中等收入阶层的崛起，中国消费率（消费占 GDP 的比率）将不断上升，将从 2002 年的 58%上升到 2010 年的 65%，并于 2020 年达到 71%，接近发达国家水平。

三是在产业结构方面，三次产业之间的比例进一步得到优化。据统计，2006 年全国三次产业结构比例为 11.8∶48.7∶39.5。在劳动力就业结构上，在第一产业就业的人数则持续下降，第二产业稳中有降，而第三产业就业人员则不断上升。

从中国的实际情况来看，虽然劳动力众多，但劳动力素质不高，抑制了科学技术的创新与应用，劳动力生产率持续性提高受到很大制约。伴随着人口"刘易斯拐点"的即将到来，我国劳动力的供给和需求之间的天平将出现历史性的转向。不过，"刘易斯拐点"并不是绝对意义上的某个时点，而是指某一段劳动力经历由供大于求到供求平衡，再到供不应求的阶段。对于中国而言，这个时期可能会经历比较长的时间。由于人口增长的惯性作用，当前和今后十几年，中国人口仍将以年均 800 万～1 000 万的速度增长。同时，由于独生子女陆续进入生育年龄，按照现行生育政策，政策内生育水平将有所提高，中国的劳动力优势在短期内并不会消失，人口转变的这种趋势依然不会改变。

中国并不仅仅是一个人口大国，还要创建一个人力资源强国。

案例讨论题：

1. 什么是"刘易斯拐点"？
2. "刘易斯拐点"的到来对我国社会经济发展的影响如何？
3. 谈谈你对"刘易斯拐点"的认识。
4. 请你设计中国的人力资源强国之路。

第一节　人力资源供给的影响因素

在制定人力资源规划之前，除了要进行企业人力资源需求预测外，还需要对企业进行人力资源供给预测。为了保证企业的可持续性发展，必须针对企业的内部和外部人力资源供给状况进行估计和预测。人力资源供给预测就是指企业为实现其预定的战略目标，根据企业的内外部环境变化情况，应用适当的预测技术，对企业未来的各类人力资源的数量、质量和结构的预测。

一、企业外部环境对未来人力资源供给的影响

企业外部环境因素具体包括以下方面：

（一）宏观经济状况

宏观经济状况是指一个国家或地区的经济状况、行业景气状况，乃至全球的经济状况。近年来我国宏观经济的突出矛盾是，投资、外贸增长过快，消费增长相对缓慢，而消费需求增长相对较慢。本国的经济运行周期是否处于上升周期，国民经济发展状况是否健康，劳动力教育是否普及，国民幸福指数是否走高，将直接影响一个组织的人力资源供给水平。

（二）劳动力市场

人口政策决定了一定时期的劳动力市场的规模，人口数量现状则反映了企业外部人力资源的供给状况，包括人口年龄、性别、素质结构、适龄劳动力数量等。在很大程度上，劳动力市场是一个企业发展的蓄水池。在大多数情况下，企业所需要的相应技术和能力的员工是现成的，有些时候企业却遇到特定技能的劳动力供给不足状况，劳动力结构的失衡，引发了人才供给的有效性不足。中国已进入老龄化国家，据权威部门预测 2015 年之后中国将从数量上成为劳动力短缺国家（而今的大部分欧美国家劳动力已严重紧缺，这些状况在未来几年依然无法解决）。世界银行估计，在 2015～2020 年间，中国的劳动力将停止增长并出现下降趋势。另据人口学家估算，中国青壮年人口数量将在 2015 年达到顶峰，随后逐渐下降。到 21 世纪中叶，中国总计将减少 18%～35%的青壮劳动力。所以，从一个更长的时间来看，可能存在劳动力尤其是青壮劳动力不足的问题。

目前，中国的人力资源结构存在较大偏差，由于经济的迅速发展，导致了人才供应的短缺，尤其高端人才极其缺乏，有可能造成企业管理的混乱，进而影响企业竞争力的衰退，造成国家经济的震荡。另外，劳动力成本的提高也是大势所趋。以纺织业为例，表 9－1 列出了最近我国人均小时工资与其他国家的比较。

表 9－1　我国人均小时工资与其他国家的比较　（单位：美元）

国　家	法国	美国	波兰	埃及	中国	孟加拉	巴基斯坦
工资/小时	14.16	12.97	3.15	0.91	0.62	0.43	0.40

低工资现象导致了劳动力成本低下,但从另一方面反映出企业竞争力优势将会渐渐减少,企业的竞争压力将会突显出来,因为劳动力成本上升是必然的。

目前,我国的劳动就业人口基数较大,人才队伍庞大,但高层次人力资本严重短缺。人才队伍中的两个"5%"现象必须重视。一是人才资源占人力资源总量的5.7%;另一个是高层次人力资本仅占人才资源总量的5.5%。另外在人才结构中,理论研究型人才比重偏高,应用型人才缺乏。因此,一国经济的迅速发展,应与人才的培养、职业技术劳动力的成长同步发展。如何调整人口与人力资源的区域分布将是我国在经济发展过程中面临的一个焦点问题。

(三)政策法规

西方发达国家的相关人力资源管理法规和行政命令十分繁杂,其劳资协议或劳动合同均依法制定,且具有法定效力,尤其美国的劳工法和行政命令对企业人力资源管理活动具有极强的约束力。从国内政治因素看,主要涉及国家方针、政策,它对企业的生存和发展将产生极大影响。从法律因素看,中央和地方的法规和相关规定对企业的人力资源管理也带来较大影响。譬如我国2008年实施的《劳动合同法》内容有了较大调整和补充,加大了对劳动者的保护力度,同时给人力资源工作者带来的影响不容小视。2007年9月至11月,华为要求所有工作满八年的近8 000名员工在2008年元旦之前,先后办理主动辞职手续(即先"主动辞职",再"竞业上岗"),再与公司签订1~3年的劳动合同。同时,所有愿意主动离职的员工将获得华为相应补偿。据估计,此次解除劳动合同的人数千人到一万人,耗资将达数亿元乃至十几亿元。

据业界推测,华为意在规避即将于2008年1月1日起实施的新《劳动合同法》"规范劳动用工以及保持企业的竞争力"采取的做法中对企业未来用人制度带来的挑战。

《劳动合同法》第十四条增补后规定:用人单位与劳动者协商一致,可以订立无固定期限劳动合同。

有下列情形之一,劳动者提出或者同意续订劳动合同的,应当订立无固定期限劳动合同:

(1) 劳动者已在该用人单位连续工作满十年的。

(2) 用人单位初次实行劳动合同制度或者国有企业改制重新订立劳动合同时,劳动者在该用人单位连续工作满十年且距法定退休年龄不足十年的。

(3) 连续订立二次固定期限劳动合同且劳动者在没有严重失职、营私舞弊等前提下,用人单位必须与其续订劳动合同的。

第四十七条　经济补偿按劳动者在本单位工作的年限,每满一年支付一个月工资的标准向劳动者支付。六个月以上不满一年的，按一年计算；不满六个月的，向劳动者支付半个月工资的经济补偿。劳动者月工资高于用人单位所在直辖市、设区的市级人民政府公布的本地区上年度职工月平均工资三倍的，向其支付经济补偿的标准按职工月平均工资三倍的数额支付，向其支付经济补偿的年限最高不超过十二年。本条所称月工资是指劳动者在劳动合同解除或者终止前十二个月的平均工资。

毫无疑问，此次华为"主动辞职"事件的影响才刚刚开始。新《劳动合同法》的诸多规定，其目的在于更好地保护劳动者权益。

二、企业内部环境对未来人力资源供给的影响

企业内部对将来某个时期内所能得到的员工的数量和质量需要预测，具体包括员工的自然流失（伤残、退休、死亡）、内部流动（晋升、降职、平调）、外部调动（自动辞职、合同到期解职等）。企业应明晰内部的劳动力状况，了解其员工的构成，同时还应了解员工的爱好、特长和薪酬期望以及个人职业生涯发展。对内部环境了解的程度越高，越能够制定合理的人力资源管理策略，也越能开发员工的潜在能力，进而更有利于企业的健康发展。

三、地区性因素对人力资源外部供给的影响

(1) 企业所在地区的人口密度；
(2) 企业所在地区的就业观念和薪酬状况；
(3) 企业所在地区的整体人力资源状况；
(4) 企业所在地区的住房、交通、生活条件状况；
(5) 企业所在地区的竞争力影响程度；
(6) 企业所在地区的文化教育水准；
(7) 企业所在地区的国际化程度；
(8) 企业本身的知名度。

四、全国性因素对人力资源外部供给的影响

(1) 国家就业政策和法规的影响；
(2) 国家对各地区的人才供需状况；
(3) 国家重大事件的影响；

(4) 高校应届毕业生数量的影响;

(5) 国家重点产业、结构变化发展的影响。

第二节　人力资源供给的预测方法

一个组织要实施有效的人力资源管理,必须针对组织未来某个发展时期的人力资源供求状况进行预测。这种供给预测分为两种:内部人力资源供给预测和外部人力资源供给预测。

一、内部人力资源供给预测

内部人力资源供给预测按照两个步骤运作:第一步,组织把它的职位按头衔、职能和责任等级进行分组。这些组合应该反映雇员们期望升迁的职位级别。第二步,在每个职位类别里,在制订计划期间确定有多少员工将留在他们的职位上,有多少员工将离开而到其他的职位上以及有多少将离开组织。其方法为:

(一) 技能清单

技能清单是预测人员供给的有效工具,它含有每个人员技能、能力、知识和经验方面的信息,这些信息的来源是工作分析、绩效评估、教育和培训记录等。技能清单不仅可以用于人力资源规划,而且也可以用来确定人员的培训、调动、职业生涯规划和组织结构分析。如表 9-2。

(二) 人员核查法

人员核查法是对组织现有人力资源的数量、质量、结构和在各岗位的分布情况进行核查,确定企业调配的人力资源的拥有量及其潜力,为组织的人力资源决策提供可靠依据。其步骤是:

1. 明确对组织的工作职位进行分析,并划分级别;

2. 核实该职位、级别的员工人数。

人员核查法仅是一种静态的人力资源供给方法,提供的是中小型企业的短期内人力资源状况,不能反映企业未来的人力资源变化,在实践中显现出一定的局限性。

表9-2　某企业员工技能清单

<table>
<tr><td>姓　名</td><td>部门</td><td>到职日期</td><td>来　源</td><td>出 生 年 月</td><td>工作职称</td></tr>
<tr><td></td><td></td><td></td><td></td><td></td><td></td></tr>
<tr><td rowspan="5">教育背景</td><td>类别</td><td>学位种类</td><td>毕业日期</td><td>学　校</td><td>专　业</td></tr>
<tr><td>大学</td><td></td><td></td><td></td><td></td></tr>
<tr><td>硕士</td><td></td><td></td><td></td><td></td></tr>
<tr><td>博士</td><td></td><td></td><td></td><td></td></tr>
<tr><td>博士后</td><td></td><td></td><td></td><td></td></tr>
<tr><td rowspan="4">培训背景</td><td colspan="2">培训主题</td><td colspan="2">培训机构</td><td>培训时间</td></tr>
<tr><td colspan="2"></td><td colspan="2"></td><td></td></tr>
<tr><td colspan="2"></td><td colspan="2"></td><td></td></tr>
<tr><td colspan="2"></td><td colspan="2"></td><td></td></tr>
<tr><td rowspan="2">技能</td><td colspan="2">技能种类</td><td colspan="3">技能证书</td></tr>
<tr><td colspan="2"></td><td colspan="3"></td></tr>
<tr><td>评价</td><td colspan="5"></td></tr>
<tr><td rowspan="2">需要何种培训</td><td colspan="5">改善目前的技能和绩效</td></tr>
<tr><td colspan="5">提高晋升或需要的经验和能力</td></tr>
<tr><td>目前可晋升或流动至何岗位</td><td colspan="5"></td></tr>
</table>

（三）替换图法

预测特定时期内空缺职位(尤其高层管理者)流动状况是确定人力资源供给的必要工作。替换图法是依据每个人现有的不同专业岗位来描述企业的组织结构。这种方法最早用于人力资源供给预测,它是在对现有人力资源分布状况,未来理想人员分布和流失率已知的条件下,由待补充职位空缺所要求的晋升量和人员补充量,即可知的人力资源供给量,分析出组织中每一个空缺职位的内部供应源。如图9-1。其基本思路是:

1. 根据组织结构图,确定需要替换职位的架构,制定一份公司各层次各部门管理职位继任规划,每一管理职位确定1～3名继任候选人。

2. 根据现有人员分布状况及绩效评估的资料,在未来人员流失率已知的条件下,对各个职位尤其是管理阶层的替换人选预作安排,并且记录各职位的替换人预计可以晋升的时间。

3. 综合分析整个组织的人员替换状况,建立人力资源替换模型图,明确人力资源供给量(职位空缺所要求的晋升量和人员补充量)。

4. 对组织的战略目标与个人的职业生涯进行评估,实现人力资源的供给与替换。

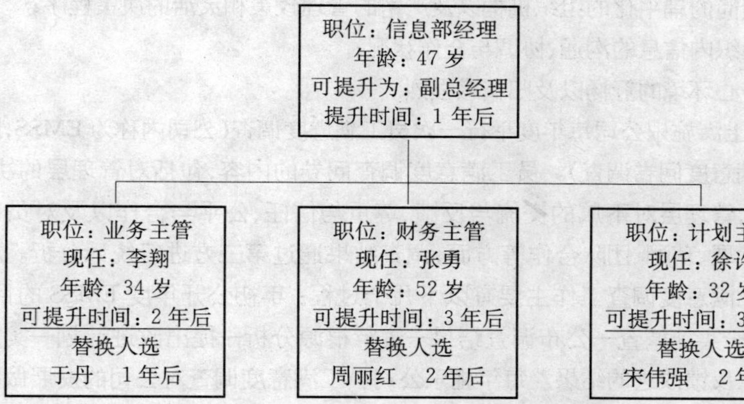

图 9-1　人员替换图

爱默生电器公司在管理者替换方面有一个极好的案例。在爱默生电器公司总部,有一间称为"组织之屋"的未作任何标记的小会议室。"组织之屋"从上到下整个墙面布满 1 400 个 2～4 英寸大的冰箱门上的磁铁,每一块代表一个管理者。磁铁上显示的是小的彩色印刷代码,以及聘用日期、生日、国际经验、一张照片、学历情况。这张彩色小贴片是整个组织中员工个人职业生涯的写照:桔色代表杰出,绿色代表平均偏上,红色代表绩效不合格。每当一个关键职位空缺时,有一位 CEO 会研究墙上的小贴片,最终选择一位合适者的磁片。

(四) 员工满意度分析

组织可确定由人力资源部门或委托专业咨询公司来调查员工对工作的满意程度以及继续留任的愿望。员工满意度分析调查已作为企业内部管理的一种常规性管理活动,是企业了解员工思想动态、听取员工意见、改进领导和管理工作的一种有效手段。研究显示,只有员工满意,才能带来顾客满意,才能使企业可持续发展,而不满意的员工带来的结果是"较高的员工流动率"、"较低的生产效率"以及"下属的不忠诚"。因此,员工满意度调查对公司来说就成为了一个很好的沟通方式。通过调查,管理层能够明确诊断公司存在的问题,及时了解公司决策和变化对员工的影响,保证企业工作效率和最佳经济效益,并减少和纠正低生产率、高损耗率、高人员流动率等问题。通常,进行员工满意度调查时,需要对员工的观念、企业价值观、企业管理总体质量等进行了解。研究发现,以下指标是影响员工满意度的重要方面,在设计员工满意度调查时需要加以重点考虑。

(1) 明确的组织目标以及与每个职工的职业规划取得成功的自信心程度以及组织实现其目标的成功程度;

(2) 精简的扁平化的组织机构以及严密的管理政策和灵活的决策程序;

(3) 组织内信息的沟通、协调与合作状况;

(4) 身心环境的舒畅以及归属感强烈。

例如,上海施乐公司每年度举行一次员工满意度调查(公司内称为 EMSS,即雇员激励及满意度问卷调查)。员工满意度调查问卷的内容,包括对管理层的决策、执行、沟通,管理层对下属的交流与反馈、尊重与信任、公平与合作以及对员工激励、培训、发展、薪酬、团队合作等方面,调查结果通过第三方进行统计分析。施乐每年度员工满意度调查工作主要有以下几个过程:年初公开年度 EMSS 的目标,每年 11 月份实施调查—公布调查结果—进行根源分析—提出改进计划—实施改进和向员工反馈改进的结果。每年施乐公司员工满意度调查对公司的发展做出了积极贡献。

(五) 人力资源盘点法

员工是从内部选拔还是从外部聘用?一般常用的方法是先预测企业内部有多少候选人可以用来充实这些未来的职位。为了准确地预测内部可以提供的候选人的数量,通常采用的方法是人力资源盘点法。人力资源盘点是掌握现有人力资源数量、质量和结构等状况的基础性工作,记录每位员工的工作经历、教育背景及发展潜力等情况,是通过人工或计算机系统来编辑的方法。在确定重要人力资源问题过程中,应该进行人力资源现状盘点。重点包括:

(1) 员工数量(总量、各部门、各总公司/总部人数及其比例关系)。

(2) 整体结构(学历、年龄、经验等)。

(3) 各部门之间的员工素质比较。

(4) 流动性(退休率、辞职率、淘汰率)。

(5) 人力资源成本及其构成(福利费、工资、培训费、招聘费等)。

(6) 人力资源效益状况(投资回报(人数/费用))。

在企业初创时比较适宜此法,当企业发展到大型时,企业应建立人力资源信息系统。如 GE 公司人才标准:GE 提出了“A 级人才标准”,并向各个业务部门和全球推广。这种领导人需要具有 4E 品质,即:充沛的精力(energy);激发别人的能力(energizer);敢于提出强硬要求——要有棱角(edge);执行的能力(excute)——不断将远见变为实绩的能力。GE 公司的成功来源于其人力资源管理的效率性。

(六)马尔柯夫预测模型

马尔柯夫预测模型是以俄罗斯数学家 A. A. Markow 的名字命名的一种预测方法。马尔柯夫模型可通过全面预测组织内部人员转移从而有效地预测组织内部的人力资源供给状况。此方法目前广泛应用于企业人力资源供给预测上,其基本思想是找出过去人力资源变动的规律,来推测未来人力资源变动的趋势(如升迁、转职、调配或离职等方面的情况),以便为内部的人力资源的调配提供依据。

模型前提为:假设某企业中有高层管理者、中层管理者、基层管理者和员工层四个等级,每个等级 t 时刻的人数状态分别为 30 人、60 人、100 人和 150 人。基本步骤为:

1. 确定人员流动转移矩阵,矩阵中每一因素表示从一个时期到另一个时期人员流动的历史平均百分比(以小数表示)。一般以 5～10 年的周期评估年平均转移概率。周期越长,推断未来人员流动情况越加准确。某企业人力资源流动状况的马尔柯夫分析如表 9－3 所示。

表 9－3 某企业人力资源流动状况的马尔柯夫分析

		人员流动概率				
		高层管理者	中层管理者	基层管理者	员工层	离职
职位层次	高层管理者	0.9				0.1
	中层管理者	0.1	0.7			0.2
	基层管理者		0.1	0.7	0.05	0.15
	员工层			0.2	0.6	0.2

依据以往数据计算所知高层管理者留职概率为 0.9,离职概率为 0.1;中层管理者升职概率为 0.1,留职概率为 0.7,离职概率为 0.2;基层管理者留职概率为 0.7,升职概率为 0.1,降职概率为 0.05,离职概率为 0.15;员工层离职概率为 0.2,升职概率为 0.2,留职概率为 0.6。

2. 预测未来的人员供给量(变动)情况。将计划初期每种职位的员工数量与人员变动概率相乘,然后纵向相加,即得出 t+1 时期组织内部的未来人员净供给量。人力资源流动状况的马尔柯夫分析预测如表 9－4 所示。

表 9－4 某企业人力资源流动状况的马尔柯夫分析预测

	人数	高层管理者	中层管理者	基层管理者	员工层	离职
高层管理者	30	27				3
中层管理者	60	6	42			12
基层管理者	100		10	70	5	15
员工层	150			30	90	30

预测高层管理者人数：

$$30\times0.9+60\times0.1=33(\text{人})$$

预测中层管理者人数：

$$60\times0.7+100\times0.1=52(\text{人})$$

预测基层管理者人数：

$$100\times0.7+150\times0.2=100(\text{人})$$

预测员工层人数：

$$150\times0.6+100\times0.05=95(\text{人})$$

预测离职人数：

$$30\times0.1+60\times0.2+100\times0.15+150\times0.2=60(\text{人})$$

以此类推可计算 t＋n 时期四种人员的数目。

应该引起注意的是，马尔柯夫预测模型为不少组织的决策者提供准确有价值的信息，然而在另外的一些组织中却遭遇到相反的结果。因此，目前这种方法的精确性尚需进一步研究。

二、外部人力资源供给预测

内部人力资源供给不足时，需要考虑外部供给的可能。外部人力资源供给预测是针对具体企业而言的，主要预测未来几年外部劳动力市场的供给状况，对可能为组织提供各种人力资源的渠道进行分析，最终得到组织所需的人力资源实际情况。这种预测一般是根据国家的统计数字和社会总需求量来进行分析的，它对企业制定人力资源战略具有直接影响。国外在进行外部人力资源供给预测时，一般从下列几方面进行分析：

供应紧缺程度;社会/地理方面;所需员工种类。

我国企业对外部人力资源供给预测时,不仅要考虑从业人员的就业心理、就业政策、个人择业心理等因素,还包括:

(1) 企业所在地的人力资源现状;

(2) 企业所在地对人才的吸引程度;

(3) 企业自身的吸引力程度;

(4) 地域经济增长;

(5) 全国范围的职业市场状况。

外部人力资源供给预测方法较多,常用的有以下几种:

(一) 市场调查预测法

市场调查预测法是指运用科学的方法,系统地、客观地收集、整理和分析与劳动力市场相关的信息,并在此基础上判断人才市场的未来发展趋势。企业人力资源管理者可通过国家统计年鉴、劳动部、人事部及专业调查咨询机构公布的数据信息及时掌握人才市场动态,也可直接参与第一手市场资料的调查获得有价值的资料来预测未来劳动力市场的变化规律的趋势。这是一种较客观的调查方法。

1. 市场调查按调查目的可分为探索性调查、描述性调查、因果性调查和预测性调查

(1) 探索性调查。它回答“可以做什么”的问题。

(2) 描述性调查。它是对确定调查的问题通过搜集资料并经甄别、审核、记录、整理、汇总、做更深入、更全面的分析,它回答“是什么”的问题。

(3) 因果性调查。它是对导致研究对象存在或变化的内在原因和外部因素的相互联系和制约的关系作出说明,并对诸因素之间因果关系、主从关系、自变量与因变量的关系进行定量的与定性的分析,指出调查对象产生原因及其形成的结果。它回答“为什么”的问题。

(4) 预测性调查。它指在经过调查研究的基础上,对人力资源的发展趋势及其未来变迁形态、变迁原因、变迁时序进行估算、预测。它回答“将来怎么样”的问题。

2. 市场调查的程序

(1) 制订市场调查工作方向。市场调查工作方案包括三个主要组成部分:

一是说明调查项目的基本目标;

二是说明所要调查问题的要点;

三是制订调查工作日程表说明各阶段工作的安排。

(2) 选择市场调查代理公司。

(3) 整理和分析市场调查资料。整理资料包括下列工作程序:

一是编辑；

二是汇总问题将资料进行分类集中以备调用；

三是根据问题的论点对资料进行分类，以便有针对性地提供情况和说明问题；

四是制表参照已选出来的各类资料进行统计汇总，并将累计结果用表格形式说明。

资料分析的主要工作内容是要求市场调查人员使用经过调查而获得的全部情况和数据去验证各种因素的相互关系和变化趋势。

(4) 编写市场调查报告。市场调查报告的结构一般包括以下四个部分：

一是说明调查目的要求；

二是介绍调查方式、方法；

三是调查资料分析评价；

四是得出结论，提出建设。

3. 市场调研与预测人员应具备的素质要求

(1) 强烈的事业心和责任感；

(2) 高度的敏感性；

(3) 广博的知识、广泛的兴趣；

(4) 较高的综合分析能力；

(5) 良好的工作态度，严谨细致的作风；

(6) 为人诚恳；

(7) 掌握现代科学知识。

4. 市场调查人员的培训

对调研访问员的培训目的主要有两条：一是增强必要的调研知识；二是培养访问应变能力。对访问员的培训主要有书面训练和口头训练两种。书面训练的基本点是要求访问员牢记调研项目的重要性、目的、任务，并通过训练手册，熟悉各项业务要求。

(1) 书面训练

主要内容包括：

一是熟悉调研项目的内容与目的；

二是熟悉并掌握按样本计划选择被调查对象，选择恰当时机、地点访问对象的方法；

三是有关得到访问对象合作所应具备的访问技巧；

四是关于询问方面的技术；

五是关于怎样鉴定调查形式，检查调查问卷的指示说明，以及如何处理访问中发生的特殊情况的说明。

(2) 口头训练

口头训练的目的是消除访问员的恐惧和顾虑，通过训练，访问员应该具备下列素质：

一是访问态度和蔼、友好、彬彬有礼；

二是提出的问题都能抓住重点，简单明了，并给予被访问者充分回答的余地；

三是善于选择访问时机；

四是有较强的判断能力，善于明辨是非，善于诱导；

五是善于完整、清楚地记录，忠实地反映被访问者的本意。

使用市场调查进行人力资源供给预测虽然科学，但一般情况下建议企业不作考虑。原因是劳动力市场的及时变化可从相关专业机构及各类网站查询得知。若某一企业选用此调查法，则该企业在人力、物力、财力以及时间上颇费周折。

（二）相关因素预测法

相关因素预测法是通过调查、分析，确定影响劳动力市场供给的各种因素，分析这些因素对劳动力市场变化的作用和影响程度，预测未来劳动力市场的发展规律。

由于影响因素较多，一般只对主要的影响因素（组织因素和劳动生产率等）进行分析。以联想集团为例，在该组织成为奥运会赞助商及购并 IBM 之 PC 业务之后，联想集团便开始迅速发展欧美业务，预测这些地区的顾客数量、销售量、产量变化对联想品牌的国际化影响程度。联想集团的实践验证了选取的组织因素必须满足两个条件：一是组织因素应该与组织的基本特性直接相关，企业以此来制定战略规划；二是组织因素应该与所需员工数量成比例。

（三）统计预测法

统计预测法（Statistical Forecast Method）是根据过去的情况和资料建立数学模型并由此对未来趋势作出预测的一种非主观方法。常用的统计预测法有比例趋势分析法、经济计量模型法、一元线性回归预测法、多元线性回归预测法、非线性回归预测法等。

1. 一元线性回归预测法

人力资源需求预测中，如果只考虑组织的某一因素对人力资源需求的影响，如企业的产量，而忽略其他因素的影响，就可以采用一元线性回归预测法；如果考虑两个或两个以上因素对人力资源需求的影响，则须用多元线性回归预测法；如果历史数据显示，某一因素与人力资源需求量之间不是一种直线相关的关系，那么得用非线性回归法来做预测。一元线性回归预测法是在实践中用得比较多的一种方法。

2. 比例趋势法

该方法在预测研发每月人力资源变换情况如人员离职、招聘等方法时较为有用。该方法应用前提是历史数据的收集、统计、比较。比如人员招聘,需要考虑录用能力、报到率、录用到报到时间、培训时间等因素。这种方法简单易行,关键就在于历史资料的准确性和对未来情况变动的估计。

3. 经济计量模型法

这种方法是先将公司的职工需求量与影响需求量的主要原因之间的关系用数学模型的形式表示出来,依此模型及主要因素变量,来预测公司的职工需求。这种方法比较复杂,一般只在管理基础比较好的大公司里才采用。

第三节　人力资源供给预测及平衡

一、人力资源供给预测的内容

人力资源供给预测的功能主要用于解决由于企业内部人力资源变动与企业战略发展不平衡造成的人力资源短缺问题。因此,利用人力资源供给预测可以实现以下目的:

(1) 分析组织目前的职工状况,如:年龄、级别、素质、资历、经历和技能,必须收集和储存有关人员发展潜力、可晋升性、职业目标以及采用的培训项目等方面的信息。

(2) 分析目前组织职工流动的情况及其原因,预测将来职工流动的态势,以便采取相应的措施避免不必要的流动,或及时给予替补。

(3) 明确哪些岗位的辞职率变化异常,并掌握组织职工在绩效、劳动纪律等情况以保证工作和岗位的连续性。

(4) 分析工作条件(如作息制度、轮班制度等)的改变和出勤率的变动对职工供给的影响。

(5) 掌握组织职工的招聘、培训和员工职业发展。职工可以来源于组织内部(如富余职工的安排,职工潜力的发挥等),也可来自组织外部。

预测未来的人力资源供给必须考虑员工在组织内部的运动模式,亦即员工流动状况。员工流动通常有以下几种形式:死亡和伤残、退休、离职、内部调动等。因此,要做好人力资源供给预测必须注意:

(1) 人力资源部门对相关人才市场的熟悉程度;

(2) 公司是否建立了充分的后备资源数据库；
(3) 外部适合的人力资源总量的供给情况；
(4) 公司品牌效应对于当地人才的吸引力；
(5) 公司薪酬政策对于人力资源的吸引力；
(6) 竞争对手的地理、政治因素；
(7) 教育因素和新技术资源的提供状况；
(8) 国家、地区发展程度和就业水平情况。

二、人力资源供给预测的步骤

人力资源供给预测是一个复杂的过程，其步骤呈现多样化状态。在一般情况下，一个企业的人力资源供给预测大多采取以下步骤：

(1) 对企业现有的人力资源进行盘点，了解企业员工状况；
(2) 分析企业的职位调整政策和员工调整的历史数据，统计员工调整的比例；
(3) 向各部门的人事决策者了解可能出现的人事调整情况；
(4) 将步骤 2 和步骤 3 的情况汇总，得出企业内部人力资源供给预测；
(5) 分析影响外部人力资源供给的地域性因素；
(6) 分析影响外部人力资源供给的全国性因素；
(7) 根据步骤 5 和步骤 6 的分析，得出企业外部人力资源供给预测；
(8) 将企业内部人力资源供给预测和企业外部人力资源供给预测汇总，得出企业人力资源供给预测。

三、人力资源需求与供给平衡

在企业生命周期的各个发展阶段，企业的人力资源供需始终存在不同的变化状况，即供需平衡的状态是很少的，而供需矛盾却是经常的。人力资源规划就是为了更好协调企业劳动力的需求和供给的一个活动过程。一般而言，在初创期，该组织就是做好人力资源供给的分析工作；在企业发展的成长期，该组织就是做好内部的岗位转换等调配工作，使岗位的供需状况趋于相对平衡；在企业发展的成熟期，该组织就是做好人力资源的需求分析工作，选留优秀员工，提高企业的竞争力。

（一）人力资源供给与人力资源需求的平衡

1. 人力资源供给不足

人力资源的供给不足主要表现在企业的初创时期，或者企业新的经营项目开拓时期。此时人力资源的备选方案有：

(1) 内部招聘。当企业出现职位空缺时，从企业内部将员工调整到空缺岗位。一是降低企业的招聘成本；二是提升员工的工作积极性，并对受过培训的员工进行晋升性补缺。

(2) 外部招聘。其意义在于确保组织长期发展所需要的高质量人力资源。以目前的社会经济发展来看，人员的频繁流动可能成为一种常态，因此做好人员招聘工作变得更加经常化和重要。外部招聘的方法大致包含网络招聘、媒体广告、校园招聘、猎头公司招聘、海外招聘、引荐（员工、客户或合作伙伴）、求职者自荐。

(3) 聘用临时工。其优势为用工形式灵活，企业福利支出少。

(4) 返聘。如遇企业紧缺人才，可考虑让退休或即将退休的人员重新上岗。

2. 人力资源过剩

20 世纪 90 年代开始企业减员的趋势显现。当然，绝对的人力资源过剩一般出现在企业经营的衰落时期，或者企业濒临破产时期。此时人力资源的备选方案有：

(1) 裁员。做好安抚工作，发放好失业金，减少离职员工对企业的不满情绪。从法律的角度来看，在企业提供离职金的情况下，最通常的方案是每工作一年补偿一个月的薪资，依此类推。

(2) 增加无薪假期。既可减少企业财政负担，又能避免企业需要人员时从外部招聘增加成本。

(3) 提前退休赎买。提前退休赎买是企业促进年高的员工早些离开企业的一种手段。为提供刺激、企业给予这类员工额外的报酬、以使他们在养老金和社会保险生效之前，不致在经济上损失太大。这种自愿性终止就业措施，或者说赎买，是用金钱上的刺激来引导员工的。在企业不欲或难以采取暂时解雇和正式裁员的情况下，赎买方法不失为企业人员压缩的有效措施之一。

(4) 暂时解雇。暂时解雇是指企业使部分员工处于没有报酬的离职下岗状态。如果企业的经营有了改善，那么员工就可以重新回企业工作。当企业暂时处于不景气状态时，暂时解雇不失为一个适当的减员策略。不过，对减员解雇也必须进行细致的规划。在这方面，企业的决策者必须考虑下列问题：

第一，如何确定谁应当被暂时解雇（依据资历、工作表现还是其他）？

第二，如果不需要同时将下岗的员工全部召回时，企业应怎样确定召回方案？

第三，是否为暂时被解雇的员工提供某些福利？

第四，如果被暂时解雇的员工接受了其他组织，是否意味着他们自动放弃了重返企业的权利？

(5) 劳动介绍服务。劳动介绍服务是企业为解雇员工提供支持和帮助的一系列服务。这些服务主要提供给那些因工厂关闭或部门撤销而失去工作的员工。劳动介绍服务通常包括有针对性的职业咨询、简历的准备和打印服务、面试安排、介绍和推荐等。

3. 人力资源结构性失衡

在制定人力资源平衡措施中，常常会出现某一类人员供不应求(通常为专项技术人员)，另一类人员供过于求(通常为低层次人员或管理人员)的现象。企业应根据实际情况，对这两种现象作相应调整，使各部门的人力资源数量、质量和结构达到协调平衡。此时人力资源的备选方案有：

(1) 技术培训计划；

(2) 员工接任计划；

(3) 晋升和外部补充计划。

人力资源规划的目标就是要解决人力资源供需平衡的问题。人力资源需求预测和人力资源供给预测都是围绕人力资源平衡展开的，通过人力资源平衡过程，企业才可能有效提高人力资源利用率，降低人力资源成本，实现企业竞争力的可持续发展。这个问题解决了，人力资源规划的制定工作也就基本完成了。以企业的成长期为例，此时企业的人力资源需求量很大，而人力资源供给严重不足，这个时期企业所做的人力资源预测工作，需要重点考虑以下方面的问题：

(1) 企业发展战略中对人力资源岗位的需求重点是什么，如重点发展研发能力或者重点发展市场销售等，这些都直接影响人力资源供需的预测。

(2) 企业内部劳动力市场的人力资源供给状况和企业外部劳动力市场的人力资源供给能力，包括所需高等院校的符合公司岗位需要的应届毕业生的供给情况。

(3) 公司人力资源政策特别是薪酬政策对内部和外部人力资源的影响，如公司的薪酬政策是否处于同行业的领先水平等，这些对内部和外部的人力资源的吸引都有重要的决定意义。

(4) 企业内部文化环境以及外部地域的情况，如企业的品牌度较强，内部企业文化对员工具有较大的影响力等等，这些对我们进行人力资源供给预测起到指导作用。

(5) 公司几年(至少是三年的)的招聘情况，录用率如何，到位率怎样等，这些对企业人力资源的需求分析都将具有指导意义。

(6) 公司几年(最好是三年的)人员的离职情况，包括辞职率、辞退率等，以及离职的原因分析等等。

(7) 公司内部人力资源晋升的状况，晋升空间是否主要由内部人力资源补充还是通过外部人力资源劳动力市场补充等。

(8) 大体确定企业内部管理人员、技术人员、专业人员、行政人员之间的比例，这对我们制定人力资源规划中人员的种类起到指导的作用。

（二）各业务人力资源计划间的平衡

企业的人力资源规划包括人员补充计划、培训计划、招聘计划、晋升计划、薪酬计划、职业生涯计划等，这些人力资源业务计划之间有着密切的内在联系。因此，在人力资源规划中必须充分注意它们之间的平衡与协调。如通过人员的职业生涯计划，受训人员的素质与技能得到培训后，必须与企业发展计划互相衔接，将他们安置到合适的岗位上发挥积极作用；人员的晋升与调整使用后，因其承担的责任和所发挥的效率与以前不一样，必须配合相应的薪酬调整。

（三）企业目标与个人需要的平衡

企业的目标和组织成员的个人需要是不尽相同的，解决这对矛盾是企业人力资源规划的一个重要目的。只有全方位的综合考虑，企业与员工的共同目标才能在各项业务的人力资源计划中得以可持续地发展。企业人力资源规划中的各专项人力资源计划就是解决这一矛盾的手段和措施，如表 9－5。

表 9－5　企业目标与员工需求

企业目标	员工需求	人力资源业务规划
专业化	工作丰富化	服务设计
员工精简	工作保障	培训计划
员工稳定	个体发展	职业生涯计划
成本降低	薪酬提高	薪酬计划
员工效率	公平晋升	绩效计划

本章小结：

制定人力资源规划是一个科学的预测与分析的活动过程，而人力资源的供给预测工作更是其中一个极为重要的环节。人力资源供给预测是组织为了满足企业未来发展的需求，根据企业内部人力资源的调配能力和外部人力资源供给状况的分析，选择适当的预测方法，从企业内部和外部可获得的人力资源状况作出预测。同时，在人力资源供给预测过程中，必须密切关注人力资源供给的影响因素，及时协调人力资源需求与供给的平衡，有效保证规划的实施，这对于人力资源管理目标的实现具有重大意义。

案例分析：

企业的竞争归根到底在于人力资源的竞争，如何有效地优化配置人力资源直接影响企业的长远发展，更能对一国的经济发展产生深远影响。目前，我国的人力资源管理总体水平不高，企业普遍缺乏人力资源规划，一方面不合要求的人员大量过剩，另一方面具有特殊技能和知识的人才紧缺，人才流失现象严重，企业的竞争力和效益提高不快，企业很难正确预测潜在的人员供求和结构调整。从案例"刘易斯拐点"中，我们深切感受到未来的企业、组织和国家都将面临经济全球化带来的机遇和挑战。人力资源供给预测可以最大限度地利用现有人力资源，避免人才的高消费，有助于企业的战略目标的制定和实施。人才的发掘、培养和价值创造需要一个科学的人力资源规划过程。如同人的生命一般，企业战略应该不断地调整以适应内外环境的变化，为组织赢得竞争优势。

本章思考题：

1. 人力资源供给的影响因素有哪些？
2. 人力资源供给预测的方法有哪些？
3. 人力资源供给预测的步骤有哪些？
4. 人力资源供给预测的内容是什么？
5. 人力资源供给不足的备选方案内容是什么？
6. 人力资源过剩的备选方案内容是什么？
7. 以企业的成长期为例，如何解决人力资源供需平衡的问题？
8. 做好人力资源供给预测必须注意什么问题？

第十章 人力资源规划体系与评估控制

引导案例

上海通用汽车人力资源规划

仅用十年时间上海通用汽车公司就发展成上海汽车工业的领头羊。上海通用汽车人力资源管理的成功依赖于其独到的人力资源规划。

一、“以人为本”的公开招聘策略

首先,他们确定了在坚持“双向选择”的前提下,通用员工必须认同公司的五个核心价值观,即:以客户为中心、安全、团队合作、诚信正直、不断改进和创新。其次,人力资源部确定,根据公司的发展计划和生产建设进度制订拉动式招聘员工计划,从公司的组织结构、各部门岗位的实际需求出发,分层次、有步骤地实施招聘。第一年分两步实施对车间高级管理人员、部门经理、骨干工程师等领导阶层的招聘计划;第二年分两步实施对班组长、工程师等第二层的招聘计划。再次,根据建立一流员工队伍的发展目标,确立面向全国广泛选拔人才的员工招聘方针。

二、建立人员评估中心

上海通用汽车借鉴美国通用公司采用人员评估中心来招聘员工的经验,结合中国的人事政策,设立了4大类19项具体行为指标作为评估的衡量依据。

(1) 个人素质:学习能力、适应能力、工作动力、不断改进、注意细节、主动性、讲求品质。

(2) 领导能力:指导能力、团队发展、自主管理、计划组织、工作安排。

(3) 有效人际关系及沟通能力:建立合作和伙伴关系、沟通能力、团队精神、顾客导向。

(4) 专业知识和管理能力:技术专业、知识问题评估与决策能力、管理事物。

上海通用汽车公司的人员甄选模式更注重以下两个关系的比较与权重。即个性品质与工作技能的关系。高素质的员工必须具备优秀的个性品质与良好的工作技能。前者是经过长期教育、环境熏陶和遗传因素影响的结果;后者是通过职业培训、实践经验累计而获得,两者互为因果。因此,在甄选录用员工时,每个程序和环节都有标准化的运作规范和科学化的选拔方法。其中,笔试主要测试应聘者的专业知识、相关知识、特殊能力和倾向。目标面试则由受过国际专业咨询机构培训的评估人员与应聘者进行面对面的问答式讨论,验证其登记表上的信息是否属实,并进一步获取信息。专业面试涉及技术知识,则由用人部门完成。情景模拟是根据应聘者可能担任的职务,编制一套与该职务实际情况相仿的测试项目,用多种方法来测试其心理素质、潜在能力的一系列方法。

三、人才培训

最大限度地利用一切资源开展企业培训是上海通用汽车的一大特点。

首先是海外培训。美国、德国的合作伙伴都是他们海外培训的基地。上海通用汽车根据工厂建设的需要,按照不同任务,选派了部门经理、车间主任、工程师等关键岗位人员赴通用在美国、德国、澳大利亚、波兰等国的工厂接受特定的见习培训。

其次是充分利用国内社会培训资源,为企业培训服务。上海通用汽车分别与上海交大、同济大学建立了长期合作伙伴关系,充分利用它们的试验设备和专业教师开展汽车专业技术培训。

再次是建立一支以专职教师为主导,以兼职教师为主体的专兼职教师相结合的师资队伍。一是从企业内部聘请;二是从社会上聘请,包括请国外专家。

在上海通用汽车有两个口号:“好的领导者首先是一名好的培训者”,“领导者首要的职责是培训下属”。通过“滚雪球”式的培训,上海通用汽车目前已形成一支精干、高效的培训师资队伍。

上海通用汽车的宗旨是:“依靠一支训练有素、富有使命感和团队精神的员工队伍,贯彻精益经营原则,注重不断学习和积极创新,安全地为用户提供世界级的产品和服务,使上海通用汽车成为21世纪国内领先、国际上具有竞争力的汽车公司。”

(案例来源:www.hr.com,上海通用汽车网。)

案例讨论题:

1. 从上海通用汽车“以人为本”的招聘策略中,你受到什么启发?
2. 上海通用汽车人才评估中心的四大类19项指标各是什么?
3. 上海通用汽车的宗旨对于我们做强做大本土品牌有何重大意义?
4. 对目前国内竞争激烈的汽车市场,你有何良策?

第一节　人力资源规划编制

人力资源规划是一个组织从整体上对企业未来的策划和分析，是为了实现组织目标发展与个人利益发展相协调一致的一系列决策过程。

一、人力资源规划编制的目的

人力资源管理的重要任务是开发各种职能，如招聘、任用、培训、绩效评估、薪酬计划和职业生涯规划等，这一系列职能开发是密切相关的。人力资源管理的整合性程度越高，其综合效能越能得到显现，该组织的人力资源规划的执行也就更加有效。人力资源规划编制的目的在于：

（1）有助于企业适应环境的变化，使人力资源配置的不合理状况尽快得到改善，加快促进人力资源的合理运用。在企业的人力资源规划中，只有少数企业的人力资源配置完全符合理想的状况。而在相当多的企业中，一部分员工的工作负荷过重，而另一部分员工则工作过于轻松。因此，人力资源规划编制的过程是一个不断协调的动态过程。当组织战略与经营方向发生变化时，人力资源规划同时也随之发生变化。

（2）有助于企业降低用人成本。影响企业用人的因素很多，如业务、技术革新、机器设备、组织工作制度、工作人员的能力等。人力资源规划可对现有的人力资源结构作具体分析，并找出影响人力资源有效运用的瓶颈，充分发挥人力资源效能，降低人力资源在成本中所占的比率。

（3）有助于组织改进人力资源管理方法，以适应组织目前以及未来的人力资源开发与管理。任何组织的特性，都是不断的追求企业的可持续发展，而企业的可持续发展的主要因素之一就是人力资源的获得与有效运用。

（4）有助于减少组织发展的不确定性。外部环境的不确定性必然影响组织内部的各种政策的实施。因此，人力资源规划的实施应与整个组织战略联系起来，使其尽可能确保人力资源活动和战略体系方向一致。

二、人力资源规划的编制步骤

1. 评估环境

人力资源规划是制定人力资源战略最关键的部分，必然受到来自组织内外环境的影响。应当使用正确的评价方法(如SWOT分析法、PEST分析法、波特的竞争环境五因素分析法等),对环境迅速作出正确判断,以提升组织的竞争力。

2. 确定目标与战略方向

灯塔的作用使所有的航海者明确了前进的方向,组织的战略远景能够激励员工的进取。人力资源规划的近期、中期和远期计划实质上是一个健康组织最重要的行动准则。人力资源的战略目标是对未来组织内所要达到的数量、质量和结构以及绩效、薪酬、企业文化等人力资源管理水平提出更高层次的具体要求。

3. 制定岗位编制规划

根据企业发展规划,综合工作分析(岗位分析或职务分析)的结果来制定岗位编制规划。岗位编制规划陈述企业的组织结构、岗位设置、职位描述和岗位任职资格要求等内容。制定岗位编制规划是描述企业未来的组织职能、规模和模式,为组织进行人力资源配置提供信息。

4. 制定人员配置规划

根据组织发展规划,结合组织人力资源盘点报告制定人员配置规划。人员配置规划要分析组织每个岗位的人员数量、素质要求、人员的岗位变动、岗位人员空缺数量等,由此形成一个标明有员工数量、招聘成本、技能要求、工作类别及为完成组织目标所需的管理人员数量和层次的人员需求分布表。制定人员配置规划的目的是描述组织未来的人员数量和素质构成。

5. 确定员工供给规划

人员供给规划是人员需求的对策性规划。人员供给规划主要有:人员供给的方式;人员内外部流动政策;人员获取途径;获取实施规划等。通过分析劳动力过去的人数、组织结构和构成以及人员流动、年龄变化和录用等资料,就可以预测出未来某个特定时刻的供给情况。预测结果勾画出组织现有人力资源状况以及未来在流动、退休、淘汰、升职以及其他相关方面的发展变化情况。

6. 制定培训规划

为了提升企业现有员工的素质,适应组织发展的需要,对员工进行5W1H培训。即who(负责人),whom(对象),when(时期),where(场所),what(内容),how(方法)。培训规划中包括培训政策、培训需求、培训内容、培训形式、培训考核等内容。

7. 制定人力资源管理政策调整规划

规划中应明确人力资源政策的调整原因、调整步骤和调整范围等。其中包括招聘政策、培训政策、绩效政策、薪酬与福利政策、职业生涯政策等。

8. 编写人力资源部费用预算

其中主要包括招聘费用、培训费用、福利费用等各项费用的预算。

9. 实施与控制风险

每个组织一旦通过可行性方案即可实施，并在人力资源管理中对其成效加以评估。对可能遇到的风险，如宏观环境变化，招聘失败，新政策引起员工不满，激励措施不当等，应及时反馈人力资源部门以利修正。控制风险就是通过风险识别、风险估计等一系列活动来防范风险的发生。

以制定初期人力资源规划为例，企业可通过以下步骤来实现人力资源规划和企业战略的紧密联动。

步骤一：明确企业的发展战略。在进行人力资源规划前，成立企业人力资源规划工作小组。首先，明确企业的发展战略以及各阶段的发展目标。其中发展战略目标可以分为财务目标、业务目标和管理目标等，应该了解各个阶段内这些目标的量化描述；而主要的战略举措是指为了实现目标而制订的指导性行动计划；其次，人力资源规划小组也应该明确各战略举措的具体时间表和各战略举措之间的逻辑关系并以此为基础，建立起未来企业的主要行动计划，为制定人力资源规划打下基础。

步骤二：明确各部门在战略实施中的职责。在明确企业战略的前提下，对企业未来的行动计划进行分解，明确每个行动计划涉及的部门以及每个部门在行动计划中的职责和要求，进而明确各部门在各阶段的工作重点内容。同时，规划小组根据各部门在未来几年内的主要工作，确定各部门的关键岗位，这将有助于企业的人力资源规划有重点地进行，对关键的人才有更加详细的资源配置规划，能确保战略的顺利实施。判断各部门的关键岗位，需要掌握关键岗位的几个特征：该岗位是某项战略举措实施过程中的最核心岗位；或者是企业特有的研发、技术岗位或者技工；或者该岗位的员工需要较长时间的培养才能符合岗位的要求，必须针对这些岗位做比较详细的人力资源规划。

步骤三：分析企业人力资源结构状况。企业总体的人力资源现状如企业的管理人员、技术人员、生产工人、后勤人员的构成比例，公司员工年龄构成、性别构成、学历构成、婚姻构成等情况，对企业人力资源整体分析应明确各部门关键岗位的人力资源现状以及总体人力资源状况。特别是对研发、生产和营销等与公司业务目标直接相关部门的人力资源现状进行分析，可以了解目前企业是否具有充足的人力资源来实现战略目标，进而为制定各部门的人力资源配置原则提供信息，也为人力资源需求调查提供信息。

步骤四：确定各部门的人力资源配置原则。人力资源规划小组制定的原则是企业人力资源规划和企业战略紧密联系的可靠保障。人员配置原则一般有四种：增加编制、减少编制、培训提高、维持不变。如关键岗位在企业战略实施过程中因起到的作用不同，其配置原则一般为增加编制和培训提高。需要注意的是在各阶段,各部门的关键岗位不一定相同,关键岗位随着战略的发展会有所调整。

步骤五:全面实施人力资源规划。人力资源规划小组可以对各部门进行企业发展战略、人力资源供需相关技术培训,在此基础上,各部门提出各自在未来阶段的人力资源需求,包括人才招聘和培训需求等。然后规划小组根据各部门具体、量化的人力资源需求进行人力资源规划,确定符合企业发展战略的人力资源规划。

综上所述,企业的人力资源规划是为实现企业的战略目标服务的,制定人力资源规划就应当将企业战略与人力资源规划紧密结合起来。只有在企业战略指导下严格制定出来的人力资源规划方案,才能真正为实现企业战略实施过程提供充足的人力资源保障。

第二节 人力资源业务规划

人力资源是组织赖以生存的第一资源。企业确定了人力资源发展战略之后,就应该拟订其具体实施计划。这些计划也称为组织人力资源业务规划。人力资源的总体规划主要体现在企业战略层次上,是对人力资源总量平衡和结构平衡的调节。人力资源业务规划是指组织根据对未来面临的外部人力资源供给的预测,以及组织的发展对人力资源的需求量的预测结果而制定的具体应对方案。人力资源业务规划的内容有以下几个方面。

一、招募规划

针对所需要增加的人力资源,应制定出相应的招募规划,一般以一个年度为周期。其内容包括:可从内部晋升调配的人数;必须向外招募的人数;确定招募时间、方式;寻找招募来源;招募预算。其招募过程如下:

(1) 根据未来人力资源预测结果,制订招募计划,包括组织内现有的人力资源数量、素质和结构状况与决定招募的人力资源的数量、素质和结构的状况比较等。

(2) 准备招募资料,培训招募人员。如工作说明书(职责、性质、内容等)、个人条件(生理、心理状况)等。

(3) 制定招募渠道。广告招聘,人才招聘会,校园招聘,就业服务机构,网络招聘,员工举荐,亲属推荐和自荐等。

二、甄选规划

甄选是在所有应聘者中选出最符合组织需要的人员,即组织选择求职者。甄选是紧随招募之后的活动,是对应征者资料及本人的进一步评估。组织必须全面审核以获得满意的人力资源。尽管因组织规模、用人理念、工作种类等不同而有所差异,但组织甄选过程的步骤大致相同:

(1) 决定甄选时间。现在企业甄选人才的时间大多选在春季,这是由国家相关政策、劳动力市场特点以及相关产业特性决定的。

(2) 选择甄选方法。即通过笔试、口试、心理测验、测评中心等方法选拔人才。

(3) 审查应聘者资料。

(4) 考试。比较客观地了解应聘者的知识技能、心理等情况。

(5) 面试。进一步获得应聘者的其他非智力因素,以全面考察主要员工的状况。

(6) 体检。根据工作性质不同作相应的检查。

(7) 发出录用通知。

(8) 试用考察。一般为 3 个月,个别为 6 个月。

(9) 正式录用。由主管部门负责其绩效评估。

三、培训开发规划

培训开发规划的目的是为企业中、长期所需弥补的职位空缺事先准备人员。人才培训规划应按照组织的业务需要和组织的战略目标,分别确定下列培训计划:新进人才培训计划;专业人才培训计划;部门主管培训计划;一般人员培训计划;人才选送进修规划。以能力开发为主的层级培训如表 10－1 所示。

表 10－1　以能力开发为主的层级培训表

层级		培训的重点	
管理层	最高管理层	战略决策能力	策划能力
	中级运作层	管理决策能力	沟通能力
	现场监督层	业务决策能力	合作能力
基层(职员、操作工)		技术能力	执行能力

四、晋升规划

对企业来说，有规划地提升有能力的人员，以满足岗位对人的要求，是组织的一种重要职能。晋升有能力的人员，能充分调动员工积极性，实现人力资源的激励作用，使人尽其才，物尽其用。影响人力资源晋升规划的主要因素有工龄、经验、工作成绩、潜在学习能力等。晋升方式主要有以工作成绩大小为标准的功绩晋升制度，不受资力限制的具备特殊才能和特殊贡献的越级晋升制度，依据员工工作期限长短的年资晋升制度，还有考试晋升制度。晋升是人力资源流动的最显著的功能。在人力资源晋升规划过程中，常常遵照以下步骤运行：

（1）确定空缺职位。各部门每年度进行人力资源供求预测，分层预报相应职位的供求状况；

（2）制定晋升政策和标准。根据空缺职位的技术、管理能力等要求，分别制定该职位的任职条件和晋升标准；

（3）拟定晋升程序和时间。首先发布信息，公布任职职位的条件，征集候选人；其次依据条件，确定任职人选；再次进行新职位试用，一般为3个月；最后正式任命。

晋升制度必须公平、公正，必须根据企业战略需要，并与员工的职业生涯发展和企业的经营规划相结合，才能促进企业发展。

五、人员补充规划

人员补充规划需要具体指出各级各类人员所需要的资历、培训、年龄等要求。人员补充规划的目的是合理填补组织中长期内可能产生的职位空缺。补充规划与晋升规划是密切相关的。由于晋升规划的影响，组织内的职位空缺逐级向下移动，最终积累在较低层次的人员需求上。同时这也说明，低层次人员的吸收录用，必须考虑若干年后的使用问题。

六、职业生涯规划

职业生涯规划发端于20世纪60年代，直至20世纪90年代中期才进入我国。

（一）职业生涯发展阶段理论

1. 萨柏的职业生涯发展理论

萨柏的职业生涯发展分为五个阶段：成长阶段、探索阶段、确立阶段、维持阶段和衰退阶段。

(1) 成长阶段(0～14 岁),分为幻想期(10 岁前)、兴趣期(11～12 岁)和能力期(13～14 岁)。此阶段受到家人、老师、同学、朋友的影响,逐步建立自我概念,对职业产生好奇、幻想和兴趣,开始有意识地培养职业能力。

(2) 探索阶段(15～24 岁),分为试验期(15～17 岁)、转变期(18～21 岁)和尝试期 (22～24 岁)。此阶段积极探索各种可能的职业,现实地评价个人能力和天赋,根据职业选择作出教育决策,最后完成择业和初就业。

(3) 确立阶段(25～44 岁),分为尝试期(25～30 岁)、稳定期(31～44 岁)和职业中期危机阶段(30～40 岁)。经过早期的探索,确立稳定的职业,谋求发展,此阶段是职业生涯的核心阶段。

(4) 维持阶段(45～64 岁),这一阶段已获得一定成就,不再考虑更换职业,更多的是维持已取得的成就和社会地位,平衡家庭和工作的关系。

(5) 衰退阶段(65～　),健康状况和工作能力渐渐衰退,即将结束职业生涯,权利和责任开始减少。

2. 金斯伯格的职业生涯发展理论

金斯伯格将职业生涯分为三个阶段：幻想期、尝试期和现实期。

(1) 幻想期指 11 岁以前的儿童时期,儿童对所接触到的职业充满好奇,幻想着自己长大从事什么职业,并极力效仿。

(2) 尝试期(11～17 岁),是从少年向青年过渡的时期,分为兴趣阶段(11～12 岁)、能力阶段(13～14 岁)、价值观阶段(15～16 岁)和综合阶段(17 岁)。此阶段的知识和能力得到增长,逐渐形成自己的价值观,初步了解社会,开始结合自身的条件和机遇考虑职业。

(3) 现实期指 17 岁以后的青年期和成年期,分为试探阶段、具体化阶段和专业化阶段。这个时期能客观地将职业愿望和现实条件结合,有具体和现实的职业目标。

3. 格林豪斯的职业生涯发展理论

格林豪斯将职业生涯分为五个阶段：职业准备阶段、进入组织阶段、职业生涯初期、职业生涯中期和职业生涯后期。

(1) 职业准备阶段在 0 岁到 18 岁之间,主要任务是发展职业想象力、培养职业兴趣、选择职业、接受必要的职业教育和培训。

(2) 进入组织阶段在 18 岁到 25 岁之间,主要任务是通过求职了解更多的信息,选择适合的工作,并获得较理想的工作。

(3) 职业生涯初期在 25 岁到 40 岁之间,主要任务是适应组织和工作,不断提高工作能力。

(4) 职业生涯中期在 40 岁到 55 岁之间，主要任务是学习新知识、努力工作，争取有成就的同时，对早期的职业生涯进行重新评估，决定是否需要重新择业。

(5) 职业生涯后期从 55 岁到退休，主要任务是保持已有的成就，引导他人，准备退出。

4. 施恩的职业生涯发展理论

施恩将职业生涯分为九个阶段：成长、幻想、探索阶段，进入工作世界，基础培训，早期职业的正式成员资格，职业中期，职业中期危险阶段，职业后期，衰退和离职阶段，退休。

(1) 成长、幻想、探索阶段(0～21 岁)，充当的角色是学生、职业工作的候选人。

(2) 进入工作世界(16～25 岁)，充当的角色是应聘者和新学员。

(3) 基础培训(16～25 岁)，充当的角色是实习生和新手。

(4) 早期职业的正式成员资格从 17 岁到 30 岁，充当的角色是组织新的正式成员资格。

(5) 职业中期为 25 岁以上，充当的角色是正式成员、任职者、终生成员、主管、经理等。

(6) 职业中期危险阶段从 35 岁到 45 岁。

(7) 职业后期(40 岁以后)，充当的角色是骨干成员、管理者、有效贡献者。

(8、9) 衰退和离职阶段从 40 岁直到退休，不同的人会在不同的年龄衰退或离职。退休，离开组织或职业的具体年龄因人而异。

四位学者划分的职业生涯阶段虽不太相同，但其基本的规律是一致的，揭示了从兴趣到参与、从参与到熟练、再从熟练到衰退的过程。认识各阶段的特点和需要非常重要，对于员工本身而言，有利于正确地制订个人发展计划；对于组织而言，则有利于引导和协助员工职业发展、协调组织与个人目标、提供相应的培养机会和晋升机会，从而吸引员工、用好员工、留住员工，实现最大限度地开发员工潜能为组织作贡献。

职业生涯规划不仅仅是员工个体获得事业发展的前提保证，也是组织有效开发人力资源的重要实务。一个有效的职业生涯规划，必须是个人与组织的双赢。

(二) 员工职业生涯规划应着重考虑的因素

(1) 什么是最重要的影响因素？家庭、名声、事业或财富等；

(2) 有何特殊才能？可选择 1～3 种最重要的才能谋求发展；

(3) 确定追求目标在哪里？根据个性定位，选择在哪些领域、哪些企业投入自己的全部精力；

(4) 参考过去组织的经验，选择熟知的最适合自己专长的环境发挥才能；

(5) 分析、判断组织及其产业发展现状，相信自己的目标在任何时候都能成功。心中牢记职业远景，就能更加明确规划时间和实施行动的优先秩序。

(三) 做好职业生涯规划

1. 明确职业生涯规划的意义

(1) 以已有的工作为基础，确立人生目标，并与组织的规划紧密结合；

(2) 突破自我局限，塑造新的自我，努力实现奋斗目标；

(3) 合理评估个人目标和现状的差距，在组织的文化氛围里寻找自己的成长空间；

(4) 利用组织资源，准确定位个人职业发展方向；

(5) 发现新的职业机遇；

(6) 不断学习，增强职业竞争力；

(7) 将社会、个人、事业与家庭联系起来。

2. 拟定职业角色及其任务

在不同发展阶段，面临各个角色，确定主要任务。职业角色及其任务如表10－2所示。

表 10－2　职业角色及其任务

	角色	主要任务	心理策略
阶段一	学生	培养学习兴趣，发展个人综合素质，确定初步职业选择	接受个人抉择的责任
阶段二	应聘者	学习职场面谈、交流，认识、评估组织，认真拟定工作意向	接受相关组织的问讯，提高应变能力
阶段三	同仁	找到组织中适当的位置，并加强交流	在组织发展中不断修正职业生涯
阶段四	指导者	训练、指导他人，加入管理小组咨询、设计案例	服务他人，接受专业培训，创造发展机会
阶段五	资助者	辨明组织方向，善于分析问题，管理权力	平衡社会、组织、个人和家庭的关系
阶段六	退休者	适应生活的节奏，享受生活的乐趣和情趣	在职业生涯的不断修正中实现自身价值，以更加宽容的心态融于生活

3. 各阶层管理人员的主要职能如表 10－3 所示。

表 10－3　各阶层管理人员的主要职能

各阶层管理人员的重要资质			
层　次	基层管理人员	中层管理人员	高层管理人员
1	业务知识技能	领导驾驭力	领导决策力
2	行动力	业务知识技能	谈判力
3	沟通力	沟通力	个人魅力
4	培养部属能力	判断力	决断力
5	理解力	执行力	创造力
6	企划力	先见性	战略性
7	实践力	分配力	整合力

4. 制定有效的专门能力开发方法

有效的专门能力开发方法如表 10－4 所示。

表 10－4　有效的专门能力开发方法

开　发　方　法	使用比例 100％
自我启发	46.0
企业内教育	11.0
企业外教育	13.6
同一部门内工作轮调	4.1
不同部门内工作轮调	8.0
培训关系企业	2.1
多种研究开发专题经验	43.9
高度研究开发专题经验	54.9
参与某个专案小组	40.5
参与公司外的专家交流	40.7
参与公司外的专家合作研究	29.9
其　　他	0.5

5. 设定执行方案

(1) 设定大体目标：先有大目标，再补充小目标；也可先有小目标，再定大目标；

(2) 执行框架计划：人生计划、十年计划、五年计划、年度计划、季度计划、月计划；

(3) 注意在时间管理上，实行“轻重缓急”原则；

(4) 每年配合环境变化及已有成就，适当增删。

第三节　人力资源规划的评估

成功的人力资源规划就是在一个较长的时期内，企业的人力资源状况始终与经营需求基本保持一致。人力资源规划的评估工作是人力资源管理的关键性工作。如果人力资源规划制定得一般，企业或许会遭受到各种人员配置问题的困扰。如果人力资源规划制定得较成功，企业就会获得诸多受益：

首先，企业管理者可以更多的了解经营决策中与人力资源有关的问题，加深对人力资源管理的重要性的认识；

其次，管理层可在人力资源费用变得难以控制或过度花费之前，采取措施来防止各种失调，并由此使劳动力成本得以降低；

再次，由于在实际雇用员工前，已经预计或确定了各种人员的需要，企业就可以有充裕的时间来发现和培养人才；

第四，企业在未来的发展计划中，能够有更多的机会来雇用妇女和少数群体成员；

最后，决策者工作可以得到更好的理性规划。

一、人力资源规划评估的问题

由于经济全球化的加速发展，影响企业人力资源规划的因素越来越多。而各种问题的出现加剧了人力资源规划实施的难度。因此，对于具体参与评估人力资源规划的人员（专家、用户及有关部门主管人员）来说，对评估工作要更加审慎、客观、公正和准确。评估者应考虑以下具体问题：

(1) 考虑预测所依据的信息的广泛性、详尽性、可靠性以及准确性；

(2) 考虑人力资源预测方法在使用的时间、范围、对象的特点与方法等方面的适用程度以及与人力资源规划的相关度；

(3) 人力资源规划者熟悉人事问题的程度以及对它们的重视程度；

(4) 处理好提供数据和使用人力资源规划的人事、财务部门以及各业务部门之间的工作关系；

(5) 高层决策者对人力资源规划中提出的预测结果、行动方案和建议的关注、利用程度；

(6) 明确预测结果是否符合社会、环境条件的许可，能否取得达到预测成果所必需的人、财、物、信息、时间等条件。

在评估人力资源规划时，有必要将评估的结果与规划本身相比较，目的是为今后的人力资源规划提供借鉴。其主要因素有：

(1) 人力资源实际招聘人数与预测的人员净需求量比较；

(2) 实际劳动生产率水平与预测水平比较；

(3) 实际人员流动率与预测的人员流动率的比较；

(4) 实际执行的行动方案与规划的行动方案比较；

(5) 实施行动方案后的实际结果与预测目标比较；

(6) 行动方案的实际成本与预算比较；

(7) 人力资源规划的收益与成本比较。

二、人力资源规划评估的内容

对人力资源规划进行评估时，应加强对人力资源规划的关键控制点进行评估，如组织的经营战略、人力资源状况(数量、质量与结构)、内外部环境特征等。一般而言，人力资源规划评估的内容包括三个层面：人力资源规划制定基础层面、人力资源规划的实施层面、人力资源规划技术手段层面。

(一) 人力资源规划制定基础层面

在评估人力资源规划制定基础时，应不断总结人力资源规划的前提基础。成功的人力资源规划对企业的战略发展意义重大。环境的变更使得人力资源规划从制定、实施到评估的周期越来越短，企业很难对人力资源的中长期规划进行定位，短期的人力资源规划有时也在不断的调整中，这就给人力资源规划评估提出了很高的要求。因此，必须强化、深化对人力资源规划评估的认识。评估人力资源规划基础，可从下面因素着手：

(1) 人力资源规划过程是否经过充分论证，是否有具体客观的数据支持，是否有关键性的问题考虑？

(2) 是否客观评价与预测企业内、外部环境？

(3) 企业是否具备战略管理能力和人员、资金等资源保障？

(4) 企业的战略与战术目标是否人人知晓，企业战略的实施难度尚在预测之内？

(5) 所有层次上的管理人能否有效地和持续地贯彻规划？

(6) 组织的结构是否与人力资源规划相互匹配？

(7) 企业文化与人力资源规划是否冲突？

(8) 企业的评价、奖励和控制机制是否有效？

(9) 人力资源规划与总体战略目的和目标的关联度？

(10) 控制手段和意识能否达成统一或者协调性妥协？

(二) 人力资源规划的实施层面

针对不同企业特征以及所面临的情况的差异性，在人力资源规划的实施方面应有明显的企业特色，需要评估的内容大致包括：

(1) 高层管理者是否将战略规划和具体任务授予各部门？

(2) 是否对工作职责有具体规定和描述？

(3) 员工的流动率、缺勤率指标和供求预测差距与实际相比是否准确？

(4) 组织所有的力量(单位、部门、雇员、经理等)努力方向是否一致？

(5) 组织的执行力是否得到全面实施？

(6) 组织的人力资源规划成本与收益状况与实际行动方案的收益与成本的比较？

(7) 组织的人际关系沟通是否顺畅，解决问题的效率是否高效？

(8) 组织是否有一套人员培训方案并行之有效？

(9) 组织全体员工对自身工作的熟悉和投入程度？

(10) 组织管理层对人力资源规划实施方案的信心和预测结果的重视程度？

(三) 人力资源规划技术手段层面

由于信息技术、控制技术等许多相关科学技术和方法的创新与发展，对传统和新兴的评估技术的选择，就要结合本企业的实际情况进行评估。既不盲目地选择一些过于复杂而成本高昂的评估技术，又要防止出现由于评估技术不当而导致评价不准、控制不力的情况发生。对评估技术自身需要评估的有：

(1) 人力资源规划评价技术是否能适合组织的实际状况？

(2) 人力资源规划的控制力度是否合理？

(3) 人力资源管理信息系统的实效性程度如何?

三、人力资源规划评估的方法

(一) 利益相关者方法

利益相关者是指任何一个影响组织目标完成或受其影响的团体或个人(包括雇员、顾客、供应商、股东、银行、政府等)。组织内、外部各利益团体之间的关系问题日益突出,利益相关者概念也由此浮出水面,它成为经济伦理学中的一个重要范畴。利益相关者方法旨在确定人力资源服务的关键使用者或相关利益者的满意度。

(二) 人力资源调查问卷法

问卷调查方式是组织有效了解员工的一种专项调查。在人力资源管理时代,员工对自己的工作和组织的感受事实上可确定整个组织的管理水平及竞争力状况。此类调查可以视为一个平台,使员工得以公开他们对工作、负责人、同事以及组织政策措施的认知。调查结果的真实性、沟通有效性以及修正的及时性(积极性方面)是提升组织凝聚力的可靠保证。

(三) 人力资源规划案例研究法

进入 21 世纪,对组织绩效的分析被广泛地应用于人力资源规划评估实践之中,这是一种低成本的评估方法。通过对人力资源工作绩效的调查取样,能加强人力资源部门、规划制定者以及相关从业人员的沟通,宣传组织成功的人力资源规划政策。

(四) 人力资源成本控制法

在欧洲的不少国家(如德国),由于员工工资和福利的总成本不断上升,导致该地区的企业竞争力面临持续下降。一般的人力资源成本包括雇用、培训和开发、薪酬、福利、公平雇用、劳动关系、安全和健康、人力资源整体成本等。评估人力资源绩效的方法是测算人力资源成本并将其与标准成本相比较。

(五) 利用人力资源规划研究进行评估

人力资源规划研究可确定过去和当前人力资源规划实践措施的可行性、有效性。这种实证研究可用于以下几个方面的控制工作:

(1) 近期人力资源规划的工作情况变化；

(2) 人力资源方面存在的问题并针对这些问题提出解决方案是否可行；

(3) 各种发展趋势以及对人力资源管理的影响程度；

(4) 人力资源规划工作的成本与收益比率。

(六) 利用离任交谈方式进行人力资源规划的评估

离任交谈是一种被广泛采用的评估方法。从交谈中可获得非常有价值的信息：包括离职原因、管理问题、工资问题、培训问题以及对自己工作最喜欢和最不喜欢的方面等。离任调查的结果供管理层作各种评估之用。

四、人力资源规划评估应达到的标准

人力资源规划的评估方法非常丰富，既有定性方法，也有定量的方法。但不管采用何种方法进行人力资源规划的评价与控制，应注意以下几点：

(1) 人力资源规划评估要客观、公正和准确。要建立、完善综合科学的人力资源规划与管理实践的指标体系，选择适当的项目指标并给予一定的权重比例，提高指标体系的代表性和效用度；

(2) 人力资源规划评估的主观性指标与客观性指标要有机结合。根据人力资源指数调查表，及时了解员工对人力资源规划的实际满意度及各个利益相关者的感受情况，发现问题并有效地进行协调；

(3) 人力资源规划评估要符合效率、经济原则。评估指标体系所提供的信息必须是及时、准确和有价值的信息，评价与控制系统既不能产生过多的信息，也不能提供太少的信息，而应该是最经济地产生所需要的最低限度的信息；

(4) 人力资源规划评估要将工作绩效指标与企业组织绩效挂钩。考察人力资源管理工作的绩效情况，就要从企业领导者和人力资源工作人员的实际表现综合判断。各层次的管理人员的满意度也是一项重要指标。

第四节 人力资源规划的控制

人力资源规划的评价与控制是一个相互联系、相互协调的有机系统。对人力资源规划的控制，有助于纠正和调整组织所制定的人力资源规划在执行过程中的偏差。实施人力资源规划控制的目的在于为人力资源总体规划和具体规划的修订或调整提供客观、准确的反馈信息。由于在人力资源规划预测中的不可控因素较多,因此,执行人力资源规划控制是保证一个组织获得可持续发展的重要手段。

一、人力资源规划的控制标准

1. 客观性

在人力资源规划的控制过程中,难免有许多主观因素影响对工作的正确决断,进而延误具体计划的有效执行,影响组织的整个战略。在一般情况下,标准应当是可以测定的。因此,客观、公正的评价与实事求是的工作作风是最有效的控制方法。

2. 灵活性

计划没有变化快。在实际开展人力资源规划时,由于环境的突然变化,常常会出现计划的变动,这就需要在制定人力资源规划时尽可能地设计多套应变方案,考虑各种可能,灵活处理可能出现的困难以保证实现人力资源规划的战略目标。

3. 经济性

经济效益与企业的规模及其业务发展有关。人力资源规划控制必须做到在技术上、方法上、环境适应能力上以及经济上的可行性。假如监控的费率过高,只能给组织带来较重的经济负担。例如,不少高深的评价技术和控制手段对组织并不实用,且成本高昂,违背了控制的目的和初衷。

二、人力资源规划的控制方法

1. 人力资源全程控制法

在人力资源规划的控制过程中,对实施规划的所有环节、人员、岗位、部门和资源进行全方位控制。即分析组织的人力资源规划是否与组织的战略目标相一致,考查组织的人力资源规划是否能根据组织内外环境变化和战略目标的调整而适时加以调整。在监控过程中,还要分析组织现有的人力资源规划在哪些方面将不能继续适应战略目标的需要,并决定需要怎样的调整才能支持组织整体战略目标的实现。

2. 人力资源专业控制法

在人力资源规划的具体实施过程中,只能由人力资源部负责对现行政策和规划提出建议或意见,及时发现问题,解决问题。当然,高级管理层也有必要将自己发现的人力资源规划执行过程中出现的问题及时反馈,并对政策的调整方案提出建设性的意见。

3. 人力资源关键指标控制法

人力资源关键指标控制法,即对规划实施关键的环节、人员、岗位、部门和资源的控制。例如,以员工薪酬管理、福利待遇、工作环境、能力考核等量化指标来说明人力资源规划与组织绩效之间的状况。有效的人力资源规划能大大提升组织的整体竞争力。

4. 人力资源指数控制法

"人力资源指数"的概念最早由利克特提出。"人力资源指数问卷"由美国舒斯特教授开发(1977年),是一种自下而上的组织气氛调查。它通过员工对15项人力资源工作的满意度测量,获得对企业人力资源管理绩效和整个组织环境气氛状况的评价(见表10-5)。人力资源指数由15项因素组成:薪酬制度,信息沟通,组织效率,关心员工,组织目标,合作,内在满意度,组织结构,人际关系,环境,员工参与,工作群体,基层管理,群体协作,管理质量。

人力资源指数在美国、日本等国运用表明,一个单位的组织环境、员工士气、工作生活质量、工作满意度是影响生产率高低的主要因素,美国人力资源管理的成功经验是在提高生产率的同时,注重员工工作生活质量的提高。表10-5为人力资源指数调查问卷。

本调查问卷是为了解员工对A公司人力资源管理效益的态度而设计的。

请从下面答题(表10-5)中选取最能说明您所处的环境和表达您感受的其中一种:

表10-5 人力资源指数调查问卷

项目	从来没有	不经常	有时	经常	总是
1. A公司各部门之间有着充分的沟通和交流,信息能够分享	A	B	C	D	E
2. 员工的技能在公司里能得到充分、有效的发挥	A	B	C	D	E
3. 公司的目标和个人的工作具有有效性和挑战性	A	B	C	D	E
4. 我的工作是令人满意的,并且是有益的	A	B	C	D	E
5. 我已经得到了干好本工作所必需的各种训练	A	B	C	D	E
6. 领导是通过能力实现的	A	B	C	D	E
7. 各种报酬、奖励是公正平等地分配的	A	B	C	D	E

续表

项　　目	从来没有	不经常	有时	经常	总是
8. 第一线的管理是高质量的	A	B	C	D	E
9. 管理人员高度关注生产情况，并有效地让有关人员了解	A	B	C	D	E
10. 我的工作给我提供了个人负责任的机会	A	B	C	D	E
11. 员工有忠诚感和归属感	A	B	C	D	E
12. 员工可以参加并影响决策	A	B	C	D	E
13. 公司关心照顾为之工作的员工	A	B	C	D	E
14. 在我工作的部门里所有成员对有关目标十分了解	A	B	C	D	E
15. “政治”不会妨碍个人目标和组织目标的实现	A	B	C	D	E
16. 与本部门其他同事之间的关系是令人满意的、有益的	A	B	C	D	E
17. 总的来讲，控制数据资料(如财务、劳动生产率，工作质量和成本等)只是用于自我指导和解决一些部门问题，而不是用于惩罚和管制	A	B	C	D	E
18. 能就本公司的问题进行公开的、坦诚的、富有建设性的讨论	A	B	C	D	E
19. 实施完成目标的人员能参与这些目标的制定	A	B	C	D	E
20. 我的工作能提供发展提高的机会	A	B	C	D	E
21. 在公司中有创新的自由	A	B	C	D	E
22. 本组织的薪水和福利具有吸引力的	A	B	C	D	E
23. 管理人员既关心生产又关心员工生活	A	B	C	D	E
24. 人们是坦诚和直率的，能自愿地交流信息	A	B	C	D	E
25. 公司里有一种相互支持和信任的气氛	A	B	C	D	E
26. 工作绩效与经济奖励直接挂钩	A	B	C	D	E
27. 管理人员非常关心员工的疾苦，并有效地让所有员工通晓	A	B	C	D	E

续表

项　　目	从来没有	不经常	有时	经常	总是
28. 我的工作能提供一种成就感	A	B	C	D	E
29. 公司能积极寻求并愿意接受改革意见	A	B	C	D	E
30. 公司的目标、想法和建议、要求和问题等信息都能自下而上的反映	A	B	C	D	E
31. 各阶层员工都希望用高的标准来要求自己，并期望有高绩效	A	B	C	D	E
32. 政策是严肃认真地制定的，这些政策有益于实现公司的目标	A	B	C	D	E
33. 与其他公司相比，A 公司所得到的收入和福利是充足的和公正的	A	B	C	D	E
34. 其他员工都了解整个公司和自己的工作目标	A	B	C	D	E
35. 有关规章制度是切合实际的，并有利于公司目标的实现	A	B	C	D	E
36. A 公司在各方面(产品、废物处理、营销技巧、就业等)都对社会负责	A	B	C	D	E
37. 我所在的各部门的员工之间能相互合作，没有破坏性的冲突	A	B	C	D	E
38. 员工工作积极性高(每个人能独立开展工作)	A	B	C	D	E
39. 公司用最佳的技术和专业知识进行决策	A	B	C	D	E
40. 我的工作提供了我不断成长和提高能力的机会	A	B	C	D	E
41. 上层管理人员能将目标、问题、缺点、策略等信息自上而下地沟通	A	B	C	D	E
42. 本公司的协作精神较强	A	B	C	D	E
43. 人们能参与并且影响决定整个公司命运的决策	A	B	C	D	E
44. 各级员工都感到对整个公司的目标负有责任，并通过行动去实现	A	B	C	D	E
45. 我的上司知道并且能理解下属的问题	A	B	C	D	E

续表

项　　目	从来没有	不经常	有时	经常	总是
46. 各部门对公司的目标都非常了解	A	B	C	D	E
47. 为实现总体目标,对公司的资金和人力资源能进行合理的分配	A	B	C	D	E
48. 人们能参与并影响对本部门而言是十分重要的决策	A	B	C	D	E
49. 我的工作提供了自我表现的机会	A	B	C	D	E
50. 管理人员能信任员工,并对员工抱有信心	A	B	C	D	E
51. 与其他部门之间的关系是令人满意和有益的	A	B	C	D	E
52. 人们能拧成一股绳,相互之间充分合作以实现组织的有关目标	A	B	C	D	E
53. 工作环境舒适、安全,并有助于产生绩效	A	B	C	D	E
54. 我的工作能得到别人的认可	A	B	C	D	E
55. 管理人员对员工充分信任,并对员工极有信心	A	B	C	D	E
56. 全体员工参与决策,而不是几个人拍脑袋	A	B	C	D	E
57. 管理是高质量的	A	B	C	D	E
58. 公司十分清楚其目标是什么,并知道如何去实现它	A	B	C	D	E
59. 公司各部门之间有着良好的合作关系,而没有破坏性的冲突	A	B	C	D	E
60. 员工自由地与上司讨论工作问题	A	B	C	D	E
61. 本公司在各方面都是符合职业道德伦理的	A	B	C	D	E
62. 最能帮助公司实现目标的人才能得到录用和晋升	A	B	C	D	E
63. 大体上说来,本公司大多数员工是灵敏的,有洞察力的,并且能相互帮助	A	B	C	D	E
64. 总的说来,公司决策所需要的全面、精确的信息都可获得	A	B	C	D	E

(本问卷调查源自 Google,有改动)

本章小结：

制定人力资源规划方案并正确实施，对于一个组织的成功发展具有重大战略意义。本章着重介绍了人力资源规划的编制过程，人力资源业务规划，阐述了人力资源规划的评估内容、评估方法以及人力资源规划的控制方法，让读者认识到在经济全球化时代，一个组织的人力资源规划的有效实施，必将提升一个时代的企业竞争力，必将促进一个时代的人力资源开发与管理水平向更高层面的提升。同时，人力资源规划评估方法和人力资源规划控制方法的运用，对于该组织的人力资源规划方案得以实施提供了科学保障，以便于不断调整和修正组织的人力资源管理的整体规划和各项计划。

案例分析：

上海通用汽车公司的战略远景是成为“21世纪国内领先、国际上具有竞争力的汽车公司”。上海通用汽车人力资源规划的第一步是“以人为本”的招聘策略；第二步是严格录取的人才评估过程；第三步是高规格的人才培训体系，仅此三项足以让人们看到了世界一流水平的管理体系的诞生。上海通用汽车将人力资源规划作为标准化流程实施，其人力资源规划的评估与控制促使其茁壮成长，仅仅十年光阴，上海通用汽车已经赢得世界的瞩目。一个成功企业的背后彰显出一个企业成功的人力资源规划的实施。

本章思考题：

1. 如何制定人力资源规划？
2. 如何考虑职业生涯规划？
3. 谈谈你对“智商(IQ)决定录用，情商(EQ)决定提升”的认识。
4. 人力资源规划评估应包括哪些内容？
5. 人力资源指数调查对组织人力资源管理有何积极意义？
6. 萨柏、金斯伯格、格林豪斯和施恩的职业生涯发展理论各是什么？
7. 人力资源规划评估的方法有哪些？
8. 人力资源规划的控制方法有哪些？

参考文献

1. 詹姆斯·W·沃克. 人力资源战略. 吴雯芳,译. 北京：中国人民大学出版社，2001.
2. 盖勇,孙平. 人力资源战略与组织结构设计. 济南：山东人民出版社,2004.
3. 赵曙明. 人力资源战略与规划. 北京：中国人民大学出版社,2002.
4. 刘冀生. 企业经营战略. 北京：清华大学出版社,2006.
5. 董克用,等. 人力资源管理概论. 北京：中国人民大学出版社,2002.
6. 余凯成. 人力资源管理. 大连：大连理工大学出版社,2001.
7. 方振邦. 战略与战略性绩效管理. 北京：经济科学出版社,2005.
8. 王方华,吕巍. 企业战略管理. 上海：复旦大学出版社,1997.
9. 李令德,郭伟民. 企业战略管理. 上海：华东理工大学出版社,1998.
10. 金占明. 战略管理. 北京：清华大学出版社,2004.
11. 谭开明,魏世红,等. 企业战略管理. 大连：东北财经大学出版社,2006.
12. 张世君,刘荣英,等. 企业战略管理. 武汉：武汉理工大学出版社,2006.